Zeit für deutsche Weine

Die schönsten Reiseziele zum Genießen

Jürgen Zichnowitz · Ingo Swoboda · Mirko Milovanovic

BRUCKMANN

Inhalt

1

2

Nektar der Götter
Weinanbau in Deutschland von den Römern bis heute 6

BADEN 14

1 Rebenmeere und erloschene Vulkane
Kaiserstuhl – sonnenverwöhnt und qualitätsbewusst 16

2 Wo Spargel wächst und Wein gedeiht
Nordbaden – von der Bergstraße bis ins Breisgau 24

3 Schlemmerreise in den Süden
Südbaden und der Klassiker Gutedel 30

WÜRTTEMBERG 38

4 Lokalkolorit und Avantgarde
Von Stuttgart aus durch das Tal der Rems 40

5 Weinland inmitten von Flüssen
Württembergisch Unterland – nicht nur Maultaschen 44

RHEINHESSEN 48

6 Hänge aus uralter Zeit
Rheinterrassen – Weine und Landschaft mit Charakter 50

7 Von Römern und Nibelungen
Norden und Wonnegau – Region mit neuem Image 56

PFALZ 62

8 Region mit wechselvoller Geschichte
Pfalz – Paradies für Trauben & Co. 64

MOSEL 82

9 Im Land des Rieslings
Auf den Spuren der Römer an der Mosel entlang 84

RHEINGAU 98

10 Mit dem Rhein von Osten nach Westen
Rheingau – die Entdeckung der Edelfäule 100

MITTELRHEIN 112

11 Rheinromantik im Weltkulturerbe
Neu entdeckte Spitzengewächse vom Mittelrhein 114

4

5

HESSISCHE BERGSTRASSE 120

12 Von Klima und Boden verwöhnt
Hessische Bergstraße – klein, aber fein 122

NAHE 128

13 Wo Terroir an Terroir grenzt
Nahe – vielfältige Geschmacksnuancen 130

AHR 138

14 Deutschlands Rotweinparadies
Ahr – Region mit Starpotenzial 140

FRANKEN 148

15 Im Land des Bocksbeutels
Franken – Herzlichkeit und Gastlichkeit 150

SAALE-UNSTRUT 162

16 Der Wein, der aus der Kälte kam
Saale-Unstrut – Steilhänge und robuste Sorten 164

SACHSEN 170

17 Lebendige Historie im Elbtal
Sachsen – Weinbauregion im Aufschwung 172

ANHANG 178

Statistik 180

Die Sprache des Weins 182

Register 188
Impressum 192

1 Weinprobe mit Winzer – Konrad Schlör (l.) in den Weinbergen bei Wertheim/Baden. **2** Einige Jahre auf dem Buckel – Rarität im Weingut Matthias Dostert, Nittel/Mosel. **3** Schatzkammer – Winzervereinigung Freyburg in der Region Saale-Unstrut. **4** Sonnenverwöhnt – Trauben im Thüringer Weingut Bad Sulza. **5** Alter Fuchs – der polnische Erntehelfer Christian bei der Lese im Weingut Wagner-Stempel, Siefersheim/Rheinhessen. **6** Vor knapp 200 Jahren gebaut – Gewölbekeller von Bassermann-Jordan, Deidesheim/Pfalz, mit Doppelstückfässern, die 2400 Liter aufnehmen können.

Nektar der Götter

Weinanbau in Deutschland von den Römern bis heute

Ausschweifende Gelage mit spärlich bekleideten Männern und Frauen, umkränzt von Trauben, ein Weinglas in der Hand – ein Bild, das man auf antiken Fresken und Amphoren häufig antrifft. Und im Mittelpunkt der Gott des Weines: Dionysos bei den Griechen, Bacchus bei den Römern. Denn ein Mensch konnte solch köstliches Getränk ja nicht ersonnen haben, meinte man damals, es musste göttlichen Ursprungs sein. Diese hohe Wertschätzung unterlag bis heute durchaus einigen Schwankungen: Mal war Wein alltägliches Lebensmittel für jedermann, mal Luxusgut, zeitweise wichtiger Wirtschaftsfaktor, dann wieder fast bedeutungslos. In Deutschland stand der Wein lange im Schatten des Biers, hat jetzt in der Gunst der Genießer aber wieder die Nase vorn.
Die Grundlage der heutigen deutschen Weinbaugebiete ließ der römische Kaiser Marcus Aurelius Probus legen, der die Versorgung seiner im Norden stationierten Truppen mit Wein sicherstellen wollte. So entstanden die ersten Rebkulturen an Mosel und Rhein und sogar bereits im heutigen Württemberg. Doch mit dem Zerfall des römischen Imperiums stagnierte auch der Weinbau – bis Karl der Große auf den Plan trat und sich des Themas annahm. In den besten Rheingauer Lagen ließ er Reben pflanzen, erließ Gesetze zur Weinbereitung, die den strikten Regularien der EU kaum nachstehen, und schuf im Jahr 791 die Grundlage dafür, dass Winzer ihre eigenen Weine zu bestimmten Zeiten öffentlich ausschenken durften – und dürfen, denn das steht noch heute in den Bestimmungen über den Betrieb von »Strauß(en)wirtschaften«, auch Besen-, Rädle- oder Heckenwirtschaften genannt.
Dem Aufschwung des göttlichen Getränks stand nichts mehr im Weg. Benediktiner- und Zisterzienserklöster betrieben Weinbau, das 1136 gegründete Rheingauer Kloster Eberbach – bekannt auch als Schauplatz des Films *Der Name der Rose* – stieg zu Europas größtem Weinbaubetrieb auf. Die aus dem burgundischen Citeaux gekommenen Mönche pflanzten hier vor allem die roten Sorten ihrer Heimat. Andere Klöster eiferten diesem Vorbild nach, sodass im späten Mittelalter etwa 300 000 Hektar bestockt waren, etwa dreimal so viel wie heute auf der gleichen Fläche.
Doch der Dreißigjährige Krieg und der Pfälzische Erbfolgekrieg, beide im 17. Jahrhundert, hatten verheerende Wirkungen auf den Weinbau. Hohe Zölle erschwerten den Handel, Missernten sorgten für niedrige Erträge, was dazu führte, dass in jener Zeit Bier das Volksgetränk Nummer eins wurde. Anfang des 18. Jahrhunderts wurde der Weinbau jedoch professioneller betrieben: In der alten Benediktinerabtei Johannisberg entdeckte man den Charme von Trauben, die man länger am Stock hängen ließ – die Geburtsstunde der Spätlese –, und setzte als Vorbild für den gesamten Rheingau auf den Riesling als vorherrschende Sorte. »Johannisberger« ist in Teilen der Neuen Welt noch heute ein Synonym für Riesling.

Der deutsche Wein wird geboren

Die militärischen Erfolge Napoléon Bonapartes führten zur Aufgabe der linksrheinischen Gebiete. Als Ausgleich dafür gingen die kirchlichen Besitztümer in andere Hände über – meist in die der weltlichen Herrscher, nur in Ausnahmefällen wurden Gebiete unter den Bauern aufgeteilt. Zunächst war diese Säkularisation im Jahr 1803 ein enormer Rückschlag für den Weinbau; doch bald kümmerten sich engagierte Winzer um die ehemals klösterlichen Rebflächen. Viele noch heute renommierte deutsche Weingüter erlebten zu jener Zeit ihre Geburtsstunde.
Die deutsche Weinkultur blühte auf, Wein aus Deutschland erreichte ein weltweites Renommee. Vor seiner Verhunzung durch gnadenlose Massenproduktion erzielte edelsüßer Riesling wie etwa die Liebfrauenmilch höhere Preise als Spitzenweine aus dem Bordelais. William Turner malte die Wormser Liebfrauenkirche, roman-

1 Neues Holz-Barrique im Keller des Weinguts Georg Breuer, Rüdesheim/Rheingau. **2** Naturbelassene Hanglage – Lese im Weingut Karl Haidle, Kernen-Stetten/Württemberg. **3** Feiern mit Tradition – alljährliches Winzerfest in Weinheim an der Bergstraße. **4** Der Weinheilige St. Urban – Schutzpatron der Winzer **5** Rheingauer Rote – Spätburgunder in der Lage Frankenthal bei Assmannshausen.

tische Dichter schwärmten vom Rhein und seinen Weinbergen, und der neu gegründete Reisebuchverlag Baedeker sorgte mit seinen Rhein-Reiseführern für die Verbreitung des guten Rufs.

Alles lief bestens, bis die von den USA nach Frankreich eingeschleppte Reblausplage gegen Ende des 19. Jahrhunderts auch auf deutsche Weinbaugebiete übergriff und die Weinproduktion in nahezu ganz Europa rasch zum Erliegen brachte. Erst als eine neue Methode praktiziert wurde – das Pfropfen von Reben auf reblausresistente Wurzeln –, begann in deutschen Weinbergen die Neupflanzung. Zu dieser Zeit erlebte auch die Rebforschung ihre Sternstunden, denn da zugleich der »Echte Mehltau« und *Peronospora*, der »Falsche Mehltau«, die Pflanzen befielen, ist die Beratung durch Weinbaulehranstalten Gold für die Winzer.

1 Weingut mit Historie – Wandfliesen im Probenraum des Karthäuserhofs, Trier/Mosel. **2** Lage mit Aussicht – Frankenthal mit Blick auf Assmannshausen und den Rhein. **3** Damals »Fremde«, heute Gäste – Schild am »Gasthaus zur Tanne« in Freiburg-Opfingen. **4** Ehrwürdige Zecher – Glasfenster im Weingut Toni Jost, Bacharach/Mittelrhein. **5** Praktisch – direkt hinter dem eigenen Garten liegt der Weinberg des Weinguts Ratzenberger in Bacharach/Mittelrhein. **6** Tradition im Remstal – Weingut Karl Haidle.

Doch die biologischen Probleme hatten bei manchem Winzer ökonomische Schwierigkeiten zur Folge, und so gärte es nicht nur im Keller, sondern auch unter den Weinbauern. Dies führte zur Gründung der Winzergenossenschaften, die sich – ganz den Vorstellungen des Sozialreformers Friedrich Wilhelm Raiffeisen entsprechend – die gemeinsame Verbesserung von Qualität und Vermarktung zum Ziel setzten.

In Europa begann eine Renaissance des Weinbaus. Deutsche Rieslinge bereicherten sogar die Tafeln von Königen und Fürsten – bis der Krieg und das Ende des Kaiserreichs dem erneut ein jähes Ende setzten. Frankreich und England verhängten Einfuhrboykotte,

5

6

womit der deutsche Wein seine wichtigsten Märkte verlor, und die folgenden Jahre der Weltwirtschaftskrise ließen seine Bedeutung noch weiter sinken.

Das Weingesetz von 1930 sorgte zwar für einen kurzfristigen Aufschwung des deutschen Anbaus, da es die Einfuhr von ausländischen Erzeugnissen beschränkte. Doch brachte der Zweite Weltkrieg auch dem Weinbau seinen absoluten Tiefpunkt: Im Jahr 1950 wies die Anbaufläche in Deutschland mit rund 49 000 Hektar den bislang niedrigsten Stand auf.

Dabei blieb es zum Glück nicht, denn das Wirtschaftswunder Mitte der 1950er Jahre brachte auch den Weinbau wieder in Schwung. Neu erwachter Optimismus, Aufbruchstimmung – die Produktion lief allenthalben auf Hochtouren. Wie man am Reise- und Essverhalten der Deutschen sehen konnte, herrschte auf vielen Gebieten großer Nachholbedarf. Quantität war gefragt, und wie in anderen Bereichen der Landwirtschaft mochten dabei auch die Winzer nicht zurückstecken.

Von Vorteil war für die Weinbauern in jenen Jahren, dass sich die Technik in Weinberg und Keller in rasantem Tempo entwickelte. Maschinen waren nun in der Lage, die Trauben schnell und ohne kostenintensive menschliche Arbeitskraft zu ernten, neue Sorten versprachen weitaus höhere Erträge als zuvor, und im Keller konnte der Winzer in den Prozess der Weinentstehung eingreifen, statt ihn nur beobachtend zu begleiten. Erstmals wurde der Winzer zum »Weinmacher«.

Statt sich den Launen der Natur zu beugen, konnte der Winzer jetzt die Gärung des Weins kontrollieren, er konnte sie beschleunigen – und er konnte sie stoppen. Natürlicherweise wird die Gärung mithilfe der traubeneigenen Hefen in Gang gesetzt; der Zucker wird in Alkohol umgewandelt, bis kein Zucker mehr vorhanden ist. Bei edelsüßen Spitzenweinen endet die Gärung oft von selbst, wenn die Hefen »satt« sind, weil ihnen die Zuckermenge zu groß ist. Doch bei den Tropfen, die ab Mitte der 1950er Jahre das Land überschwemmten, wurde die Gärung künstlich – etwa durch Zugabe einer Dosis Schwefel – abgebrochen. Auch das Endprodukt schmeckte künstlich – eine klebrige Süße, die der Verbraucher damals (vermeintlich?) wollte. Weine dieses Kalibers erzielten zwar in ähnlich gestrickten Märkten wie beispielsweise England Erfolge,

1

2

3

1 In Reih und Glied – Fässer im Schloss Johannisberg, Geisenheim/Rheingau. **2** Ohne Technik läuft nichts – Stahltanks im Weingut Robert Weil, Kiedrich/Rheingau. **3** Einträchtiges Miteinander – Stahltanks und Holzfässer in klein und groß. **4** Kritisch – auch das Mostgewicht will geprüft werden. **5** Guter Jahrgang – Matthias Dostert, Nittel/Mosel, bei der Fassprobe des aktuellen Weißburgunders.

sorgten aber auch dafür, dass deutschem Wein international lange Zeit das Image »süß und billig« anhaftete.

Deutscher Wein heute

Heute ist der deutsche Wein auf einem guten Weg, zu seinem früheren Ruhm zurückzukehren. Die Besten des Landes heimsen seit einigen Jahren weltweit Auszeichnungen ein, sowohl für trockene als auch für edelsüße Tropfen, und auch in Übersee ist ein regelrechter Riesling-Hype ausgebrochen. Selbst der US-amerikanische Weinguru Robert Parker hat den deutschen Riesling für sich entdeckt, seit Kurzem führt das Londoner Kaufhaus Harrods erstmals trockene deutsche Weine in seinem Programm, und 2006 wurden 18 Prozent mehr deutsche Weine exportiert als im Vorjahr. Im ersten Halbjahr 2008 stieg der Marktanteil deutscher Weine im Inland auf 54,5 Prozent. Ein stolzer Wert, wenn man bedenkt, dass deutsche Weintrinker – im Gegensatz zu denen Südeuropas – sehr international orientiert sind.

Zurückzuführen ist dieser Erfolg auf die Arbeit der Winzer, die seit Mitte der 1980er Jahre wieder mehr auf Qualität statt auf Quantität setzen, die der Arbeit im Weinberg wieder größere Aufmerksamkeit schenken, statt einen Wein im Keller zurechtzubiegen. Sie achten auf das Zusammenspiel von Klima, Boden und Rebsorte, um dann zielgerichtet zu arbeiten. Aus dem Französischen wurde der Begriff »Terroir« übernommen, der genau diese Kombination von natürlichen Gegebenheiten und menschlichem Handeln bezeichnet; für viele Qualitätswinzer wurde »Terroir« zum Programm. Im Zuge dieser Entwicklung sind auch deutsche Rotweine stärker ins Rampenlicht gerückt, insbesondere der Spätburgunder, der nach Riesling und Müller-Thurgau in deutschen Weinbergen an dritter Stelle steht.

Wenn es ums Terroir geht, geht es wie bereits erwähnt auch ums Klima, speziell ums Mikroklima. Nicht die Zahl der Sonnenstunden ist für die Qualität eines Weins entscheidend, sondern Sonne und

4

5

Regen zum richtigen Zeitpunkt. Nur so können sich alle Aromastoffe optimal entfalten. Die Höhe der Lage spielt in diesem Zusammenhang eine wichtige Rolle, die Bodenart, die Himmelsrichtung eines Weinbergs, die Steilheit des Rebhangs, die vorherrschende Windrichtung. Und nicht zuletzt ist die Arbeit im Weinberg entscheidend: Wenn der Winzer im Sommer einen Teil der Trauben wegschneidet, konzentrieren sich die geschmacksbildenden Stoffe des Weins auf weniger Trauben, werden darin also intensiver. Dann ist natürlich die Menge geringer – Qualität statt Quantität. Geringe Abstände zwischen den einzelnen Rebstöcken und karger Boden sorgen dafür, dass jede Rebe um Nahrungszufuhr kämpfen muss und so kräftiger wird. In deutschen Anbaugebieten, die meist nicht von der Sonne verwöhnt sind, haben steinhaltige Böden einen Vorteil: Sie speichern die Sonne besser und strahlen nachts die Wärme ab. Flüsse erfüllen diese Funktion ebenfalls, sodass sich alle nördlicheren deutschen Weinregionen entlang von Rhein, Mosel, Elbe und ihren Nebenflüssen erstrecken.

Das deutsche Weingesetz von 1971 macht Weinliebhabern die Orientierung in Qualitätsfragen nicht leicht. Im Gegensatz etwa zu Frankreich oder Italien werden – wie beispielsweise in Bordeaux – keine Weingüter klassifiziert oder Lagen nach einem Appellationssystem eingestuft. In Deutschland orientiert man sich am Mostgewicht der Trauben, gemessen in Grad Oechsle: je höher der Oechslegrad, desto höher die Qualitätsstufe. Doch die ersten Schritte zu einer Einstufung von Lagen sind gemacht. Seit dem Jahrgang 1999 dürfen Weine im Rheingau aus offiziell klassifizierten Rebbergen als »Erstes Gewächs« bezeichnet werden. Ähnlich bei den im Verband der Prädikatsweingüter (VDP) zusammengeschlossenen Winzern: Trockene Weine aus eng definierten Lagen mit auf 50 Hektoliter pro Hektar begrenzter Erntemenge in Spätlesequalität dürfen den Titel »Großes Gewächs« tragen.

Der Winzer entscheidet

Letztlich können Einstufungen – nach welchen Kriterien auch immer – nur ein Indiz für die Qualität des Weins liefern. Ausschlaggebend bleiben die Arbeit des Winzers und sein Anspruch an den Wein. Und bei dieser Frage öffnet sich die Schere immer weiter – bei Produzenten und Weinkonsumenten gleichermaßen. Durch

2

immer neue technische Verfahren wie Mostkonzentration und Fraktionierung (wobei ein Wein in seine Bestandteile zerlegt und anschließend ganz neu zusammengesetzt wird), durch Zugabe von Reinzuchthefen und Aromastoffen, durch Verwendung von Holzchips statt Fässern werden weltweit uniforme Weintypen kreiert, die überall gleich schmecken, egal wo die Reben gewachsen sind. Dies ist zwar das genaue Gegenteil von Terroir, kommt aber offenbar gut an. Und wenn noch dazu der Preis stimmt, fragt man auch nicht lange nach: Die Verbraucher geben im Lebensmittelhandel durchschnittlich nur 2,37 Euro für eine Flasche Wein aus.
Neben technologischen Neuerungen, die das Naturprodukt Wein verfälschen, kommen weitere Veränderungen auf den Weinbau zu. Wenn die Temperaturkurve wie prognostiziert weiter ansteigt, ist es mit den filigranen, säurebetonten Rieslingen von Rhein und Mosel bald vorbei. Andererseits könnten die Trauben durch eine frühere Blüte – wie sie jetzt schon beobachtet wird – besser ausreifen. Höhere und kühlere Lagen sind dann im Vorteil. Allgemein gilt der 52. Breitengrad als Grenze für den Weinbau. Doch in Mecklenburg wurde bereits das nördlich davon gelegene Stargarder

3

Land offiziell als Tafelweingebiet anerkannt. Und auch die Rebberge zeigen sich zunehmend mediterraner: Seit einigen Jahren werden südliche rote Sorten wie Cabernet Sauvignon, Syrah oder Tempranillo vermehrt in deutschen Landen angebaut. Deutschland gilt zwar als Weißweinland, doch die 102 000 Hektar Rebflächen sind zu immerhin 37 Prozent mit roten Reben bestockt.

Doch genug der Theorie: Machen wir uns nun auf zu deutschen Winzern in den 13 Anbaugebieten, die es hierzulande gibt. Sie alle versuchen, eigenständige Weine zu kreieren. Typen eben – womit die Weine ebenso wie die Winzer gemeint sind. Menschen, die aus dem, was sie an Rebsorten, Boden und Klima vorfinden, das Allerbeste machen: Weine mit Charakter, die die Handschrift von Winzer und Landschaft tragen, edle Tropfen, auf die man Lust bekommt, von Weinproduzenten, die diese Lust selbst ausstrahlen.

1 Wein und Gestein – im Weingut Knebel, Winningen/Mosel, wird gezeigt, auf welchem Terroir die Reben wachsen. **2** Kunstvoll – Malgorzata Chodakowska gestaltete die Weinetiketten von Klaus Zimmerling, Dresden-Pillnitz/Sachsen. **3** Wahrzeichen – das Belvedere von Schloss Wackerbarth, Radebeul/Sachsen. **4** Aufmerksamer Service – Schloss Berg in Perl-Nennig/Mosel. **5** Hummer in Baden – Restaurant Steinbuck in Vogtsburg-Bischoffingen.

Baden

Baden ist ein Paradies für Genießer – für Weinfreunde ebenso wie für Feinschmecker. Die Region ist die wärmste in Deutschland und mit fast 16 000 Hektar das drittgrößte Weinanbaugebiet des Landes. Baden erstreckt sich über 300 Kilometer Länge überwiegend am Oberrhein vom Kraichgau im Norden bis zum Markgräflerland. Etwas abseits des Rheins liegen die Rebflächen am Bodensee und an der Tauber. Vor allem die Burgundersorten haben den Ruf der Weinregion begründet: der rote Spätburgunder sowie Grau- und Weißburgunder.

Die Rebflächen stets im Blick – der Offenburger Weinwanderweg.

1

2

3

4

Rebenmeere und erloschene Vulkane

Kaiserstuhl – sonnenverwöhnt und qualitätsbewusst

Im Gebiet Kaiserstuhl-Tuniberg schlägt das Herz des badischen Weinbaus. Hier wogen Meere von Reben, seit je herrscht hier fast Monokultur. Daher entstanden in dieser Gegend in schwierigen Zeiten viele Winzergenossenschaften, mehr als in jeder anderen deutschen Region. Trotz des Dilemmas, dass sie zwischen ihrem Anspruch auf die Produktion guter Weine aus großartigen Lagen und dem Preisdruck der Massenmärkte zerrieben werden können, gehören Genossenschaften wie Königschaffhausen, Sasbach und Achkarren zur Spitzengruppe des Kaiserstühler Weinbaus.
Geprägt wird das Gebiet von dem Gestein längst erloschener Vulkane wie dem weithin sichtbaren Totenkopf mit 557 Meter Höhe. Hinzu kommt Lössboden, der hier oft mager und stark kalkhaltig ausfällt und damit Weine entstehen lässt, die gerade in ihrer Jugend mineralisch schmecken und von appetitlicher Kraft sind. Tropfen vom Vulkanboden wirken dagegen in ihrer ersten Phase oft streng, um sich dann zu komplexen, fülligen Weinen zu entfalten.
Hinzu kommt das Klima, das den Kaiserstuhl zu einer privilegierten Region macht. Dank des warmen Südwinds im Sommer, des sich stark erwärmenden Vulkangesteins und eines meist freundlichen Herbsts fühlen Burgundersorten sich hier besonders wohl. Zwar überwiegen insgesamt Weißweine – schmelzige Grauburgunder und vollmundig-würzige Weißburgunder –, den meisten Platz in den Weinbergen nimmt mit 39 Prozent der Rebfläche jedoch die rote Sorte Spätburgunder ein, aus der bei den besten Winzern Weine mit einer großen Harmonie von Frucht und Mineralität entstehen. Aufgrund des warmen Klimas ist Baden als einziges deutsches Anbaugebiet in die EU-Weinbauzone B eingestuft, ebenso wie das benachbarte Elsass oder die Champagne.

Vogtsburg-Oberbergen – hier entstand ein neuer Weinstil

Größte Weinbaugemeinde in ganz Baden-Württemberg ist Vogtsburg, ein 1975 entstandener Zusammenschluss aus sieben Orten. Vogtsburg-Oberbergen ist die Heimat der Familie Keller. Der kürzlich verstorbene Franz Keller gilt als Pionier des Kaiserstühler Weinbaus. Er schuf im Gegensatz zu den früher vorherrschenden schweren, süßlichen Weißen leichte, säurebetonte und durchge-

1 Das Rathaus von Merdingen. **2** Jenseits von Reben – in Merdingen werden auch Mispeln angebaut. **3** Gute Lage für Gewürztraminer – Winzer Franz Wilhelm Schmidt, Vogtsburg/Oberrotweil, in der Spitzenlage Henkenberg. **4** Herz des Kaiserstuhls – Weinberge in Vogtsburg-Oberbergen.

1

2

3

1 Im Schutz des Waldes – Weinberg in Vogtsburg-Oberbergen. **2** Natur hat Vorrang – zwischen den Rebzeilen bleibt das Grün stehen. **3** Korrekt ausgerichtet – Lese in Vogtsburg-Bischoffingen. **4** Reben bis zum Horizont – Blick von der Terrasse des Hotel-Restaurants Steinbuck in Vogtsburg-Bischoffingen. **5** Schmuckes Anwesen – Weingut Bercher-Schmidt in Vogtsburg-Oberrotweil.

goren-trockene Weine, die aber auch Extrakt haben und vorzügliche Essensbegleiter sind. Der Grauburgunder aus der Lage Oberbergener Bassgeige galt als Prototyp des neuen Weinstils. Zudem war Franz Keller ein begeisterter Fußballfan: Nach dem Gewinn der Weltmeisterschaft brachte er die Mannschaft im Ort unter – zwei Tage lang von der Presse unbemerkt. Fritz Keller übernahm das Weingut Schwarzer Adler 1990 von seinem Vater, ebenso das gleichnamige Gourmetrestaurant, das bodenständigere Wirtshaus Rebstock und den Weinhandel mit vielen großen Weinen aus dem Burgund und Bordeaux. Auch die Fußballbegeisterung hat er von seinem Vater geerbt: Der stets quirlige, fröhliche Winzer ist ganz nebenbei noch Vizepräsident des SC Freiburg. Wer auf der Fahrt durch die Gegend regionale Spezialitäten wie Kalbsmaulsalat oder Kalbsnieren mit Senfsauce sucht, für den ist das Wirtshaus, der »Rebstock«, genau das Richtige. Für klassische französisch-badische Küche ist dagegen der »Schwarze Adler« weit und breit die erste Wahl.

Im Ortsteil Bischoffingen setzte Karl Heinz Johner früh auf den Ausbau im Barrique – sogar ein Rivaner wurde im kleinen Holzfass gelagert – und experimentierte mit neuen önologischen Verfahren wie etwa der Mostkonzentration. Mittlerweile hat sich der pfiffige Winzer davon wieder weitgehend verabschiedet. Die besten Weine kennzeichnen er und sein Sohn Patrick mit dem Zusatz »SJ« – wobei Grau- und Spätburgunder, aber auch der Sauvignon blanc in den meisten Jahren besonders gelungen sind. Die Johners betreiben seit einigen Jahren auch ein Weingut in Neuseeland. Vom Restaurant Steinbuck in Bischoffingen geht der Blick weit über die Oberrheinebene. Die Küche legt großen Wert auf regionale Produkte aus biologischer Herkunft, beispielsweise Elztäler Lamm oder Wild aus heimischer Jagd sowie Zander aus dem Rhein. Dazu bietet die Karte eine gute Auswahl an Kaiserstühler Weinen.

Weißherbst ist ein meist blassrosa Wein aus roten Trauben, die nur kurz gepresst werden, sodass der Most nur wenig Farbstoff auf-

4

5

nimmt. Wie Weißwein vergärt er bei niedriger Temperatur und sollte stets jung und frisch getrunken werden. Am Kaiserstuhl wird er aus Spätburgunder-Trauben produziert. Der wohl beste stammt vom Weingut Salwey aus Vogtsburg-Oberrotweil, aus der Lage Glottertaler Eichberg. Der hoch gewachsene, silberhaarige Wolf-Dietrich Salwey ist ein Altmeister für stoffige und komplexe Burgunder. Gemeinsam mit seinem ältesten Sohn Konrad produziert er grandiose Grauburgunder vom Oberrotweiler Käsleberg. Bei einer Verkostung im Holzgewölbe ist es ein großes Vergnügen, mit dem Senior über seine Tropfen und die Entwicklung am Kaiserstuhl insgesamt zu plaudern.

Traditionsreich ist das Weingut Freiherr von Gleichenstein im selben Ort. Seit 2003 leitet Johannes von Gleichenstein – Winzer in der elften Generation – den Betrieb und hat dort für frischen Wind gesorgt. Idyllisch im Zentrum des Orts gelegen, mit einer Zufahrt durch den gutseigenen Park, produziert das Weingut unter Federführung von Kellermeister Odin Bauer Burgunder in solide guter Qualität. Aus der Chardonnay-Spätlese werden auch feine Essigsorten hergestellt, mit Kräutern wie etwa Rosmarin verfeinert. Und auch die Kirche freut sich über die gelungenen Weine: Freiherr von Gleichenstein liefert ihr den Messwein. Im Nachbarort Niederrotweil zaubert Lothar Koch in seinem Restaurant Zum Kaiserstuhl regionale Gerichte mit den mehr als 60 verschiedenen Kräutern aus dem eigenen Garten. Dort gibt es dann so verführerische kulinarische Höhepunkte wie Radiesleblättersüpple oder Brennnesselspätzle zum Rehbraten.

Burkheim – Perle von Vogtsburg

Der schönste Ort in der Gemeinde Vogtsburg ist Burkheim mit seinen liebevoll restaurierten Fachwerkhäusern rund ums Rathaus. Das Haus der Brüder Eckhardt und Rainer Bercher stammt aus dem Jahr 1756. Eckhardt kümmert sich mit seinem Sohn Martin um die Weinberge, Rainer ist mit seinem Sohn Arne für die Arbeit im Keller zuständig. Der sehenswerte Fasskeller mit seinem Kreuzgewölbe beherbergt große Holzfässer ebenso wie Barriques, in denen die Spätburgunder des Weinguts Bercher reifen. Die Rotweine des Hauses zählen zu den besten Tropfen Deutschlands. Doch die Palette des Betriebs weist noch etliche andere Highlights

1 Traditionsreich – Weingut Freiherr von Gleichenstein, Vogtsburg-Oberrotweil. **2** Alte Meister – die Deckenmalereien im Gasthaus zur Tanne, Freiburg-Opfingen, stammen von 1912. **3** Natürlicher Regenschirm – der Schwarzwald im Hintergrund schützt den Tuniberg vor schlechtem Wetter. **4** Wie der Vater so der Sohn – Fritz Keller vom Weingut Franz Keller, Vogtsburg-Oberbergen. **5** Die beste Wahl in der Region – der »Schwarze Adler« in Vogtsburg-Oberbergen. **6** Stapelweise Schätze – der Weinkeller im Weingut Franz Keller.

auf: Weiß- und Grauburgunder und auch etwas Riesling, Chardonnay, Muskateller und Gewürztraminer.

Rustikal ist das Ambiente im Gasthaus Zur Sonne in Vogtsburg-Schelingen. Neben badischen Spezialitäten wie Kutteln bereitet Stephan Köpfer vor allem mediterrane Speisen zu, darunter auch Lammnüsschen mit Ziegenfrischkäse-Ravioli und Ratatouille. Die Weine stammen natürlich von den Winzern des Kaiserstuhls.

Badische Köstlichkeiten stehen auch bei Thomas Rinklin in seiner Eich-stettener Gastwirtschaft Zum Ochsen im Mittelpunkt: zarte Kalbsbriesle etwa oder hausgemachte Wildmaultaschen, dazu regionale Weine.

Im Zuge der Weinrechtsreform von 1971 wurden am Kaiserstuhl viele neue Landschaftsstrukturen geschaffen. Ziel war es, die Arbeit

5

6

in den Weinbergen zu vereinfachen und auch der Gefahr von Bodenerosion entgegenzuwirken. Doch dabei wurden kleine Parzellen zerstört, planiert und zu Großterrassen zusammengeschoben. Nicht überall sind diese Projekte gelungen – heute haben manche Winzer bei stärkerem Regen Schwierigkeiten. In den Terrassen staut sich das Wasser, Böschungen rutschen ab. Die historisch gewachsenen Weinbergseinheiten sind unwiderruflich zerstört.
Ein weiteres Problem hat man sich damals selbst aufgehalst: Die Neudefinition einiger Lagen. So gehört der ursprüngliche Ihringer Winklerberg – der als wärmste Lage Deutschlands gilt – mit etwa 40 Hektar Steillagen auf Vulkangestein zu den besten deutschen Weinbergsböden. Heute zählen jedoch 117 Hektar zu dieser Lage, darunter auch Lössböden und Sedimentböden in der Ebene. Für den Winzer in den besten Teilstücken ebenso problematisch wie für den Weintrinker: Die Bezeichnung wurde verwässert, wer einen Wein vom Ihringer Winklerberg kauft, weiß nicht von vornherein, von welchem Boden er stammt, welcher Geschmackstypus also zu erwarten ist. Bekanntester Winzer in Ihringen ist Joachim Heger, ein umtriebiger Mann, Verwalter, Kellermeister und Önologe in einer Person, der zudem sehr munter von seinen Weinen und vom Weinbau im Allgemeinen erzählen kann. Seine besten Tropfen stammen von den Vulkanböden des Winklerbergs. Allein acht Grauburgunder aus dieser Lage hat er im Keller liegen, aus verschiedenen Parzellen. Alle Weine haben ihren ganz eigenen Charakter, abhängig von der exakten Ausrichtung des Hangs und vom Alter der Reben. »Von der Sonne verwöhnt« lautete lange Zeit der Werbeslogan der Badischen Weinwerbung, das Sonnenmännchen war ihr Symbol. Das steht heute nicht mehr im Mittelpunkt, da die Weinfreunde statt zu allzu fetten Tropfen zu schlankeren Weinen tendieren. Joachim Heger schafft es, seinen Gewächsen sowohl Komplexität als auch Eleganz zu verleihen – den rassig frischen Silvanern ebenso wie den gut strukturierten Rieslingen und den charaktervollen Weißburgundern. Absolute Spitze in den meisten Jahren sind auch der Spätburgunder und der Pinot noir Blanc de noir, ein Weißer aus roten Trauben. Weine aus weniger privilegierten Lagen verkauft der Winzer unter dem Etikett »Weinhaus Heger«, zudem ist er noch Inhaber des Weinguts Fischer in Teningen.

Von Breisach bis Endingen

Breisach – von Ihringen gleich um die Ecke – beherbergt den Winzerkeller, der einst als die größte Kellerei Europas galt, heute aber mit seinen 30 Millionen Flaschen pro Jahr mengenmäßig von einigen überholt wurde. Diese »Obergenossenschaft« – Mitglieder sind örtliche Genossenschaften – bietet beeindruckende Riesentanks und -pressen und schleust jährlich über 30 000 Besucher durch die Kelleranlagen. Dabei kann man mit einer kleinen Bahn auch durch die unterirdischen Gänge fahren. Deutlich kleiner ist die Winzergenossenschaft Königschaffhausen im gleichnamigen Ortsteil der Gemeinde Endingen. Seit Jahren kommt von hier verlässliche Qualität. Die Trauben stammen von den etwa 370 Genossen, die nach strikten Vorgaben nur bestes Lesegut abliefern. »Regnum« heißt der jeweils jahrgangsbeste Spätburgunder, der im Barrique reift. Die Spitzenweine der Genossenschaften stammen aus Einzellagen: der Königschaffhausener Spätburgunder etwa aus der Lage Steingrüble. Seit einigen Jahren hat diese innovative Genossenschaft – die als eine der ersten Barriquefässer einsetzte – auch Weine aus Cabernet Sauvignon im Programm.

Endingen ist auch die Heimat von Reinhold und Cornelia Schneider. Sie zählen zwar nicht zu den Alteingesessenen – das Weingut entstand erst 1981 –, doch zu den qualitativ Besten am Kaiserstuhl. Sohn Alexander arbeitet heute mit seinem Vater gemeinsam im Weinkeller, ihre Spätburgunder besitzen großes Potenzial und Substanz. Die Schneiders verzichten auf Lagennamen und kennzeichnen ihre Weine lieber nach der Bodenart: »A« für Lehmboden, »C« für Lössboden, »R« für Vulkanverwitterungsboden und »Trio« für eine Cuvée aus drei Lagen. Direkt am alten Endinger Stadttor steht das Weingut mit seinem auffälligen, gelben Wohnturm.

Nicht vergessen sollte man auch einen Besuch beim Weingut Knab. Hier bekommt man geradlinige Weine aus den Lösslagen des Endinger Engelsbergs, sowohl fruchtige Weißburgunder als auch samtige Spätburgunder. Eine Spezialität der Besitzer Regina und Thomas Rinker ist eine Spätburgunder Beerenauslese – im Stil eines Amarone, mit bis zu 17 Prozent Alkohol.

Als Weinreisender muss man in Endingen keinen Hunger leiden. Dafür sorgt zum einen das Ehepaar Merkle. In »Merkle's Rebstock« geht es badisch zu – Sauerbraten z. B. ist einer der Renner der Regionalküche –, aber auch mediterran und asiatisch. Thomas Merkle beherrscht die gesamte Palette zeitgemäßer Küche. Auf der gut gestalteten Weinkarte findet man alles, was in der Region Rang und Namen hat. Auch Arthur Dutter bemüht sich um eine gute Grundlage für Weinverkostungen: In »Dutters Stube« zelebriert er badische Küche auf sehr ansprechendem Niveau. Empfehlenswert sind vor allem seine in Spätburgunder geschmorten Schweinebäckle.

1 Spezialisten für Spätburgunder – Familie Schneider vom Weingut Schneider in Endingen. **2** Familienbande – der weißbärtige Patriarch Eckhardt Bercher im Kreis von Kindern und Enkeln. **3** Grandiose Grauburgunder – Konrad und Wolf-Dietrich Salwey aus Vogtsburg-Oberrotweil.

Anbaugebiet Kaiserstuhl

Weine und Winzer mit Charakter:

Weingut Schwarzer Adler – Franz Keller
Badbergstr. 23
79235 Vogtsburg-Oberbergen
Tel.: 07662-933 00, Fax: 719
keller@franz-keller.de
www.franz-keller.de
Inhaber: Fritz Keller
Öffnungszeiten: Mo-Fr 8-18 Uhr, Sa 8-13 Uhr

Weingut Karl H. Johner
Gartenstr. 20
79235 Vogtsburg-Bischoffingen
Tel.: 07662-60 41, Fax: 83 80
info@johner.de
www.johner.de
Inhaber: Karl Heinz und Patrick Johner
Öffnungszeiten: Mo-Sa 14-17 Uhr

Weingut Salwey
Hauptstr. 2
79235 Vogtsburg-Oberrotweil
Tel.: 07662-384, Fax: 63 40
weingut@salwey.de
www.salwey.de
Öffnungszeiten: Mo-Fr 9-12 und 14-17 Uhr, Sa 9-12 und 14-16 Uhr n. V.

Weingut Freiherr von Gleichenstein
Bahnhofstr. 12
79235 Vogtsburg-Oberrotweil
Tel.: 07662-288, Fax: 18 56
weingut@gleichenstein.de
www.gleichenstein.de
Inhaber: Johannes von Gleichenstein
Öffnungszeiten: Mo-Sa 9-18 Uhr, So 11-17 Uhr

Weingut Bercher
Mittelstadt 13
79235 Vogtsburg-Burkheim
Tel.: 07662-212, Fax: 82 79
info@weingutbercher.de
www.weingutbercher.de
Inhaber: Arne und Martin Bercher
Öffnungszeiten: Mo-Sa 9-11.30 und 13.30-17 Uhr

Weingut Dr. Heger
Bachenstr. 19
79241 Ihringen
Tel.: 07668-99 51 10, Fax: 93 00
info@heger-weine.de
www.heger-weine.de
Inhaber: Joachim Heger
Öffnungszeiten: Mo-Fr 9-12 und 13.30-17.30 Uhr, Sa 10-14 Uhr

Badischer Winzerkeller Breisach
Zum Kaiserstuhl 16
79206 Breisach am Rhein
Tel.: 07667-90 02 03, Fax: 90 02 32
vertrieb@badischer-winzer-keller.de
www.badischer-winzerkeller.de
Öffnungszeiten: Mo-Fr 9-17.30 Uhr, Sa 9-13 Uhr

Winzergenossenschaft Königschaffhausen
Kiechlinsbergerstr. 2-6
79346 Endingen am Kaiserstuhl
Tel.: 07642-908 46, Fax: 25 35
info@koenigschaffhauser-wein.de
www.koenigschaffhauser-wein.de
Inhaber: WG Königschaffhausen
Öffnungszeiten: Jan.-März: Mo-Fr 8-12 und 13.30-17.30 Uhr, Sa 9-12 Uhr, April-Dez.: Mo-Fr 8-17.30 Uhr, Sa 9-14 Uhr

Reinhold und Cornelia Schneider
Königschaffhauser Str. 2
79346 Endingen am Kaiserstuhl
Tel.: 07642-52 78, Fax: 20 91
weingutschneider@aol.com
www.weingutschneider.com
Inhaber: Reinhold und Cornelia Schneider
Öffnungszeiten: Fr 15-18 Uhr, Sa 9-14 Uhr und n. V.

Weingut Knab
Hennengärtle 1 a
79346 Endingen am Kaiserstuhl
Tel.: 07642-61 55, Fax: 93 13 77
knabweingut@t-online.de
www.knabweingut.de
Inhaber: Regina und Thomas Rinker
Öffnungszeiten: Mo-Fr 17-18.30 Uhr, Sa 10-14 Uhr

Stilvoll schlafen und genießen:

Schwarzer Adler
Badbergstr. 23
79235 Vogtsburg-Oberbergen
Tel.: 07662-93 30 10,
Fax: 93 30 46
reservation@schwarzeradler.eu
www.franz-keller.de
Chefkoch: Anibal Strubinger
Öffnungszeiten: Fr-Di 12-15 und 18.30-24 Uhr

Steinbuck
Steinbuckstr. 20
79235 Vogtsburg-Bischoffingen
Tel.: 07662-91 12 10, Fax: 60 79
wernet@hotel-steinbuck.de
www.hotel-steinbuck.de
Chefkoch: Thomas Stefan Wernet
Öffnungszeiten: Do-Mo 12-14 und 18-21.30 Uhr, Mi 14-21 Uhr

Gasthaus Zum Kaiserstuhl
Niederrotweil 5
79235 Vogtsburg-Niederrotweil
Tel.: 07662-237, Fax: 935 07 27
info@gasthaus-zum-kaiserstuhl.de
www.gasthaus-zum-kaiserstuhl.de
Chefkoch: Lothar Koch
Öffnungszeiten: Di-Sa 12-14 und 18-21 Uhr, So 12-15 Uhr

Köpfer's Gasthaus Zur Sonne
Mitteldorf 5
79235 Vogtsburg-Schelingen
Tel.: 07662-276, Fax: 60 43
info@sonne-schelingen.de
www.sonne-schelingen.de
Chefkoch: Jürgen Eck
Öffnungszeiten: Mi-Mo 10-24 Uhr

Dutters Stube
Winterstr. 28
79346 Endingen am Kaiserstuhl
Tel.: 07642-17 86, Fax: 42 86
dutters-stube@t-online.de
www.dutters-stube.de
Chefkoch: Arthur Dutter
Öffnungszeiten: Mi-So 12-14 und 18.30-21.30 Uhr

Perfekt genießen:

Winzerhaus Rebstock
Badbergstr. 22
79235 Vogtsburg-Oberbergen
Tel.: 07662-93 30 11, Fax: 93 30 46
rebstock@franz-keller.de
www.franz-keller.de
Chefkoch: Dominique Gutleben
Öffnungszeiten: Mi-So 12-14 und 18-23 Uhr, Nov.-Feb. außer Sa, So nur Abendessen

Gasthof Zum Ochsen
Altweg 2
79356 Eichstetten am Kaiserstuhl
Tel.: 07663-15 16, Fax: 10 20
ochsen-eichstetten@t-online.de
www.ochsen-eichstetten.de
Chefkoch: Thomas Rinklin
Öffnungszeiten: Di 18.30-21.30 Uhr, Mi-So 11.30-13.45 und 18.30-21.30 Uhr

Merkle's Rebstock
Hauptstr. 2
79346 Endingen am Kaiserstuhl
Tel.: 07642-79 00, Fax: 92 47 97
info@merkles-rebstock.de
www.merkles-rebstock.de
Chefkoch: Thomas Merkle
Öffnungszeiten: Do-Mo 12-14 und 18-22 Uhr

Gasthaus Zur Tanne
Altgasse 2
79112 Freiburg-Opfingen
Tel.: 07664-1810, Fax: 53 03
tanne-opfingen@t-online.de
www.tanne-opfingen.de
Inhaber: Familie G. Elmlinger
Öffnungszeiten: tgl., Di Ruhetag

1 Neue Generation – Arne und Martin Bercher in Vogtsburg-Burkheim. **2** Kaiserstühler Urgestein – Joachim Heger, Ihringen.

1

2

3

4

Wo Spargel wächst und Wein gedeiht

Nordbaden – von der Bergstraße bis ins Breisgau

Rings um Heidelberg beginnt mit der Bergstraße das Weinland Baden; hier konkurriert der Weinbau mit dem Obstanbau. Alljährlich lockt der Frühlingsanfang zahlreiche Besucher in die Region, denn an der Bergstraße zeigt sich der Lenz in der Regel am frühesten in ganz Deutschland: Bereits im März blühen hier die Mandelbäume. Die Stadt Heidelberg hat unter den Pfälzischen Erbfolgekriegen, die auch die Entwicklung des Weinbaus stark beeinflussten, sehr gelitten; noch heute kündet das Wahrzeichen der Stadt, die aus rotem Sandstein bestehende Schlossruine, von jenen Zeiten. Im nahe gelegenen Ort Leimen, dem Geburtsort des Tennisstars Boris Becker, baut Thomas Seeger Rotweine an, die sich durch feine Tannine und große Aromentiefe auszeichnen. Trotz der unspektakulären Lage des Weinguts macht ein Besuch dort viel Spaß – Harley-Fahrer Seeger ist ein stets lockerer Typ.

In der sanften Hügellandschaft des weiter südlich gelegenen Kraichgaus wechseln sich Ackerbau und Rebflächen ab. Vor allem Weiß- und Grauburgunder sind hier heimisch. Der wohl beste Weißburgunder stammt vom Weingut Reichsgraf und Marquis zu Hoensbroech in Angelbachtal aus der Lage Michelfelder Himmelberg. Obwohl die Ahnengalerie im Salon dezent auf die Abstammung aus altem Adelsgeschlecht verweist und die drei Araberpferde auf dem Gutsgelände auch recht beeindruckend sind, ist die Familie angenehm unkompliziert. Auf Rotwein, vor allem Spätburgunder, hat sich Bernd Hummel in Malsch spezialisiert, während Thomas Hagenbucher in Sulzfeld eher auf Riesling und weiße Burgunder setzt. In diesem Ort liegt auch das Weingut Burg Ravensburg mit einer Palette von Weißen und Roten für jeden Geldbeutel. Etwas außerhalb ragt die Burg mit ihrem trutzigen Bergfried empor – ein Besuch lohnt sich.

Schwetzingen bei Heidelberg und Bruchsal sind Zentren des Spargelanbaus – die feinen Stangen harmonieren sehr gut mit den weißen Burgundersorten. Auch Schwartenmagen – verwandt mit dem Pfälzer Saumagen – ist eine Spezialität der Region, die man in vielen Gasthöfen findet. Auf Feineres setzt das Walk'sche Haus in Weingarten, ein prächtiger Fachwerkbau, in dem schmackhafte Fisch- und Wildgerichte und dazu badische Weine serviert werden. Familienfreundlich ist die Ferienanlage in Rauenberg mit dem

1 Verschnaufpause nach dem Weingenuss – Ettenheim in der Ortenau. **2** Huldvolle Weinhoheiten – Festzug des Bergsträßer Winzerfestes in Weinheim-Lützelsachsen. **3** Wohl verdiente Ruhe – nächtigen im Schlosshotel Michelfeld. **4** Hochadlige Grauburgunder – auf dem Weingut von Reichsgraf und Marquis zu Hoensbroech.

Restaurant Martin's gute Stube, das in intimem Rahmen Badisches und Französisches bietet, bei den Weinen ebenso wie bei den Speisen.

Ortenau – das Land des Rieslings

Die Ortenau – zwischen Baden-Baden und Offenburg – ist dank ihrer Granit-, Gneis- und Porphyrböden ideal für Riesling, von dem hier sehr duftige Weine stammen. Am besten gelungen sind die von Andreas Laible in Durbach, vor allem aus der Lage Plauelrain, die sich allesamt durch Charakter, Saft, Säure, Mineralität und Länge auszeichnen. Nur sieben Hektar Rebfläche besitzen die Laibles, ihre Weine sind deshalb rasch ausverkauft. Immer bessere Rieslingqualität stammt auch von Schloss Neuweier in Baden-Baden, während der gebürtige Holländer und Quereinsteiger Jacob Duijn in Bühl-Kappelwindeck auf seinen zehn Hektar ausschließlich Spätburgunder anbaut – Rote von toller Kraft, Würze und Eleganz. Bei Weingutsbesuchen in der Ortenau sollte man stets nach dem Selbstgebrannten fragen: Nirgendwo gibt es so viele ausgezeichnete Obstbrände wie hier. Brenner's Park-Hotel in Baden-Baden

1 Pferdenärrische Familie – Winzer Adrian Graf von Hoensbroech, Angelbachtal. **2** Schwerpunkt Rotwein – Barriquekeller von Jacob Duijn in Bühl. **3** Fachwerk am Walzbach – das Walk'sche Haus in Weingarten. **4** Putzige Namen – »Grand Cru«-Zimmer »Wein, Weib und Gesang« im Laurentius in Weikersheim.

5 Regionale Spezialitäten – das Hohenloher Märktle gehört zum Laurentius. **6** Vorbereitung auf den Ansturm der Gäste – Walk'sches Haus in Weingarten. **7** Trilogie vom Thunfisch – eine Kreation von Küchenchef Michael Groß im Walk'schen Haus. **8** Der Nachwuchs steht bereit – Winzer Thomas Seeger in Leimen mit seinen Kindern.

oder die »Bühlerhöhe« in Bühl sind bekannte Größen, Weinfreunde werden aber auch glücklich in »Werners Gourmetrestaurant« im von Reben umgebenen Schloss Eberstein in Gernsbach. Hier kann man sich Weinbergschnecken und Spätburgunder schmecken lassen. Großartige badisch-französische Küche bietet der Gasthof Rebstock in Kappelrodeck in der holzvertäfelten Bauernstube; zu den Klassikern zählt gefüllter Ochsenschwanz mit Rindsmedaillon. Feine badische Traditionsgerichte zaubert auch Gutbert Fallert im Sasbachwaldener Hotel Talmühle, wo man im Sommer wunderbar im Garten am Wildbach entspannen kann.

Das Breisgau, das sich bis an den nördlichen Rand von Freiburg erstreckt, genießt aufgrund der hohen Niederschlagsmengen als Weinregion keinen herausragenden Ruf. Doch dort, wo die Reben auf hochwertigen Kalkböden wurzeln, entstehen großartige Tropfen. Bernhard Huber in Malterdingen weiß am besten sowohl mit Roten als auch mit Weißen umzugehen. Neben Weißburgunder sind auch sein Chardonnay und der trockene Muskateller absolute Spitzenklasse; sein Spätburgunder zeichnet sich aus durch Finesse, eine gute Struktur und kräftige Tannine.

1 Bruchsaler Barockschloss – ehemals Residenz der Fürstbischöfe von Speyer. **2** Anschauungsunterricht – Winzer Konrad Schlör, Wertheim, bei einer Verkostung im Weinberg. **3** War nie ganz dicht – das vierte Große Fass von 1751 im Heidelberger Schloss.

Abseits des badischen Kernlands liegt das Taubertal, das weinrechtlich zu den drei Regionen Baden, Württemberg und Franken gehört. Der badische Teil ist der kühlste Bereich der Region, knackig-frische Müller-Thurgau und Silvaner sind hier vorherrschend. Konrad Schlör beweist auf seinem Weingut in Wertheim-Reicholzheim jedoch, dass hier auch samtige Rotweine wie etwa sein Schwarzriesling und sein Spätburgunder entstehen können. Raffinierte badische Küche bietet die »Zirbelstube«, aber auch die einfachere »Vinothek & Markthalle« im Hotel Victoria in Bad Mergentheim. Hier sorgt Patron Otto Geisel für eine fantastische Weinauswahl.

Anbaugebiet Nordbaden

Weine und Winzer mit Charakter:

Weingut Thomas Seeger
Rohrbacher Str. 101
69181 Leimen
Tel.: 06224-721 78, Fax: 783 63
info@seegerweingut.de
www.seegerweingut.de
Inhaber: Familie Seeger
Öffnungszeiten: Sa 10-14 Uhr n. V.

Weingut Andreas Laible
Am Bühl 6
77770 Durbach
Tel.: 0781-412 38, Fax: 383 39
info@weingut-laible.de
www.weingut-laible.de
Inhaber: Andreas und Ingrid Laible

Öffnungszeiten: Mo-Fr 8-11.30 und 13.30-18 Uhr, Sa 8.30-11.30 und 13.30-16 Uhr

Weingut Schloss Neuweier
Mauerbergstr. 21
76534 Baden-Baden
Tel.: 07223-966 70, Fax: 608 64
kontakt@weingut-schloss-neuweier.de
www.weingut-schloss-neuweier.de
Inhaberin: Gisela Joos
Öffnungszeiten: Mo-Fr 9-12 und 13-17 Uhr, Sa 9-13 Uhr

Weingut Jacob Duijn
Hohbaumweg 16
77815 Bühl
Tel.: 07223-214 97, Fax: 837 73
info@weingut-duijn.com
www.weingut-duijn.com
Inhaber: Jacob Duijn
Öffnungszeiten: n. V.

Weingut Bernhard Huber
Heimbacher Weg 19
79364 Malterdingen
Tel.: 07644-12 00, Fax: 82 22
info@weingut-huber.com
www.weingut-huber.com
Inhaber: Bernhard Huber
Öffnungszeiten: Mo-Fr 14-18 Uhr, Sa 10-12 Uhr

Weingut Reichsgraf und Marquis zu Hoensbroech
Hermannstr. 12
74918 Angelbachtal
Tel.: 07265-91 10 34, Fax: 91 10 35
mail@hoensbroech.eu
www.hoensbroech.eu
Inhaber: Rüdiger Graf zu Hoensbroech
Öffnungszeiten: Mo-Fr 9-18 Uhr, Sa 10-16 Uhr

Stilvoll schlafen und genießen:

Schlosshotel Michelfeld
Friedrichstr. 2
74918 Angelbachtal-Michelfeld
Tel.: 07625-91 99 00, Fax: 279
info@schlosshotelmichelfeld.de
www.schlosshotelmichelfeld.de
Chefkoch: Michael Lacher
Öffnungszeiten: Di-So 11.30-14 Uhr, 17.30-22 Uhr

Walk'sches Haus
Marktplatz 7
76356 Weingarten (Baden)
Tel.: 07244-703 70, Fax: 70 40
info@walksches-haus.de
www.walksches-haus.de
Chefkoch: Michael Groß
Öffnungszeiten: So-Mo 12-14 und 18-22 Uhr, Mi-Fr 12-14 und 18-22 Uhr, Sa 18-22 Uhr

Martin's gute Stube
Bahnhofstr. 4-8
69231 Rauenberg
Tel.: 06222-95 23 53, Fax: 95 23 50
winzerhof@ringhotels.de
www.winzerhof.net
Chefkoch: Jürgen Menges
Öffnungszeiten: Di-Sa 18.30-22 Uhr

Brenner's Park-Hotel
Schillerstr. 4-6
76530 Baden-Baden
Tel.: 07221-90 08 90, Fax: 387 72
information@brenners.com
www.brenners.com
Chefkoch: Andreas Krolik
Öffnungszeiten: Di-So 19-22 Uhr

Schlosshotel Bühlerhöhe
Schwarzwaldhochstr. 1
77815 Bühl
Tel.: 07226-550, Fax: 557 77
info@buehlerhoehe.de
www.buehlerhoehe.de
Chefkoch: Frank Trepesch
Öffnungszeiten: tgl. 12-14, 18.30-22 Uhr

Werners Gourmetrestaurant
Schloss Eberstein
76593 Gernsbach
Tel.: 07224-995 95 00,
Fax: 995 95 50
info@schlosseberstein.com
www.schlosseberstein.com
Chefkoch: Bernd Werner
Öffnungszeiten: Mi-Fr 12-14 und 18-21 Uhr, Sa 18-21 Uhr, So 12-14 und 18-21 Uhr

Zum Rebstock
Kutzendorf 1
77876 Kappelrodeck
Tel.: 07842-94 80, Fax: 948 20
info@rebstock-waldulm.de
www.rebstock-waldulm.de
Chefkoch: Karl Josef Hodapp
Öffnungszeiten: Di 18-21.30 Uhr, Mi-So 11.30-14.30, 18-21.30 Uhr

Hotel Talmühle
Talstr. 36, 77887 Sasbachwalden
Tel.: 07841-10 01, Fax: 628 29 99
info@talmuehle.de
www.talmuehle.de
Chefkoch: Gutbert Fallert
Öffnungszeiten: tgl. 12-14 und 18-21.30 Uhr

Hotel Victoria
Poststr. 2-4
97980 Bad Mergentheim
Tel.: 07931-59 36 07, Fax: 59 35 00
hotel-victoria@t-online.de
www.victoria-hotel.de
Chefkoch: Hubert Retzbach
Öffnungszeiten: Mo-Sa 12-24 Uhr, So 18-24 Uhr
Zirbelstube im Victoria
Öffnungszeiten: 18.30-22 Uhr

Laurentius
Marktplatz 5
97990 Weikersheim
Tel.: 07934-9108-0,
Fax: 07934-9108-18
info@hotel-laurentius.de
www.hotel-laurentius.de
Chefkoch: Jürgen Koch
Öffnungszeiten: Di-So ab 18.30 Uhr

1 Mit Talent und Beharrlichkeit an die Spitze – Winzer Thomas Seeger in Leimen. **2** Produziert großartigen Riesling – Andreas Laible in Durbach. **3** Festliche Tafel – das Walk'sche Haus in Weingarten. **4** Perfektes Zusammenspiel – Sommelière Sabine Koch und Küchenchef Jürgen Koch, Inhaber des Laurentius in Weikersheim.

2

3

4

Schlemmerreise in den Süden

Südbaden und der Klassiker Gutedel

Von Freiburg bis Basel erstreckt sich das Markgräflerland. Auf dessen kalkhaltigem Lössboden dominiert Gutedel die Weinberge, eine Sorte, die leicht zugängliche, oft sogar banale Weine hervorbringt, bei guten Winzern aber durch frische Mineralität zu höheren Weihen gelangt.

Freiburg als Ausgangspunkt einer Tour bis an die Schweizer Grenze bietet dem Gaumen so viel Abwechslung, dass man am liebsten gleich hier bleiben möchte. In der »Zirbelstube« des Hotel Colombi kredenzt Chefkoch Alfred Klink badisch-französische Hochküche. Die »Eichhalde« im Stadtteil Herdern zeigt sich etwas bodenständiger, doch beweist Matthias Dahlinger in der Küche, dass er sowohl die Regionalgerichte als auch Mediterranes beherrscht. Die Weinhandlung Drexler verfügt mittlerweile auch über eine gastronomische Dependance: Hier kommen u. a. Kalbstafelspitz, Lachsforelle und Dorade auf den Tisch – alles perfekt gegart, dazu viele offene Weine. Der »Große Meyerhof« in der Fußgängerzone bietet nicht nur traditionelle badische Küche, sondern auch literarisches Kabarett – die Wirtsleute sind professionelle Schauspieler. In »Oberkirchs Weinstuben« am Münsterplatz genießt man regionale Spezialitäten mit Blick auf das gotische Wahrzeichen der Stadt.

Der Weg zum Wein führt weiter nach Süden. In Ehrenkirchen im Ortsteil Scherzingen baut die Familie Heinemann schon lange Wein an, doch mit Lothar Heinemann geht es immer weiter bergauf. Im modernen Verkaufsraum mit freigelegtem alten Mauerwerk bietet er neben Gutedel eine breite Palette, die vom frischen Rivaner über aromatische Muskateller bis zur trockenen Spätlese aus Chardonnay reicht; daneben sind auch Spätburgunder aus der Lage Scherzinger Batzenberg zu finden.

Im benachbarten Bad Krozingen im Ortsteil Schlatt liegen die Weingüter der Brüder Martin und Fritz Waßmer. Beide Güter sind erst knapp zehn Jahre alt, gehören jedoch schon zur südbadischen Spitzenklasse. Groß geworden sind die Brüder mit Spargel und Erdbeeren, danach erweiterten sie ihre Betriebe um Weinbau. Martin hat ein gutes Händchen für saftige, elegante Spätburgunder mit Potenzial für einige Jahre Reife sowie aromatische Weiße. Fritz orientiert sich eher an Frankreich und hat auch großartige Caber-

1 Südbadische Spitzenklasse – Winzer Martin Waßmer aus Bad Krozingen. **2** Eine der ältesten Domänen Deutschlands – das Staatsweingut Meersburg. **3** Nahe der Schweizer Grenze – Hotel-Restaurant Mühle in Binzen. **4** Mischwirtschaft – Herbstliche Reb- und Ackerflächen bei Heitersheim.

1 Lesepause – Brotzeit während der Ernte in Heitersheim. **2** Schöner wohnen – Hotel Mühle in Binzen. **3** Heimat der Malteser – im 16. Jahrhundert war das Schloss von Heitersheim Hauptsitz des Ordens. **4** Stolze Größe – der Batzenberg ist mit 376 Hektar Deutschlands größter geschlossener Weinberg. **5** Deutsche Regionalküche – Gasthof Storchen in Bad Krozingen. **6** Auslese – Wein von Hartmut Schlumberger, Sulzburg.

net franc und Syrah sowie als Weißwein einen Viognier im Programm – ohne Lagen-, dafür mit »Gewichtsbezeichnungen« wie XXL. Die »Krone« im Ortsteil Biengen ist außen mit Reben bewachsen und innen holzgetäfelt; die Gäste sitzen an blanken Tischen. Hier kredenzt Sascha Weiß ideenreiche Gerichte ohne allzu viele Schnörkel, darunter etwa Entenleber mit Feigenrisotto. Sehr empfehlenswert sind auch die Kalbsbäckchen mit Selleriepüree. Fritz Helfesrieder kocht im benachbarten Ortsteil Schmidhofen in seinem Gasthof Storchen vor allem Fischgerichte, doch auch die Bauernente oder das Entrecôte vom Hohenloher Weiderind sind ausgezeichnet. In Staufen mit seinem mittelalterlichen Ortskern ist die »Alte Schwarzwälder Hausbrennerei Alfred Schladerer« zu Hause, gegen den Hunger ist Mathias Luiz im schicken Restaurant Ambiente aktiv. Sehr schmackhaft sind beispielsweise der gebratene Zander auf Schwarzwurzeln und der Hirschrücken mit Nusskruste.

Durch den Schwarzwald – von Sulzburg bis Weil am Rhein

Wie groß die Auswahl an erstklassigen Gasthöfen und Restaurants im Schwarzwald ist, sieht man auch einige Kilometer weiter südlich in Sulzburg. Hier wetteifern drei gute Häuser um die Gunst der Gäste: »La Vigna«, das beste italienische Restaurant im Markgräflerland, »La Maison Eric« mit seiner raffinierten Küche in einem geschmackvoll restaurierten Haus aus dem 18. Jahrhundert sowie der »Hirschen« im gleichnamigen Hotel. Den hat Douce Steiner mit ihrem Mann Udo Weiler von ihrem Vater übernommen und ist der klassischen französischen Hochküche treu geblieben. Allein die Gänselebervariationen sind ein Gedicht.

Im Ortsteil Laufen befindet sich das Weingut Hartmut Schlumberger, bei dem man vor allem den erstklassigen Gutedel und den gut strukturierten und komplexen Spätburgunder probieren sollte. Wer bereits wieder Appetit verspürt, genießt in der »Alten Wirts-

4

5

6

stube« im Romantik Hotel Spielweg im nahen Münstertal beste regionale Küche wie Sauerbraten vom Wildschwein und dazu Spielweger Bergkäse aus der hauseigenen Käserei.

Das Weingut Dörflinger in Müllheim gibt es schon seit 1900; lange galt es als Aushängeschild der Region. Hermann Dörflinger senior und junior keltern vorwiegend Gutedel in einfacher, süffiger Qualität, am gelungensten sind ihre komplexen Spätburgunder mit fein balancierter Frucht. Neben einer gemütlichen alten Stube mit Holzboden und Kachelofen besitzt das Weingut auch einen kleinen modernen Verkostungsraum. Zum Essen empfiehlt sich ein Ausflug Richtung Rhein nach Neuenburg. »Blauel's« bietet mediterrane Fischgerichte vom Feinsten. Insbesondere Bertram Blauels Fischsuppe ist üppig und kräftig, kurz: einfach grandios.

Seit 150 Jahren besteht das Familienweingut Blankenhorn in Schliengen, das in einer ehemaligen Poststation untergebracht ist. Die dynamische Besitzerin Rosemarie, genannt Roy, war viele Jahre lang Vorsitzende der Weinfrauenvereinigung Vinissima. Am besten gelingen ihr die Klassiker Gutedel und Spätburgunder. Neben den weißen Burgundersorten und Sauvignon blanc baut die Winzerin auch Cabernet und Merlot an – alles zu probieren in ihrem »Post-Keller« oder in der zum Hof gehörenden Gutsschänke. Das ausgesprochen idyllische Weingut Lämmlin-Schindler im Ortsteil Mauchen verfügt über hübsch eingerichtete Probierstuben; im Sommer kann man auch im schönen Innenhof an Verkostungen teilnehmen. Im benachbarten Gasthof Zur Krone, seit 1862 immer noch im Besitz der Familie, kann man die Gutedel und Spätburgunder zu regionaler Küche genießen.

Hans-Peter Ziereisen in Efringen-Kirchen hat sich in kurzer Zeit in die Spitzengruppe der südbadischen Winzer katapultiert, allen voran mit seinen Spätburgundern, die so putzige Lagennamen wie »Rhini«, »Heugumper« oder »Tschuppen« tragen. Zu empfehlen ist auch der saftig-mineralische Gutedel aus der Lage Steingrüble. Der engagierte Winzer mit viel Mutterwitz beschäftigte sich bis 1991 nur mit Gemüseanbau und Viehwirtschaft; noch heute verkauft er in seinem Hofladen auch Gemüse. Im früheren Bullenstall befindet sich der Verkostungsraum, wo man auch Weine von befreundeten Winzern aus anderen Regionen zu Ab-Hof-Preisen erstehen kann. Im idyllischen Ortskern steht Schlossgut Istein mit

850 Jahren Geschichte. Das Familiengut ging im vergangenen Jahr zwar in die Hände der Royal Vinum GmbH über, der konsequent trockene Weinstil von Gutedel, Grau- und Weißburgunder soll jedoch beibehalten werden. Im Ortsteil Blasingen hat Georg Albrecht neben dem Dorfbrunnen sein Restaurant Traube in einem früheren Bauernhof errichtet. Die klassische badische Küche mit französischem Zungenschlag genießt man am besten im wunderschönen Bauerngarten. Zum Abschluss ein Besuch direkt im Dreiländereck, in Weil am Rhein. Hansjörg Wöhrle kocht in seinem »Adler« im Stil der klassischen Haute Cuisine. Tipp: Maispoularde mit Morchelrahmsauce und Spätzle mit Muskatblüte.

Bodensee – mediterranes Flair mitten in Schwaben

Südlichstes Anbaugebiet Deutschlands ist der Bodensee – weit entfernt von den anderen badischen Regionen. Hier, am »Schwäbischen Meer«, kommt ein Gefühl von Mittelmeer auf, obwohl wir uns bereits im Voralpengebiet befinden. Der Wasserspiegel des Sees liegt auf knapp 400 Meter Höhe, die Weinberge klettern bis

1 Reben bis zur Haustür – Schloss Hersberg bei Immenstaad. **2** Winzeralltag – Holzschnitzereien im Staatsweingut Meersburg. **3** Wilder Zecher – Fenster im Hotel Seehof in Immenstaad. **4** Frommer Schutz – Weinberge mit Wallfahrtskirche Birnau. **5–7** Impressionen aus dem Staatsweingut Meersburg – Barrique-gereifte Rotweine, die Terrasse der Gutsschänke, Weinprobe im alten Gewölbekeller.

6

7

auf 560 Meter hinauf. Doch da der See als Wärmespeicher fungiert, herrscht hier eine üppige Vegetation, und auch die Reben fühlen sich offensichtlich wohl. Hier wächst vor allem die Sorte Müller-Thurgau, auch Rivaner genannt, die zunächst auf der Schweizer Seite des Bodensees angebaut wurde und dann ihren Weg nach Deutschland fand. Der Boden ist von Moränen der Eiszeit geprägt – nichts für wuchtige Weine, aber Weiße mit komplexen Aromen werden hier geboren. Die besten Weinberglagen befinden sich am nördlichen Ufer des Bodensees zwischen Überlingen und Immenstaad.

Lediglich fünf Autominuten vom Bodensee entfernt kocht Andreas Liebich in Überlingen sowohl Deftiges wie Wurstsalat mit Bratkartoffeln als auch Feines wie Meerwolf auf Krustentierragout. Sein Restaurant im Hotel Johanniter-Kreuz ist, gemeinsam mit dem Wellnessangebot des Hauses, eine regelrechte Wohlfühloase. Gute badische Küche in stets verlässlicher Qualität servieren Verena und Peter Vögele im 500 Jahre alten Gasthof Zum Adler, ein Fachwerkhaus mit Kachelofen in den urigen Gaststuben im Überlinger Ortsteil Lippertsreute.

Die Meersburg in der gleichnamigen, von Barockbauten geprägten Stadt ist die älteste vollständig erhaltene und immer noch bewohnte Burg Deutschlands, in der einst auch die Dichterin Annette von Droste-Hülshoff lebte. Erstmals erwähnt wurde die Burg im Jahre 988. Vom See aus bietet die Stadt Meersburg eine prachtvolle Kulisse. Das »Casala« in der »Residenz am See« ist nicht gerade billig, doch die Terrasse direkt über dem Bodensee sowie Interieur und Speisen, beides fein und mediterran, entschädigen für die gebeutelte Brieftasche. Ebenfalls sehr schön direkt am See und inmitten von Reben liegt das Weingut der Brüder Robert und Manfred Aufricht, die exzellente frische Weiße sowie saftige und extraktreiche Spätburgunder keltern. Oberhalb des Hafens sind schon von Weitem die markanten historischen Gebäude des Staatsweinguts Meersburg zu erkennen, das außer den Rebflächen rund um die Stadt auch bei Singen westlich des Bodensees Weinberge am Vulkankegel Hohentwiel besitzt, die als höchste Lage Deutschlands gelten. Die Spätburgunder aus den besten Lagen am See kann man auch auf der Terrasse der Gutsschänke direkt nebenan probieren.

1–5 Nächtigen am Bodensee – das Hotel Seehof in Immenstaad bietet seit 1885 badische Gemütlichkeit und einen traumhaften Seeblick.

In Hagnau, einige Kilometer weiter südlich, stößt man am Ortseingang zunächst auf das Seegut Kress. Im Verkostungsraum gibt es neben den gutseigenen Weinen – darunter drei Spätburgundervarianten – auch zahlreiche Delikatessen zu kaufen. Der Winzerverein Hagnau besteht bereits seit mehr als 125 Jahren und gilt als älteste Genossenschaft Badens. Im modernen »Winzerhaus« in der Ortsmitte kann man die Müller-Thurgau und Spätburgunder probieren, empfehlenswert sind insbesondere die sogenannten Editionsweine.

Die Bodensee-Weinreise endet in Immenstaad. Am kleinen Yachthafen liegt der Seehof der Brüder Frank und Jürgen Hallerbach mit Terrasse und Privatstrand. Neben Mittelmeerküche steht auch Deftiges auf der Karte, wie zum Beispiel Medaillons vom Schwäbisch-Hällischen Schwein im Speckmantel mit Linsen und Stampfkartoffeln. In der Badischen Weinstube klingt unsere Reise aus. Das allerdings kann ziemlich lange dauern: 180 badische Gewächse stehen hier als Viertele zur Auswahl.

Anbaugebiet Südbaden

Weine und Winzer mit Charakter:

Weingut Martin Waßmer
Am Sportplatz 3
79189 Bad Krozingen
Tel.: 07633-152 92, Fax: 133 84
wassmer-krozingen@t-online.de
www.weingut-wassmer.de
Öffnungszeiten: April-Juni: tgl. 8-20 Uhr, Juli-März: Mi, Sa 9-18 Uhr

Weingut Hartmut Schlumberger
Weinstr. 19, 79295 Sulzburg
Tel.: 07634-89 92, Fax: 82 55
info@schlumbergerwein.de
www.schlumbergerwein.de
Inhaber: Claudia Schlumberger-Bernhart und Ulrich Bernhart
Öffnungszeiten: Mo-Fr 9-12 und 14-18 Uhr, Sa 9-12 und 14-16 Uhr

Weingut Lämmlin-Schindler
Müllheimer Str. 4
79418 Schliengen
Tel.: 07635-440, Fax: 436
weingut@laemmlin-schindler.de
www.laemmlin-schindler.de
Inhaber: Gerd Schindler
Öffnungszeiten: Mo-Fr 9-12, 14-18 Uhr, Sa 9-12 und 14-16.30 Uhr

Weingut Hans-Peter Ziereisen
Markgrafenstr. 17
79588 Efringen-Kirchen
Tel.: 07628-28 48, Fax: 94 16 62
kontakt@weingut-ziersesen.de
www.ziereisen.de
Öffnungszeiten: Mo-Fr 9-12 und 14-18 Uhr, Sa 9-16 Uhr n. V.

Schlossgut Istein
Im Innerdorf 23
79588 Efringen-Kirchen
Tel.: 07628-12 84, Fax: 86 32
schlossgut-istein@gmx.de
www.weingut-schloss-istein.de
Inhaber: Royal Vinum
Öffnungszeiten: Mo-Fr 9-17 Uhr, Sa 9-13 Uhr

Weingut Brüder Robert und Manfred Aufricht
Höhenweg 8, 88719 Meersburg
Tel.: 07532-24 27, Fax: 24 21
info@aufricht.de
www.aufricht.de
Öffnungszeiten: Mo-Sa 10-12 und 13.30-18 Uhr

Staatsweingut Meersburg
Seminarstr. 6, 88709 Meersburg
Tel:. 07532-44 67 44, Fax: 44 67 47
info@staatsweingut-meersburg.de
www.staatsweingut-meersburg.de
Öffnungszeiten: Mo-Fr 9-18 Uhr, Sa 9-16 Uhr

Seegut Kress
Hauptstr. 2
88709 Hagnau am Bodensee
Tel.: 07532-62 05, Fax: 29 09
info@seegut-kress.de
www.seegut-kress.de
Inhaber: Kristin und Thomas Kress
Öffnungszeiten: Mo-Fr 10-12 und 14-18 Uhr, Sa 10-16 Uhr und n. V.

Stilvoll schlafen und genießen:

Hotel-Restaurant Mühle
Mühlenstr. 26, 79589 Binzen
Tel.: 07621-60 72, Fax: 658 08
muehle@gastro-hechler.de
www.gastro-hechler.de
Öffnungszeiten: Mo-Sa 6-24 Uhr

Zirbelstube
Am Colombi Park – Rotteckring 16
79098 Freiburg
Tel.: 0761-210 60, Fax: 314 10
info@colombi.de, www.colombi.de
Chefkoch: Alfred Klink
Öffnungszeiten: 12-15, 18-24 Uhr

Oberkirchs Weinstuben
Münsterplatz 22, 79098 Freiburg
Tel.: 0761-202 68 68, Fax: 202 68 69
info@hotel-oberkirch.de
www.hotel-oberkirch.de
Chefkoch: Armando Noiosi
Öffnungszeiten: Mo-Sa 7-24 Uhr

Storchen
Felix-Nabor-Str. 2
79189 Bad Krozingen
Tel.: 07633-53 29, Fax: 70 19
www.storchen-schmidhofen.de
Chefkoch: Fritz Helfesrieder
Öffnungszeiten: Mi-So 11-15 und 18-24 Uhr

La Maison Eric
Im Brühl 7, 79295 Sulzburg
Tel.: 07634-61 10, Fax: 692 28
info@la-maison-eric.de
www.la-maison-eric.de
Chefkoch: Dagmar Hauck
Öffnungszeiten: Mi-So 12-14 und 18.30-24 Uhr

Hirschen
Hauptstr. 69, 79295 Sulzburg
Tel.: 07634-82 08, Fax: 67 17
hirschen-sulzburg@t-online.de
www.hirschen-sulzburg.de
Chefkoch: Douce Steiner
Öffnungszeiten: Mi-So 12-14.30 und 18.30-24 Uhr

Spielweg
Spielweg 61, 79244 Münstertal
Tel.: 07636-70 90, Fax: 709 66
fuchs@spielweg.com
www.spielweg.com
Chefkoch: Karl-Josef Fuchs
Öffnungszeiten: tgl. 11.30-14 und 18-21.30 Uhr

Gasthaus Krone
Müllheimer Str. 6
79418 Schliengen
Tel.: 07635-98 99, Fax: 82 53 42
krone-schliengen@t-online.de
www.krone-schliengen.de
Chefkoch: Olaf Cassier
Öffnungszeiten: Mi-So 11-23 Uhr

Traube
Alemannenstr. 19
79588 Efringen-Kirchen
Tel.: 07628-82 90, Fax: 87 36
traube-blansingen@t-online.de
www.traube-blansingen.de
Chefkoch: Henrik Weiser
Öffnungszeiten: Do-Mo 12-14, 18.30-22 Uhr

Adler
Hauptstr. 139
79576 Weil am Rhein
Tel.: 07621-982 30, Fax: 756 76
adler-weil@t-online.de
www.adler-weil.de
Chefkoch: Hansjörg Wöhrle
Öffnungszeiten: Di-Sa 12-14 und 18-22 Uhr

Johanniter-Kreuz
Johanniterweg 11
88662 Überlingen
Tel.: 07551-93 70 60,
Fax: 93 70 61 90
info@johanniter-kreuz.de
www.johanniter-kreuz.de
Chefkoch: Andreas Liebich
Öffnungszeiten: Di 18-21.45 Uhr, Mi-So 12-13.45 und 18-21.45 Uhr

Zum Adler
Hauptstr. 44, 88662 Überlingen
Tel.: 07553-825 50, Fax: 82 55 70
info@adler-lippertsreute.de
www.adler-lippertsreute.de
Chefkoch: Peter Vögele
Öffnungszeiten: Fr-Mi 11.45-14 und 17.30-21 Uhr

Casala
Uferpromenade 11
88709 Meersburg
Tel.: 07532-800 40, Fax: 80 04 70
residenz@romantikhotels.com
www.hotel-residenz-meersburg.com
Chefköche: Manfred Lang und Markus Philippi
Öffnungszeiten: Mi-Mo 18.30-21.30 Uhr

Seehof
Bachstr. 15, 88090 Immenstaad
Tel.: 07545-93 60, Fax: 93 61 33
info@seehof-hotel.de
www.seehof-hotel.de
Chefkoch: Jürgen Hallerbach
Öffnungszeiten: Winter: tgl. 12-14 und 18-21.30 Uhr, Sommer: tgl. 12-21.30 Uhr

Perfekt genießen:

Eichhalde
Stadtstr. 91, 79104 Freiburg
Tel.: 0761-548 17, Fax: 543 86
eichhalde@t-online.de
www.restaurant-eichhalde.de
Chefkoch: Matthias Dahlinger
Öffnungszeiten: Mi-So 12-14 und 18-22 Uhr

Drexlers
Rosastr. 9, 79098 Freiburg
Tel.: 0761-595 72 03,
Fax: 595 72 04
info@drexlers-restaurant.de
www.drexlers-restaurant.de
Chefkoch: Mario Fuchs
Öffnungszeiten: Mo-Fr 11.30-14 und 18-23 Uhr, Sa 11.30-23 Uhr

Krone
Hauptstr. 18
79189 Bad Krozingen
Tel.: 07633-39 66, Fax: 80 60 83
krone-biengen@t-online.de
www.krone-biengen.de
Chefkoch: Sascha Weiß
Öffnungszeiten: Di-So 12-14 und 18.30-23 Uhr

Ambiente
Ballrechter Str 8
79219 Staufen im Breisgau
Tel.: 07633-80 24 42, Fax: 80 24 42
www.restaurant-ambiente.com
Chefkoch: Mathias Luiz
Öffnungszeiten: Fr-Di 12-14, 18-22 Uhr

La Vigna
Weinstr. 7, 79295 Sulzburg
Tel.: 07634-80 14, Fax: 692 52
www.restaurant-la-vigna.de
Chefkoch: Antonino Esposito
Öffnungszeiten: Di-Sa 12-14.30, 18.30-24 Uhr

Württemberg

Das Weingebiet rund um den Neckar ist bemerkenswert: Die Schwaben lieben ihre eigenen Gewächse mehr als andere, sie trinken doppelt so viel Wein wie der durchschnittliche Deutsche und bevorzugen Rotwein. Württemberg ist die fünftgrößte deutsche Weinregion, die meisten Betriebe besitzen winzige Rebflächen von weniger als einem Hektar. Knapp 70 Prozent der Rebfläche sind mit roten Sorten bestockt. Hier liebt man den oft charmanten Zechwein Trollinger, dazu lässt man sich Schmorbraten von Rind, Schwein oder Wild schmecken – natürlich mit Spätzle.

Da freuen sich die Wanderer – ein Amphitheater von Reben bei Fellbach

1

2

3

4

Lokalkolorit und Avantgarde

Von Stuttgart aus durch das Tal der Rems

Die baden-württembergische Landeshauptstadt Stuttgart besitzt den Ruf eines Auto- und Hightech-Zentrums. Doch zugleich ist sie eine Hochburg kulinarischer Genüsse und des Weinbaus: 415 Hektar Stadtfläche sind mit Reben bepflanzt. Außerdem ist Stuttgart Ausgangspunkt einer Reise zu den Winzern im Flusstal der Rems.

Der wohl bekannteste Koch Stuttgarts ist Vincent Klink; sein Restaurant Wielandshöhe gehört zweifelsohne zu den besten der Stadt. Hier werden sowohl mediterrane Küche auf höchstem Niveau als auch schwäbische Klassiker serviert, und stets ist das Restaurant mit fröhlichen Gästen gut gefüllt. Auf der Getränkekarte finden sich etliche junge Württemberger Winzer, von der Terrasse des Restaurants geht der Blick weit über die Stadt. Mittelmeerkreationen bietet auch Bernhard Diers in der »Zirbelstube« im Hotel Am Schlossgarten. Gemütlich ist es in den getäfelten Räumen, die dennoch dezent und fein daherkommen. Im Zweitlokal nebenan ist es preiswerter, die Qualität aber auch verlässlich gut. Das »Fässle« in Degerloch mit seinen Butzenscheiben hat junge Leute ebenso zu Gast wie Mercedes-Manager. Eva und Rudolf Schmölz bieten selbst geschabte Spätzle, Lachs und Rehbraten vom Feinsten – alles zu reellen Preisen. In Untertürkheim, in Sichtweite des Stadions des VfB Stuttgart, betreibt Hans-Peter Wöhrwag Weinbau. In seiner Lage Herzogenberg hat er neun verschiedene Rebsorten gepflanzt. Probieren sollte man unbedingt die eleganten Rieslinge. Mit der Umbenennung der Genossenschaft in Weinmanufaktur Untertürkheim vor etwa zehn Jahren ging eine neue Qualitätsorientierung einher, die man bei den »Premium«-Weinen und den eleganten, im Barrique ausgebauten Rotweinen am deutlichsten schmecken kann. Die gesamte Palette kann man in der Kellerei kostenlos probieren.

Remstal – mehr als Spätzle und Maultaschen

Nach Osten hin schließt sich das Remstal an. Am Fluss wurzeln die Reben bis auf 400 Meter Höhe. Zwar ist es hier meist etwas kühler, doch der Riesling gedeiht ausgezeichnet, und im Zuge des Klimawandels reifen auch die Rotweine meist aus.

1 Gut gelungen? – Winzer Hans Haidle in Kernen bei der Fassprobe des neuen Dornfelder-Jahrgangs. **2** Großstadt und Weinstadt – relaxen auf dem Schlossplatz von Stuttgart. **3** In Württemberg jetzt schon Spitze – Rainer Schnaitmann in Fellbach. **4** Wahrzeichen des Remstals – die Ruine der Y-Burg bei Stetten.

Die Rebflächen des Fellbacher Weinguts Aldinger reichen bis an die Stuttgarter Stadtgrenze. Gert Aldinger hat eine breite Palette an Rebsorten zu bieten, darunter Trollinger und Lemberger, Riesling und einen ausgesprochen bemerkenswerten Sauvignon blanc. Erst in den jüngsten Jahren an die Spitze der Württemberger Winzer geprescht ist der Fellbacher Rainer Schnaitmann. Sein Pinot noir gewann mehrfach in Vergleichsproben, gut sind auch die kraftvollen Rieslinge und der knackige Sauvignon blanc. Gourmetküche bieten hier zwei Lokale fast gleichen Namens: der »Hirsch« im Ortsteil Schmiden und »Zum Hirschen«. Beide sind französisch inspiriert; im »Hirsch« bietet Michael Oettinger außerdem noch schwäbische Gerichte, während der virtuose Armin Karrer in seinem Restaurant auf Lokalkolorit gänzlich verzichtet.

Auch bei »Bachofer« in Waiblingen setzt man auf Avantgarde: Hier bereitet der Patron Tapas und Sushi zu und kredenzt gute Weine aus der Region. Der nahe Weinort Korb bietet hinsichtlich seiner Lagen ein hervorragendes Potenzial für große Weine. Doch nur einer nutzt diese guten Voraussetzungen, ausgerechnet ein Nebenerwerbswinzer mit gerade einmal 1,2 Hektar Rebfläche: Bei Albrecht Schwegler sind drei hochwertige Rotwein-Cuvées – »Beryll«, »Saphir« und »Granat« – zu verkosten.

Über Remshalden mit dem Traditionshaus »Lamm Hebsack« und seiner schwäbischen Küche geht es weiter nach Winterbach. Jürgen Ellwanger keltert auch internationale Rotweinsorten, darunter ein ausgezeichneter Zweigelt. Auch gut: sein Riesling aus der Lage Schnaiter Altenberg. Das Weingut Bernhard Ellwanger in Weinstadt baut neben heimischen auch internationale Rebsorten wie Sauvignon blanc an, die Kellermeister Sven Ellwanger aus Neuseeland mitbrachte. Der alte Gasthof Zum Hirsch, ein schönes Fachwerkhaus im Ortsteil Strümpfelbach, offeriert Rostbraten vom Angus-Rind und gekochtes Kalbszüngle.

Stetten gehört mit seinen beiden Lagen Pulvermächer und Brotwasser zu den privilegierten Orten des Remstals. Die Familie Haidle ist vor allem bekannt für ihre ausgezeichneten Rieslinge, bei Jochen Beurer sollte man zudem noch seine im Holzfass ausgebauten Roten sowie seine Obst- und Tresterbrände probieren. Seit über 100 Jahren befindet sich der 1769 erbaute Gasthof Zum Ochsen im Besitz der Familie Schlegel; in diesem Kleinod kann man hemmungslos in schwäbischer Küche schwelgen: Flädlesuppe, großartige Maultaschen und ein herzhafter Zwiebelrostbraten.

Auf dem Weg zurück nach Stuttgart keltert Hans Kusterer in Esslingen mineralische Weine. Neben Riesling von den Steillagen des Schenkenbergs ist die Rotwein-Cuvée »Melac« zu empfehlen. Insgesamt 120 Weine hat »Kuntzer's Öxle« im Keller. Das gemütliche Restaurant in der Ortsmitte bietet schwäbische Küche wie beispielsweise Hohenloher Rind auf Ochsenschwanzkompott.

1

2

3

4

1 Ausflugsziel – die Wurmlinger Kapelle. **2** Fachwerk vom Feinsten – die Hetzelgasse in Schorndorf. **3** Mineralische Weine – Hans Kusterer, Esslingen. **4** Auf dem Württemberg – die Grabkapelle in Stuttgart-Rotenberg.

Anbaugebiet Stuttgart Remstal

Weine und Winzer mit Charakter:

Weingut Hans-Peter Wöhrwag
Grunbacher Str. 5
70327 Stuttgart
Tel.: 0711-33 16 62, Fax: 33 24 31
info@woehrwag.de
www.woehrwag.de
Inhaber: Hans-Peter Wöhrwag
Öffnungszeiten: Mo-Fr 8-12 und 15-18.30 Uhr, Sa 9-13 Uhr

Weinmanufaktur Untertürkheim
Strümpfelbacher Str. 47
70327 Stuttgart
Tel.: 0711-336 38 10,
Fax: 33 63 81 24
info@weinmanufaktur.de
www.weinmanufaktur.de
Inhaber: Genossenschaft,
GF: Günther Hübner
Öffnungszeiten: Mo-Fr 8-18 Uhr, Sa 9-13 Uhr

Weingut Aldinger
Schmerstr. 25
70734 Fellbach
Tel.: 0711-58 14 17, Fax: 58 14 88
info@weingut-aldinger.de
www.weingut-aldinger.de
Inhaber: Gert Aldinger
Öffnungszeiten: Mo-Fr 9-12 und 14-18 Uhr, Sa 9-13 Uhr

Weingut Rainer Schnaitmann
Untertürkheimer Str. 4
70734 Fellbach
Tel.: 0711-57 46 16, Fax: 578 08 03
weingut.schnaitmann@t-online.de
www.weingut-schnaitmann.de
Inhaber: Rainer Schnaitmann
Öffnungszeiten: Di, Fr 16.30-18.30 Uhr, Sa 9-13 Uhr

Weingut Albrecht Schwegler
Steinstr. 35
71404 Korb
Tel.: 07151-348 95, Fax: 349 78
weingut@albrecht-schwegler.de
www.albrecht-schwegler.de
Inhaber: Albrecht Schwegler
Öffnungszeiten: n. V.

Weingut Jürgen Ellwanger
Bachstr. 27
73650 Winterbach
Tel.: 07181-445 25, Fax: 461 28
info@weingut-ellwanger.de
www.weingut-ellwanger.de
Inhaber: Jürgen Ellwanger
Öffnungszeiten: Di-Fr 9-12 und 15-19 Uhr, Sa 9-15 Uhr

Weingut Jochen Beurer
Lange Str. 67
71394 Kernen im Remstal
Tel.: 07151-421 90, Fax: 418 78
info@weingut-beurer.de
www.weingut-beurer.de
Inhaber: Jochen Beurer
Öffnungszeiten: Fr 14-19 Uhr, Sa 9-14 Uhr und n.V.

Weingut Hans Kusterer
Untere Beutau 44
73728 Esslingen am Neckar
Tel.: 0711-35 79 09, Fax: 350 81 05
weinwelt.hmkusterer@weingut-kusterer.de
www.weingut-kusterer.de
Inhaber: Hans Kusterer
Öffnungszeiten: Di 16-19 Uhr, Sa 9-13 Uhr und n. V.

Stilvoll schlafen und genießen:

Zirbelstube im Hotel Am Schlossgarten
Schillerstr. 23
70173 Stuttgart
Tel.: 0711-202 68 28, Fax: 202 68 88
info@hotelschlossgarten.com
www.hotelschlossgarten.com
Chefkoch: Bernhard Diers
Öffnungszeiten: Di-Sa 12-14 und 19-21.30 Uhr

Hirsch
Fellbacher Str. 2
70736 Fellbach
Tel.: 0711-951 30, Fax: 518 10 65
info@hirsch-fellbach.de
www.hirsch-fellbach.de
Chefkoch: Michael Oettinger
Öffnungszeiten: Mo-Do, Sa 11-14, 17-24 Uhr

Zum Hirschen
Hirschstr. 1
70734 Fellbach
Tel. 0711-957 93 70,
Fax: 95 79 37 10
info@zumhirschen-fellbach.de
www.zumhirschen-fellbach.de
Chefkoch: Armin Karrer
Öffnungszeiten: Di-Sa 12-14 und 19-22 Uhr

Lamm Hebsack
Winterbacher Str. 1-3
73630 Remshalden
Tel.: 07181-450 61, Fax: 454 10
info@lamm-hebsack.de
www.lamm-hebsack.de
Chefkoch: Matthias Nägele
Öffnungszeiten: Mo-Sa 11-24, So 11-15 Uhr

Gasthaus zum Ochsen
Kirchstr. 15
71394 Kernen im Remstal
Tel.: 07151-943 60, Fax: 94 36 19
gasthof-ochsen-kernen@t-online.de
www.ochsen-kernen.de
Chefkoch: Harald Sellner
Öffnungszeiten: Do-Di 11-24

Perfekt genießen:

Wielandshöhe
Alte Weinsteige 71
70597 Stuttgart
Tel. 0711-640 88 48, Fax 640 94 08
edition@vincent-klink.de
www.wielandshoehe.com
Chefköche: Vincent Klink und Helmut Schulz
Öffnungszeiten: Di-Sa 12-14 und 18.30-21 Uhr

Fässle
Löwenstr. 51
70597 Stuttgart
Tel.: 0711-76 01 00, Fax: 765 21 56
info@faessle.de
www.faessle.de
Chefkoch: Rudolf Schmölz
Öffnungszeiten: Di-Sa 12-14 und 18.30-22 Uhr, Mo 18.30-22 Uhr

Bachofer
Am Marktplatz 6
71332 Waiblingen
Tel.: 07151-97 64 30, Fax: 97 64 31
mail@bachofer.info
www.bachofer.info
Chefkoch: Bernd Bachofer
Öffnungszeiten: Di-Fr 12-14.30 und 18-24 Uhr, Sa 19-24 Uhr

Gasthaus Zum Hirsch
Hauptstr. 3
71384 Weinstadt
Tel.: 07151-611 03, Fax: 96 19 98
info@hirsch-struempfelbach.de
www.hirsch-struempfelbach.de
Chefkoch: Markus Lang
Öffnungszeiten: Mi-So 11.30-14 Uhr und ab 17 Uhr

Kuntzer's Öxle
Marktplatz 4
73728 Esslingen am Neckar
Tel.: 0711-351 04 51,
Fax: 351 04 51
Chefkoch: Manfred Kuntzer
Öffnungszeiten: Mo-Fr 12-13.45 und 18.30-21.30 Uhr

1 Breite Palette an tollen Weinen – Hans-Peter Wöhrwag in Stuttgart. **2** Muntere Runde – Jürgen Ellwanger (2. v. l.) in Winterbach. **3** Top in Esslingen – Winzerfamilie Kusterer.

1

2

3

4

Weinland inmitten von Flüssen

Württembergisch Unterland – nicht nur Maultaschen

Der Kernbereich der württembergischen Rebflächen liegt im Tal des Neckars und seiner Zuflüsse. Hier erstrecken sich die Weinberge in teils steilen Terrassen entlang der Ufer auf Muschelkalkböden, abseits der Flüsse auf Hängen mit Böden aus dem Keuper-Zeitalter. Das Gebiet erstreckt sich von Bad Friedrichshall im Norden bis Ludwigsburg. Versprengte Einzellagen finden sich nordöstlich von Heilbronn im Bereich Kocher, Jagst und Tauber, im Süden bei Tübingen und Reutlingen.

Obwohl die Stadt sich ausbreitet, sind in Heilbronn noch 370 Hektar mit Reben bepflanzt. Bestes Weingut hier ist Drautz-Able mit 17 verschiedenen Rebsorten. Bei den Weißen lohnen Riesling und Sauvignon blanc die Verkostung, bei den Roten die füllige Cuvée »Jodokus« und die preiswerteren Trollinger und Lemberger. Auch das Weingut G. A. Heinrich mit ähnlich breiter Produktpalette setzt auf Riesling, feinwürzig und mit anregender Säure, sowie auf Trollinger. Im Gutsausschank Zur Baumkelter kann man alles in Ruhe probieren. Das liebliche Weinberger Tal mit seiner sanften Hügellandschaft trägt seinen Namen zu Recht. Hier erstrecken sich große Rebflächen, und der Ort Weinsberg ist Sitz der ersten deutschen Weinbauschule. Die betreibt auch selbst Weinbau mit soliden Basisqualitäten, vor allem beim Riesling. Sehenswert ist der mit Architekturpreisen bedachte Verkostungsraum. Das alte Renaissanceschloss Lehrensteinsfeld bei Weinsberg hat sich wieder gemausert. Hier sollte man auch den Rieslingsekt probieren. Das Landhaus Rössle im nahen Bretzfeld, ganz in Weiß gehalten, ist bekannt für Klassiker in neuem Gewand, darunter auch die Gerichte vom Schwäbisch-Hällischen Landschwein. Siegfried Röll ist Kellermeister im fürstlichen Gut zu Hohenlohe-Oehringen und sorgt für markante Rotweine und Rieslinge mit Finesse und feiner Säure. Zum Besitz des Fürsten gehört auch das bekannte Wald- und Schlosshotel Friedrichsruhe in Zweiflingen. In der »Jägerstube« des Hauses wird feine regionale Küche zu deutlich günstigeren Preisen angeboten. Das bezaubernde Restaurant Anne-Sophie in Künzelsau ist in einem denkmalgeschützten Renaissance-Fachwerkhaus am Schlossplatz untergebracht und befindet sich im Besitz der Unternehmerin Carmen Würth. Als positiv sind hier nicht nur die köstlichen Speisen anzumerken, sondern auch das Konzept des

1 Individuelle Atmosphäre – Hotel Friedrich von Schiller in Bietigheim. **2** Setzt jahrhundertelange Tradition zeitgemäß fort – Michael Graf Adelmann. **3** Jedes Zimmer mit eigenem Thema – »Don Carlos« im Hotel Friedrich von Schiller. **4** Ruhe für die Reben – zwischen Cleversulzbach und Weinsberg.

Hauses, nach dem behinderte junge Menschen ganz selbstverständlich in Küche und Service integriert werden.

Rund um Ludwigsburg

Von Weinsberg in Richtung Ludwigsburg geht es durch Abstatt mit der »Wirtsstube« im Hotel Sperber zum Schlossgut Hohenbeilstein, das ganz auf Öko setzt und kraftvolle Rieslinge, Spätburgunder und Lemberger produziert. In Oberstenfeld trifft man auf den schmucken Landgasthof Zum Ochsen. Die Zutaten für die klassisch schwäbischen Speisen kommen von den Bauern der Region, auf der Karte stehen natürlich Spezialitäten wie Maultaschen, Rostbraten und Kalbsbäckle. Dazu werden heimische Weine serviert. Ein paar Kilometer weiter im Gasthaus Lamm in Aspach kombiniert Horst Wendt regionale mit mediterraner Küche – und das zu soliden Preisen. Nicht weit davon entfernt befindet sich in Steinheim das Gut einer der herausragenden Persönlichkeiten der deutschen Weinszene. Die Familie von Michael Graf Adelmann ist seit mehr als 700 Jahren im Weinbau aktiv. Die Stärken des Winzers liegen bei den Roten; neben Spätburgunder produziert er auch Weine aus den relativ seltenen Rebsorten Samtrot und Clevner. Hinzu kommen frische Rieslinge und Silvaner.

Bestes Restaurant in Ludwigsburg ist die »Alte Sonne«, wo Laurent Durst klassisch französische Küche bietet. Im Bistro s'Laurent gibt es darüber hinaus auch schwäbische und elsässische Regionalküche. Thai trifft Schwaben – Matthias Striffler serviert in seiner »Herrenküferei« in Markgröningen Cross-over-Cuisine mit rund 250 regionalen und internationalen Weinen. Den mit Abstand besten Weinkeller hat das Restaurant Friedrich von Schiller in Bietigheim mit 1400 Positionen vorzuweisen. In Vaihingen gibt es im Gasthof Lamm schwäbische Küche, ebenso im Rosswager »Zum Lamm«, das von der eigenen Metzgerei profitiert. Angeblich haben Mönche in Maulbronn die Maultaschen erfunden. Natürlich sind sie die Spezialität im »Historischen Wein-Restaurant Klosterschmiede«, das von der Unesco zum Welterbe erklärt wurde und entsprechend gut besucht ist. Rainer Wachtstetter in Pfaffenhofen ist für seine markanten Roten bekannt, die er im Barrique ausbaut. Zum Weingut gehört auch das Gasthaus Adler, das u. a. für seinen Spanferkelbraten berühmt ist.

Ernst Dautels Ziel ist es, auf seinem Gut in Bönnigheim Weine zu erzeugen, die Sorte, Jahrgang und Lage deutlich erkennen lassen. Bei den hochwertigeren Roten setzt er auf den Ausbau im Barrique und erzeugt neben Lemberger und Spätburgunder auch Wein aus internationalen Sorten wie Merlot und Zweigelt. Das Schwaigener Schloss beherbergt das Weingut von Graf Neipperg, dessen Vorfahren einst den Lemberger nach Württemberg brachten. Auch heute keltert das Gut aus dieser Sorte großartige Rotweine.

1

2

3

1 Kunstvoll – Marktplatz und Rathaus von Besigheim. **2** Gehörte einst zum Deutschen Orden – Gundelsheim am Neckar. **3** Wackerer Streiter – auf Burg Hornberg lebte Götz von Berlichingen.

Anbaugebiet Württembergisch Unterland

Weine und Winzer mit Charakter:

Weingut G. A. Heinrich
Riedstr. 29, 74076 Heilbronn
Tel.: 07131-17 59 48, Fax: 16 63 06
info@weingut-heinrich.de
www.weingut-heinrich.de
Inhaber: Martin Heinrich
Öffnungszeiten: Mo-Fr 9-12 und 13.30-18 Uhr, Sa 9-14 Uhr

Staatsweingut Weinsberg
Traubenplatz 5, 74189 Weinsberg
Tel.: 07134-50 41 67, Fax: 50 41 68
staatsweingut@lvwo.bwl.de
www.lvwo-weinsberg.de
Inhaber: Land Baden-Württemberg, Direktor: Dr. Günter Bäder
Öffnungszeiten: Mo-Fr 9-17 Uhr

Weingut Graf Adelmann
Burg Schaubeck
71711 Steinheim an der Murr
Tel.: 07148-92 12 20, Fax: 921 22 25
weingut@graf-adelmann.com
www.graf-adelmann.com

Inhaber: Michael Graf Adelmann
Öffnungszeiten: Mo-Fr 9-12 und 14-18 Uhr, Sa 9-13 Uhr

Weingut Rainer Wachtstetter
Michelbacher Str. 8
74397 Pfaffenhofen
Tel.: 07046-329, Fax: 93 10 00
info@wachtstetter.de
www.wachtstetter.de
Inhaber: Rainer Wachtstetter
Öffnungszeiten: Fr, Sa 9-18 Uhr und n. V.

Weingut Ernst Dautel
Lauerweg 55, 74357 Bönnigheim
Tel.: 07143-87 03 26, Fax: 87 03 27
info@weingut-dautel.de
www.weingut-dautel.de
Inhaber: Ernst Dautel
Öffnungszeiten: Mo-Fr n. V., Sa 10-16 Uhr

Weingut Graf Neipperg
Schlossstr. 12
74193 Schwaigern
Tel.: 07138-94 14 00, Fax: 40 07
info@graf-neipperg.de
www.neipperg-weingut.de

Inhaber: Karl Eugen Erbgraf zu Neipperg
Öffnungszeiten: Mo-Fr 8-12 und 13-16 Uhr, Sa 10-12.30 Uhr

Stilvoll schlafen und genießen:

Landhaus Rössle
Mainhardter Str. 26
74626 Bretzfeld
Tel.: 07945-911 10, Fax: 91 11 30
landhaus@roessle-brettach.de
www.roessle-brettach.de
Chefkoch: Bernd Pils
Öffnungszeiten: Mi-So 12-14 Uhr und ab 18 Uhr

Wald- und Schlosshotel Friedrichsruhe
Öhringer Str. 11
74639 Zweiflingen
Tel.: 07941-608 70, Fax: 614 68
hotel@friedrichsruhe.de
www.friedrichsruhe.de
Chefköche: Lothar Eiermann und Werner Fuchs
Öffnungszeiten: Mi-So 12-14. 15,18.45-21.30 Uhr

Anne-Sophie
Schlossplatz 9
74653 Künzelsau
Tel.: 07940-934 60, Fax: 93 46 77
info@hotel-anne-sophie.de
www.hotel-anne-sophie.de
Chefkoch: Lars Trauer
Öffnungszeiten: Di-So 11.30-14, 17.30-23 Uhr

Wirtsstube Sperber
Heilbronner Str. 16
74232 Abstatt
Tel.: 07062-97 80, Fax: 97 81 78
info@hotel-sperber.de
www.hotel-sperber.de
Chefkoch: Otto Sperber
Öffnungszeiten: tgl. 12-14 und 18-22 Uhr

Zum Ochsen
Großbottwarer Str. 31
71720 Oberstenfeld
Tel.:07062-93 90, Fax: 93 94 44
info@hotel-gasthof-zum-ochsen.de
www.hotel-gasthof-zum-ochsen.de
Chefkoch: Achim Kübler
Öffnungszeiten: Mi-Mo 12-14 und 18-22 Uhr

Striffler's Herrenküferei
Marktplatz 2
71706 Markgröningen
Tel.: 07145-930 50, Fax: 93 05 25
info@herrenkueferei.de
www.herrenkueferei.de
Chefkoch: Matthias Striffler
Öffnungszeiten: So-Fr 11.30-14 und 18-22 Uhr, Sa 18-22 Uhr

Friedrich von Schiller
Am historischen Marktplatz 4-5
74321 Bietigheim-Bissingen
Tel.: 07142-902 00, Fax: 90 20 90
schiller.bietigheim.enz@t-online.de
www.friedrich-von-schiller.com
Chefkoch: Burkhard Schork
Öffnungszeiten: Mo 18-21 Uhr, Di-Sa 12-14 Uhr, 18.30-22 Uhr

Gasthof Lamm
Klosterbergstr. 45
71665 Vaihingen an der Enz
Tel.: 07042-832 20, Fax: 83 22 50
info@hotel-lamm-horrheim.de
www.hotel-lamm-horrheim.de
Chefkoch: Oliver Gebhard
Öffnungszeiten: Mo-Sa 12-14 und 18-21.30

Zum Lamm
Rathausstr. 4
71665 Vaihingen an der Enz
Tel.: 07042-214 13, Fax: 261 89
info@lamm-rosswag.de
www.lamm-rosswag.de
Chefkoch: Steffen Ruggaber
Öffnungszeiten: Mi-Sa 11.30-14 u. 17-23.30 Uhr, So 11.30-21 Uhr

Historisches Wein-Restaurant Klosterschmiede
Klosterhof
75433 Maulbronn
Tel.: 07043-400 00, Fax: 400 20
info@klosterschmiede.de
www.klosterschmiede.de
Chefkoch: Karl Schempf
Öffnungszeiten: tgl.11.30-14.30 und 17.30-21.30 Uhr

Perfekt genießen:

Zur Baumkelter
Riedstr. 29
74076 Heilbronn
Tel.: 07131-17 59 48, Fax: 16 63 06
besen@weingut-heinrich.de
www.weingut-heinrich.de
Öffnungszeiten: mehrmals in Jahr geöffnet, Termine siehe Webseite

Gasthaus Lamm
Hauptstr. 23
71546 Aspach
Tel.: 07191-202 71, Fax: 231 31
info@lamm-aspach.de
www.lamm-aspach.de
Chefkoch: Horst Wendt
Öffnungszeiten: Di-Sa 11-14 Uhr und 18-22 Uhr, So 11-14.30 Uhr

Alte Sonne und Bistro s'Laurent
Bei der Katholischen Kirche 3
71634 Ludwigsburg
Tel.: 07141-643 64 80,
Fax: 643 64 88
info@altesonne-durst.de
www.altesonne-durst.de
Chefkoch: Laurent Durst
Öffnungszeiten: Mi-So 12-14 und 18-22 Uhr

Adler
Michelbacher Str. 8
74397 Pfaffenhofen
Tel.: 07046-329, Fax: 93 10 00
info@wachtstetter.de
www.wachtstetter.de
Öffnungszeiten: Fr, Sa 9-18 Uhr und n.V.

1 Ganz oben – Michael Graf Adelmann in Steinheim. **2** Experte für Lemberger – Karl Eugen Erbgraf zu Neipperg. **3** Highlight in Bietigheim – das Friedrich von Schiller.

Rheinhessen

Rheinhessen, das mit 26 281 Hektar größte deutsche Anbaugebiet, erstreckt sich im Dreieck zwischen Bingen, Mainz und Worms stets auf der linken Seite des Rheins. Der Fluss macht bei Mainz einen Knick und fließt bis Bingen in Ostwestrichtung. Anders als der Name vermuten lässt, gehört die Region zum Bundesland Rheinland-Pfalz. Bis vor 25 Jahren litt Rheinhessen unter dem Image süßer, billiger Massenweine, auch wenn bereits Anfang der 1980er Jahre an den Rheinterrassen – im Gebiet Nierstein/Oppenheim – charaktervolle Rieslinge erzeugt wurden. Heute ist die Region das wohl dynamischste Weingebiet Deutschlands, in dem auch im nordwestlichen Bereich und im südlichen Hügelland, dem Wonnegau, die Qualität in den letzten Jahren enorm gestiegen ist.

Erbe apulischer Arbeiter – Trullo (Rundhaus) aus dem Jahre 1756 bei Flonheim.

2

3

4

Hänge aus uralter Zeit

Rheinterrassen – Weine und Landschaft mit Charakter

Die Rebanlagen westlich des Rheins in Sichtweite des Flusses werden als Rheinterrassen oder auch mit dem etwas martialisch klingenden Namen »Rheinfront« bezeichnet. Kernstück des Gebiets ist der Rote Hang, Steillagen auf rund fünf Kilometer Länge mit insgesamt 180 Hektar Weinbergen. Entstanden ist dieses »Rotliegende« vor etwa 280 Millionen Jahren. Als im Tertiär, vor ungefähr 30 Millionen Jahren, der obere Rheingraben einbrach, entstand als Abbruchkante der heutige Rote Hang. Der Boden besteht aus rotem Eisen-Tonschiefer und ist reich an Mineralien. Trocken ist es hier, die nach Süden und Südosten ausgerichteten Hänge stehen unter starker Sonneneinstrahlung, und der Rhein fungiert zusätzlich als natürlicher Wärmespeicher. Hier fühlen sich die Rieslingreben äußerst wohl, aus ihnen entstehen charakteristische aromatische Weine mit feinen mineralischen Noten und Potenzial für eine lange Haltbarkeit.

Drei Türme und viele Weinberge – von Bodenheim bis Nierstein

Bodenheim ist die Heimat des Weinguts Kühling-Gillot, wo Carolin Gillot und ihr Mann Hans Oliver Spanier vom Weingut Battenfeld-Spanier als nachrückende Generation das Heft in die Hand genommen haben. Beide sind Mitglied in der Vereinigung »Message in a bottle«, zu der sich junge rheinhessische Winzer zusammengeschlossen haben – Carolin als einzige Frau neben 19 Männern. Riesling steht im Weingut klar im Mittelpunkt, gut gelungen sind die extraktreichen Großen Gewächse. Die früher existierende Straußenwirtschaft wurde aufgegeben, dafür gestaltete man das Gebäude komplett neu im Bauhaus-Stil, legte einen Park an und schuf damit drinnen und draußen Platz für Veranstaltungen von Weindegustationen bis Picknick im Park. Die prominentesten Kunden des Weinguts: Für Papst Benedikt XVI. und seinen Vorgänger Johannes Paul II. produzierte Kühling-Gillot Messwein.

Sehr gemütlich ist es im »Battenheimer Hof« in Bodenheim: im Sommer auf der Terrasse unter großen Kastanien, sonst am offenen Kamin oder im urigen Gewölbekeller. Die Gutsschänke bietet kreative gutbürgerliche Küche; dabei kommt stets auch frischer Fisch auf den Tisch. Dazu stehen etwa ein Dutzend offene Weine der

1 Macht guten Riesling – Jochen Seebrich vom Weingut Seebrich, Nierstein. **2** Weinflasche an Weinflasche – Keller der Staatlichen Weinbaudomäne Oppenheim. **3** »Zum alten Zollhaus« – Restaurant in Nackenheim. **4** Uraltes Gestein – der Rote Hang, Lage Pettenthal, bei Nierstein.

1

2

3

1 Jenseits von Krötenbrunnen – Weinberge bei Oppenheim. **2** Kunstvoll verziert – Fässer im Weingut Seebrich, Nierstein. **3** Direkt am Rhein – Rebstöcke zwischen Ludwigshöhe und Guntersblum. **4** Umrahmt von Laub – Verwalter Dr. Alexander Michalsky vom Weingut Sankt Antony, Nierstein.

Region auf der Karte, die flaschenweise angebotenen kommen auch aus Italien und Österreich. Die 22 Zimmer sind modern-rustikal eingerichtet, für mehr Platzbedarf gibt es vier Apartments in der umgebauten Scheune.

Im nahen Gau-Bischofsheim haben die Geschwister Arenz im schmucken, traditionsreichen Weingut Nack diverse Räume für verschiedene Gelegenheiten. In der Weinstube können die Gäste sich nur auf einen Schoppen niederlassen, im Gewölbekeller bietet Christoph Arenz feine Speisen wie Raviolo vom Kaninchen, Kalbsfilet mit gebackenem Bries oder Dreierlei von der Wachtel.

Das Weingut Gunderloch in Nackenheim ist der wohl renommierteste Betrieb mit Parzellen am Roten Hang. Inhaber Fritz Hasselbach, ein begeisterter Harley-Davidson-Fahrer, hat den Rieslingen aus den Lagen Nackenheimer Rothenberg oder Niersteiner Pettenthal selbst in den USA zum Erfolg verholfen. Diese Weine sind extraktreich und komplex mit oft knackiger Säure. Gegründet wurde das Gut einst vom Mainzer Bankier Carl Gunderloch, einem Vorfahren von Agnes Hasselbach; es war seinerzeit Schauplatz von Carl Zuckmayers Stück *Der fröhliche Weinberg*. Im Sommer finden im Garten des Weinguts regelmäßig Theateraufführungen vor etwa 400 Zuschauern statt, dabei stehen auch andere Zuckmayer-Stücke, etwa der *Schinderhannes*, und Molières *Der eingebildete Kranke* auf dem Programm. Lieblingsrestaurant der Hasselbachs vor Ort ist das »Sankt Gereon«, in dem Frank Herrmann internationale Küche offeriert. Die frühere Kelterhalle bietet Platz für Veranstaltungen, dazu gibt es 15 komfortable Zimmer. Auf der Karte stehen die Weine von sieben Winzern aus dem Ort, dazu von neun weiteren aus benachbarten Regionen. Rheinhessische Weine werden auch im gemütlichen Restaurant Zum alten Zollhaus kredenzt, zu essen gibt es feine regionale Gerichte.

Wanderungen durch den Roten Hang bieten wunderbare Ausblicke über die Weinberge und den Rhein, insbesondere die Drei-

4

Türme-Wanderung mit dem Wartturm als höchstem Aussichtspunkt in den Rebhängen. Der Weg führt durch die Gemarkungen der Orte Bodenheim, Nackenheim und Nierstein. Hier gibt das Paläontologische Museum auch einen Einblick in die erdgeschichtliche Vergangenheit des Gebiets.

Das Weingut Freiherr Heyl zu Herrnsheim gehört zu den Renommierbetrieben in Nierstein. Seit 1561 wird hier Weinbau betrieben, das Etikett mit dem Mönch ziert die Flaschen seit mehr als 100 Jahren. Nach der Übernahme durch den Quereinsteiger Detlef Meyer und dem Wechsel in Verwaltung und Keller – heute werden auch die Weine von Weingut St. Antony hier produziert – wurde noch nicht wieder das frühere Niveau erreicht. Dank Spitzenlagen am Roten Hang im Besitz des Guts – der Brudersberg sogar in Alleinbesitz – ist das nur eine Frage der Zeit.

Mineralischer Riesling vom Roten Hang

Auch die Premiumlagenweine von Theo Gehring stammen aus Parzellen am Roten Hang. Neben Riesling sollte man hier auch den aromatischen Gelben Muskateller verkosten, außerdem die Spät- und Frühburgunder. Gemeinsam mit Hervé Messmer betreiben Theo und Diana Gehring das Restaurant Chez RW, das sowohl kleine Snacks als auch feine Gerichte wie Rinderfilet mit Wasabi-Kruste anbietet. Riesling in verlässlicher Qualität stammt von Walter Strub, der mit seiner Mineralität die Herkunft vom Roten Hang nicht verleugnen kann. Aber auch die Burgundersorten und sogar ein Niersteiner Grüner Veltliner von den knapp 15 Hektar des Winzers sind nicht zu verachten. Weitere Betriebe in Nierstein, bei denen man unbedingt auf ein Glas Riesling vorbeischauen sollte, sind Georg Albrecht Schneider und Seebrich. Der Ort bietet mehrere Gutsschänken und Straußwirtschaften, vor allem aber das Wein- und Parkhotel mit dem Restaurant Am Heyl'schen Garten inmitten von Nierstein. Je nach Saison stehen herzhafte regionale Gerichte auf der Karte, beispielsweise Wildrahmsuppe und Hirschmedaillons. Dazu gibt es überwiegend rheinhessische Weine – gut 20 werden offen angeboten –, aber auch einige Tropfen aus Frankreich und Italien.

Nierstein ist Weintrinkern auch von der Großlagenbezeichnung Gutes Domtal bekannt. Gute Winzer füllten ihre Spitzenweine stets unter dem Namen der jeweiligen Einzellage ab. Doch wurde der Markt lange Zeit mit riesigen Weinmengen überschwemmt, die die Verbraucher mit Bezeichnungen wie »Oppenheimer Krötenbrunnen«, »Bechtheimer Pilgerpfad« oder eben »Niersteiner Gutes Domtal« verwirrten. Auf der Suche nach Qualität fiel den meisten die Unterscheidung zwischen einer wertvollen Einzellage und solch nichtssagenden Großlagenbezeichnungen schwer. Durch Weinprämierungen erreichte es die Landwirtschaftskammer schließlich, dass immer mehr Winzer ihre Weine mit dem Namen der Einzellage deklarierten und so dem Verbraucher heute wertvolle Hilfestellung geben.

In Oppenheim hat die Staatliche Weinbaudomäne ihren Sitz, ein Lehr- und Versuchsbetrieb der Weinbauschule. Die Domäne besitzt Parzellen in mehreren Lagen des Roten Hangs – den Niersteiner Glöck sogar allein – sowie in den Lagen Oppenheimer Herrenberg und Oppenheimer Sackträger, wo Lössboden vermischt mit Kalkmergel vorherrscht. Eine Vielzahl von Rebsorten wird angebaut, 81 Prozent der Flächen sind mit weißen Reben bestockt, davon überwiegend Riesling. Im repräsentativen Saal der Domäne werden Weinproben zu unterschiedlichen Themen für Gruppen ab zehn Personen angeboten.

Das Weingut Brüder Dr. Becker in Ludwigshöhe wird bereits in fünfter Generation betrieben, in früherer Zeit jedoch als Nebenerwerbsbetrieb. Seit Mitte der 1980er Jahre bearbeiten Hans Müller und Lotte Pfeffer-Müller das Gut nach ökologischen Grundsätzen und waren bundesweit die Ersten, die sowohl Mitglied im VDP, dem Verband der Prädikatsweingüter, als auch im Ökoverband ECOVIN Mitglied wurden. Ihre Reben wachsen auf Lössböden, die Weine sind von feiner Fruchtigkeit, füllig, aber nicht opulent, und dank der Kalkanteile im Boden mit einer schönen Mineralität. Das sympathische Winzerpaar – sie ist zurzeit Vorstandsvorsitzende von ECOVIN – lagert die Rieslinge und Burgunder ein Jahr lang im großen Holzfass, was ihnen Schmelz, intensive Dichte und eine sehr gute Länge verleiht.

Auch das Mettenheimer Weingut Sander betreibt Ökoweinbau, neben Riesling, weißen Burgundern und Silvaner gedeihen hier die internationalen Sorten Chardonnay und Sauvignon, bei den roten neben Spätburgunder und Dornfelder auch Merlot. Den südlichen Zipfel des Bereichs Nierstein/Rheinterrassen bildet der Ort Osthofen, wo der vom Wein erschöpfte Reisende im Landhotel Zum Schwanen ausruhen kann. Das Restaurant bietet saisonale Regionalküche und dazu eine schöne Auswahl rheinhessischer Weine.

1 Einladend – »Zum alten Zollhaus« in Nackenheim. **2** Namensgeber – Landhotel Zum Schwanen in Osthofen. **3** Urig – die Kellerstraße in Uelversheim.

Anbaugebiet Rheinterrassen

Weine und Winzer mit Charakter:

Weingut Kühling-Gillot
Ölmühlstr. 25
55294 Bodenheim
Tel.: 06135-23 33, Fax: 64 63
info@kuehling-gillot.de
www.kuehling-gillot.de
Inhaber: Carolin Spanier-Gillot
Öffnungszeiten: Mo-Fr 9-12 und 14-17 Uhr, Sa 10-14 Uhr und n. V.

Weingut Gunderloch
Carl-Gunderloch-Platz 1
55299 Nackenheim
Tel.: 06135-23 41, Fax: 24 31
info@gunderloch.de
www.gunderloch.de
Inhaber: Agnes und Fritz Hasselbach
Öffnungszeiten: Mo-Do 8-17 Uhr, Fr 8.30-13 Uhr, Sa 11-15 Uhr

Weingut Sankt Antony
Wilhelmstr. 4
55283 Nierstein
Tel.: 06133-50 91 10,
Fax: 550 91 12 99
info@st-antony.de
www.st-antony.de
Inhaber: Familie Meyer
Öffnungszeiten: Mo-Fr 8-18 Uhr, Sa 10-15 Uhr

Weingut Theo Gehring
Ausserhalb 17
55283 Nierstein
Tel.: 06133-54 70, Fax: 92 74 89
info@weingut-gehring.com
www.weingut-gehring.com
Inhaber: Theo und Diana Gehring
Öffnungszeiten: n. V.

Weingut Strub
Rheinstr. 42
55283 Nierstein
Tel.: 06133-56 49, Fax: 55 01
info@strub-nierstein.de
www.strub-nierstein.de
Inhaber: Walter Strub
Öffnungszeiten: Mo-Sa 9-18 Uhr und n. V.

Weingut Seebrich
Schmiedgasse 3-5
55283 Nierstein
Tel.: 06133-601 50, Fax: 601 65
kontakt@weingut.seebrich.de
www.weingut-seebrich.de
Inhaber: Heinrich Seebrich
Öffnungszeiten: Mo-Fr 9-12 und 13-18 Uhr, Sa 9-14 Uhr

Staatliche Weinbaudomäne Oppenheim
Wormser Str. 162
55276 Oppenheim
Tel.: 06133-93 03 05,
Fax: 93 03 23
info@domaene-oppenheim.de
www.domaene-oppenheim.de
Inhaber: Land Rheinland-Pfalz
Öffnungszeiten: Mo-Do 9-12 und 13-16 Uhr, Fr 9-12 und 13-18 Uhr, Sa n. V.

Weingut Brüder Dr. Becker
Mainzer Str. 3-7
55278 Ludwigshöhe
Tel.: 06249-84 30, Fax: 76 39
weingut@brueder-dr-becker.de
www.brueder-dr-becker.de
Inhaberin: Lotte Pfeffer-Müller
Öffnungszeiten: n. V.

Weingut Sander
In den Weingärten 11
67582 Mettenheim
Tel.: 06242-15 83, Fax: 65 89
info@weingut-sander.de
www.weingut-sander.de
Inhaber: Gerhard und Stefan Sander
Öffnungszeiten: n. V.

Stilvoll schlafen und genießen:

Gutsschänke Battenheimer Hof
Rheinstr. 2
55294 Bodenheim
Tel.: 06135-70 90, Fax: 709 50
info@battenheimerhof.com
www.battenheimerhof.com
Chefkoch: H. Nacke
Öffnungszeiten: Di-So 17-24 Uhr

St. Gereon
Carl-Zuckmayer-Platz 3
55299 Nackenheim
Tel.: 06135-70 45 90,
Fax: 70 45 92 92
info@landhotel-st-gereon.com
www.landhotel-st-gereon.com
Chefkoch: Christian Zimmermann
Öffnungszeiten: Mo 18-22 Uhr, Di-So 11.30-14 und 18-22 Uhr

Chez RW
Ausserhalb 17
55283 Nierstein
Tel.: 06133-54 70, Fax: 92 74 89
info@weingut-gehring.com
www.weingut-gehring.com
Öffnungszeiten: n. V.

Am Heyl'schen Garten
An der Kaiserlinde 1
55283 Nierstein
Tel.: 06133-50 80, Fax: 50 83 33
info@weinhotel.bestwestern.de
www.weinhotel.bestwestern.de
Chefkoch: Albrecht Bein
Öffnungszeiten: tgl.12-14 und 18-22 Uhr

Landhotel und Weinstube Zum Schwanen
Friedrich-Ebert-Str. 40
67574 Osthofen
Tel.: 06242-91 40, Fax: 91 42 99
info@zum-schwanen-osthofen.de
www.zum-schwanen-osthofen.de
Öffnungszeiten: Mo-Fr 12-14 und 18-22 Uhr, Sa 18-22 Uhr, So 12-14 Uhr

Perfekt genießen:

Weingut Nack
Pfarrstr. 13
55296 Gau-Bischofsheim
Tel.: 06135-30 43, Fax: 83 82
info@restaurant-nack.de
www.restaurant-nack.de
Chefkoch: Christoph Arenz
Öffnungszeiten: Mi-Fr 18-22 Uhr, Sa/So 12-15 und 18-22 Uhr

Zum alten Zollhaus
Wormser Str. 7
55299 Nackenheim
Tel.: 06135-87 26, Fax: 87 38
altes.zollhaus@gmx.de
www.zum-alten-zollhaus.de
Chefkoch: Michael Dimakakos
Öffnungszeiten: Di-Sa 16.30-24 Uhr

1 Verbandelt – Hans-Oliver Spanier, Weingut Battenfeld-Spanier, und Carolin Spanier-Gillot, Weingut Kühling-Gillot. **2** Harley-Fan – Fritz Hasselbach mit Gattin Agnes, Weingut Gunderloch.

1

2

3

4

Von Römern und Nibelungen

Norden und Wonnegau – Region mit neuem Image

Von Mainz aus hatten bereits die Römer den Weinbau in der Region verbreitet. Aus römischer Zeit wurde vor Kurzem das antike Theater ausgegraben, neueren Datums sind der imposante Dom und das Gutenberg-Museum. Heute ist Mainz nicht nur Hochburg der Fassenacht, sondern auch Medien- und Genussstadt. Kochkünstler Frank Buchholz, einst Mitglied im Verein der »Jungen Wilden«, brachte mit seiner mediterranen Küche im »Buchholz« in Gonsenheim den ersten Michelin-Stern in die Stadt. Im idyllischen Hofgut Gänsthaler's Kuchlmasterei im Stadtteil Finthen gibt es saisonale, feine Küche, die »Maus im Mollers« – ein gläsernes Restaurant auf dem Dach des Stadttheaters – bietet neben pfiffiger Regionalküche auch eine tolle Aussicht auf Mainz. Weinstuben findet man gerade in der Altstadt zuhauf: »Bacchus«, »Hottum«, »Lösch«, »Rote-Kopf«, »Schreiner«, »Wilhelmi«, »Zum Beichtstuhl« und »Zum Spiegel«, dann das schlichte »Bluhm« mit einem großartigen Angebot deutscher Spitzenweine, das »Templer« mit französischen Gerichten und Weinen und die gemütliche »Gebert's Weinstube« mit herzhafter regionaler Küche.
Der Betrieb des Weinguts der Stadt Mainz wurde vom Weingut Fleischer im Ortsteil Hechtsheim mit übernommen. Neben frischen Rieslingen konzentriert man sich hier vor allem auf Rote, teils im großen Fass oder auch wie der ausgezeichnete Merlot im Barrique gereift. Das Restaurant Millennium mit der Weinstube Weingeist in Ingelheim hat neben Speisen mit teils asiatischem Einfluss eine große Auswahl von guten Weinen der Region auf der Karte stehen. Die Ingelheimer Gegend fällt wegen ihrer üppig-warmen Rotweine aus dem hier üblichen Rahmen. Die besten Weine des Ortes stammen von Bio-Winzer Eckhard Weitzel, der gute Rote aus Blauem Portugieser und Cabernet Sauvignon erzeugt. Empfehlenswert auch sein Riesling Selection. Der Begriff »Selection Rheinhessen« entstand Anfang der 1990er Jahre als neue Qualitätskategorie, einige Jahre zuvor hatte man bereits »Rheinhessen Silvaner« (RS) kreiert – beides deutliche Zeichen dafür, dass sich Rheinhessen ein neues Qualitätsimage verleihen wollte.

1 Von der Weinbruderschaft Rheinhessen ausgezeichnet – Weinbergshäuschen bei Siefersheim. **2** Etabliert an der Spitze Rheinhessens – Daniel und Cathrin Wagner, Weingut Wagner-Stempel in Siefersheim.
3 In memoriam Siegfried – Nibelungenbrücke über den Rhein.
4 Sonnenuntergang – Landschaft zwischen Wendelsheim und Wohnsheim im Zwielicht.

1 Nibelungenstadt – Weinberge bei Worms. **2** Pause unterm Kastanienbaum – Weinlese bei Wagner-Stempel in Siefersheim. **3** Vom Allerfeinsten – Wittmann in Westhofen. **4** Anschauungsunterricht – Klaus Peter Keller mit seinen Kindern, Flörsheim-Dalsheim. **5-6** Rieslinge mit frischer Säure – Stefan Erbeldinger und sein Sohn Christoph in Bechtheim.

Der rheinhessische Norden

Bingen war nicht nur die Wirkungsstätte der heilkundigen Hildegard, sondern ist auch Sitz etlicher Weingüter; dazu zählen auch die Villa Sachsen, Eigentum des Prinz zu Salm-Dalberg'schen Weinguts an der Nahe, und Weingut Riffel mit seinem feinen Silvaner Quarzit aus der Lage Binger Scharlachberg. Weiter südlich in Schwabenheim betreibt die Familie Immerheiser außer ihrem Weingut den Landgasthof Engel; in dem wunderschön restaurierten früheren Pfarrhof am historischen Marktplatz wird regionale Landhausküche wie kross gebratene Blutwurst serviert. Auch das Feinschmeckerlokal Zum alten Weinkeller wird von Familie Immerheiser betrieben. Die benachbarte Vinothek hat mehr als 400 Weine im Programm, übernachten kann man in der zum Haus gehörenden gemütlichen »Casa Rustica«.

Ein kurzer Zwischenstopp beim Weingut Posthof Doll & Göth in Stadecken-Elsheim mit seinen Rieslingen, Silvanern und Burgundern in solider Qualität, dann geht es in den kleinen Ort Sörgenloch mit dem dortigen Schloss. Das 1450 erbaute Haus umfasst einen Hotelbereich mit 24 Zimmern, die gern von Fahrrad- und Golftouristen genutzt werden; ein Restaurant, in dem auf den Tisch kommt, was die Region hergibt, ergänzt durch Feines aus aller Welt; und eine Vinothek, in die man sich nur auf ein Glas Wein setzen kann. Schlossherr Thomas Heinicke hat mehr als 300 Weine im Programm, darunter alle Spitzen aus Rheinhessen. Häufig sind hier Winzer bei Veranstaltungen zu Gast. Im Sommer lädt die große Terrasse zum Genießen des Sonnenuntergangs ein, im Winter werden gut besuchte Theateraufführungen dargeboten.

»Jordan's Untermühle« in Köngernheim, ein reizvolles Ensemble von Fachwerkhäusern, besteht aus Hotel, Restaurant und Weinstube; es liegt ausgesprochen ruhig inmitten von Viehweiden. Hier gibt es regionale Küche, Rheinhessenweine im offenen Ausschank, flaschenweise auch Internationales – und wer einen schönen Ort für seine Hochzeit sucht, kann sich hier sogar trauen lassen.

4

5

6

In Weinolsheim keltern Erich und Sohn Eric Manz vor allem Riesling. Sehr gut gelungen sind besonders die edelsüßen Varianten, so etwa die komplexe Trockenbeerenauslese aus der Lage Oppenheimer Herrenberg. Anders bei Jürgen Kissinger im Nachbarort Uelversheim: Dort sind gerade die trockenen Weine – auch aus genannter Lage – mit ihrer herzhaften Säure ein toller Genuss, probieren sollte man auch seine Roten, vor allem den Spätburgunder. Auf dem Höhenweg stehen Trulli, runde Weinbergshäuschen im apulischen Stil – einmalig in Deutschland und im 19. Jahrhundert von italienischen Erntehelfern erbaut. Einige Kilometer weiter bietet die »Wöllsteiner Weinstube« im gleichnamigen Ort regional-saisonale Küche im restaurierten Fachwerkhaus sowie eine gute Auswahl an heimischen Weinen. Der Nachbarort Siefersheim ist die Heimat des Weinguts Wagner-Stempel; Daniel Wagner gilt als einer der neuen Stars der Region. Der Keller existiert zwar seit mehr als 150 Jahren, wurde aber erst 1988 neu belebt. Seitdem geht es ständig bergauf, neben dem Kauf neuer Tanks und Stückfässer aus Hunsrück-Eiche wurden auch Teile des Gebäudes zum Gästehaus und zu einem Veranstaltungsraum umgebaut. Die Gegend hier ist trocken, die Lagen sind mit bis zu 280 Meter die höchsten in Rheinhessen, sodass die Trauben spät reifen, es aber selbst in regenreichen Jahren keine Probleme mit Fäulnis gibt. Füllig und extraktreich sind die Rieslinge, dabei mineralisch und elegant.

Gaumenwonnen im Wonnegau

Zwischen Alzey und Worms erstreckt sich der Wonnegau, dessen Name eine Verballhornung von Wormser Gau ist. Die fruchtbaren Schwemmlandböden verlocken zu großen Erntemengen. So entstanden auch in der Landesanstalt für Rebenzüchtung in Alzey viele neu gezüchtete Sorten, die früh reifen und viel tragen und 1980 bereits 40 Prozent der Flächen belegten. Doch dieser Trend ist deutlich rückläufig: Inzwischen konzentriert man sich wieder auf die traditionellen Sorten. Die besten Winzer – und einige der neuen Superstars des Anbaugebiets haben hier ihre Rebberge – achten heute sogar ganz im Gegenteil auf Ertragsreduzierung, um den einzelnen Trauben mehr Extrakt und Fülle zu verleihen.
Aktuell die besten Weine im Winzerort Bechtheim macht wohl das Weingut Kurt Erbeldinger und Sohn. Besonders dessen fruch-

tige Rieslinge besitzen eine frische Säure, die Silvaner sind knackig und gehaltvoll. Im nahen Westhofen gibt es etliche Winzer, die zur Spitzenklasse zählen. Fritz Groebe setzt auf ökologischen Weinbau und den Einsatz großer Holzfässer im Keller, er bietet eine breite Palette von Riesling bis Gewürztraminer, auch gelungene Edelsüße. Die Produktion findet zwar hier statt, der Verkauf jedoch am Familiensitz in Biebesheim auf der fränkischen Rheinseite. Auch Tobias Zimmer vom Hirschhof baut nach Öko-Richtlinien an; neben den heimischen Sorten ist besonders sein aromatischer Sauvignon blanc empfehlenswert. Seine Rieslinge gefallen durch ihren kraftvollen Stil mit schöner Säure. Spritzige Rieslinge mit klarer Frucht und Mineralität macht Florian Fauth auf dem Seehof, dazu sind auch seine Edelsüßen gut gelungen. Absoluter Star im Ort und einer der besten deutschen Winzer insgesamt ist Philipp Wittmann. Seine Rieslinge sind eine gelungene Liaison aus Kraft und Eleganz, mineralisch und mit einer kräftigen Säure ausgestattet – extraktreiche Weine mit einer prägnanten Frucht.
Solide Qualität bietet das Weingut Michel-Pfannebecker in Flomborn, neben Weißburgunder und Silvaner vom Flomborner Feuerberg auch Merlot und Cabernet Sauvignon. Wer vor der Weinverkostung eine solide Grundlage im Magen schaffen möchte: Jean-Marie San Martin kochte bei Paul Bocuse und Johann Lafer, und seine Küche im Bermersheimer Weingewölbe ist traditionell französisch angehaucht. Viele seiner Weine stammen ebenfalls aus Frankreich, wobei die Spitzengewächse aus Rheinhessen nicht zu kurz kommen. Neben dem stimmungsvollen Gewölbe kann man sommers auch unter dem großen Ginkgobaum im Garten den Lammrücken mit Thymiankruste oder die gefüllten Sardinenfilets genießen. Die Gästezimmer bei Jean-Marie und seiner Frau Stefanie sind sehr liebevoll eingerichtet.
Gerhard Gutzler hat 1985 den Familienbetrieb in Gundheim übernommen und seitdem mit an die Spitze der Region Rheinhessen gebracht. 1997 kaufte er gemeinsam mit seinem Kollegen Arno Schembs in Worms-Herrnsheim 2200 Rebstöcke in der Lage Wormser Liebfrauenstift Kirchenstück. Diese Lage war im vorletzten Jahrhundert Ausgangspunkt eines international renommierten Weins, der preislich auf einem Niveau mit den besten Bordeaux lag – der Liebfrauenmilch. Durch Massenproduktion und eine hemmungslose Ausweitung des Gebiets, aus dem Weine dieses

1 Natürlich per Hand – Lese bei Wagner-Stempel, Siefersheim. **2** Machen tolle Sekte – Heide-Rose und Volker Raumland in Flörsheim-Dalsheim. **3** Stars in Rheinhessen – Ehepaar Wittmann.

Namens kommen durften, wurde daraus eine liebliche, bedeutungslose Plörre, die für riesigen Absatz sorgte, den Ruf der Region aber nachhaltig schädigte. Heute versuchen Gutzler und Schembs, an die guten Traditionen anzuknüpfen. Neben den großartigen Rieslingen und weißen Burgundern sollten Besucher vor allem Gerhard und Michael Gutzlers Spätburgunder aus der Lage Morstein probieren. In der gutseigenen Destillerie werden charaktervolle Obst- und Tresterbrände produziert, hinzu kommt die Herstellung eigener Sekte.
Flörsheim-Dalsheim ist eines der bekanntesten Weindörfer der Region. Hier produzieren Heide-Rose und Volker Raumland die wohl besten Riesling-Winzersekte des Landes, die teils bis zu zwölf Jahre im Keller reifen. Christian und Kurt Schales haben ein breites Angebot an Weinen diverser Rebsorten, der trockene Riesling ist stets eine sichere Bank. Verlässliche Qualität bietet auch Scherner-Kleinhanß; hier sind vor allem die Rieslinge zu empfehlen und bei diesen wiederum die trockene Spätlese aus der Lage Dalsheimer Bürgel. Herausragend in diesem Winzerort ist das Weingut Keller, das seit Jahren zur deutschen Spitze zählt. Besonders der Riesling Großes Gewächs aus der Lage Hubacker mit seiner komplexen Fruchtstruktur – gepaart mit feiner Säure – ist ein vorbildlicher Wein, der in der Hierarchie der Rieslinge ganz oben steht.
Im nahen Monsheim hat Karl-Hermann Milch durch engagierte Arbeit für den Aufstieg des Familienguts gesorgt. Seine Rieslinge und weißen Burgunder sind fruchtbetonte, frische Tropfen mit einem guten Rückgrat. Auch Hans Oliver Spanier vom Weingut Battenfeld-Spanier in Hohen-Sülzen setzt vor allem auf Rieslinge von klarer Frucht und mineralischen Noten. Gemeinsam mit seiner Frau Carolin, Inhaberin des Weinguts Kühling-Gillot, kommt jetzt auch die neue Weinlinie Spanier-Gillot auf den Markt.
Den Abschluss der Rheinhessentour bildet die Nibelungenstadt Worms mit der »Rôtisserie Dubs« als kulinarischem Höhepunkt. Bereits 1969 gründete Wolfgang Dubs das Gourmetrestaurant, das seitdem mit seiner anspruchsvollen kreativen Küche und seiner Weinkarte mit vielen internationalen Entdeckungen und etwa 50 offen angebotenen Rheinhessenweinen Feinschmecker verwöhnt.

Anbaugebiet Rheinhessen – Norden und Wonnegau

Weine und Winzer mit Charakter:

Weingut Fleischer & Weingut der Stadt Mainz
Rheinhessenstr. 103
55129 Mainz
Tel.: 06131-597 97, Fax: 59 26 85
info@weingut-fleischer.de
www.weingut-fleischer.de
Inhaber: Michael und Hans W. Fleischer
Öffnungszeiten: Mo-Mi 14-18 Uhr, Do 14-20 Uhr, Fr, Sa 10-18 Uhr

Weingut Eckhard Weitzel
Backesgasse 7
55218 Ingelheim am Rhein
Tel.: 06130-447, Fax: 84 38
eweitzel@t-online.de
www.biowein-weitzel.de
Inhaber: Elke und Eckard Weitzel
Öffnungszeiten: Mo-Fr n. V.

Weingut Riffel
Mühlweg 14 a
55411 Bingen am Rhein
Tel.: 06721-99 46 90, Fax: 99 46 91
service@weingut-riffel.de
www.weingut-riffel.de
Inhaber: Erik und Carolin Riffel
Öffnungszeiten: Mo-Fr 17-19 Uhr, Sa 10-16 Uhr

Weingut »Posthof Doll & Göth«
Kreuznacher Str. 2
55271 Stadecken-Elsheim
Tel.: 06136-30 00, Fax: 60 01
weingut.posthof@doll-goeth.de
www.doll-goeth.de
Inhaber: Karl-Theo Doll
Öffnungszeiten: Mo-Sa 9-18 Uhr

Weingut Manz
Lettengasse 6
55278 Weinolsheim
Tel.: 06249-79 81, Fax: 80 30 41
weingut@manz-weinolsheim.de
www.manz-weinolsheim.de
Inhaber: Erich und Eric Manz
Öffnungszeiten: n. V.

Weingut Wagner-Stempel
Wöllsteiner Str. 10
55599 Siefersheim
Tel.: 06703-96 03 30, Fax: 96 03 31
info@wagner-stempel.de
www.wagner-stempel.de
Inhaber: Familie Wagner
Öffnungszeiten: Mo-Sa 9-12 und 13-18 Uhr und n. V.

Weingut Kurt Erbeldinger und Sohn
West 3, 67595 Bechtheim
Tel.: 06244-49 32, Fax: 71 31
info@weingut-erbeldinger.de
www.weingut-erbeldinger.de
Inhaber: Stefan Erbeldinger
Öffnungszeiten: Mo-Fr 7-18 Uhr, Sa 8-17 Uhr, So 9-12 Uhr

Weingut Groebe
Bahnhofstr. 68-70
64584 Biebesheim am Rhein
Tel.: 06258-67 21, Fax: 816 02
groebe@weingut-k-f-groebe.de
www.weingut-k-f-groebe.de
Inhaber: Friedrich Groebe
Öffnungszeiten: n. V.

Weingut Seehof – Ernst Fauth
Seegasse 20
67593 Westhofen
Tel.: 06244-49 35, Fax: 90 74 65
weingut-seehof@t-online.de
www.weingut-seehof.de
Inhaber: Ernst, Ruth und Florian Fauth
Öffnungszeiten: Mo-Sa n. V.

Weingut Wittmann
Mainzer Str. 19
67593 Westhofen
Tel.: 06244-90 50 36, Fax: 55 78
info@wittmannweingut.com
www.wittmannweingut.com
Inhaber: Günter u. Philipp Wittmann
Öffnungszeiten: n. V.

Weingut Gutzler
Roßgasse 19
67599 Gundheim
Tel.: 06244-90 52 21, Fax: 90 52 41
info@weingut-gutzler.de
www.gutzler.de
Inhaber: Gerhard und Michael Gutzler
Öffnungszeiten: n. V.

Sekthaus Raumland
Alzeyer Str. 134
67592 Flörsheim-Dalsheim
Tel.: 06243-90 80 70,
Fax: 90 80 77
raumland@t-online.de
www.raumland.de
Inhaber: Volker Raumland
Öffnungszeiten: n. V.

Weingut Schales
Alzeyer Str. 160
67592 Flörsheim-Dalsheim
Tel.: 06243-70 03, Fax: 52 30
weingut@schales.de
www.schales.de
Inhaber: Christel, Kurt und Arno Schales
Öffnungszeiten: Mo-Fr 8-12 und 14-18 Uhr, Sa 9-13 Uhr und n. V.

Weingut Keller
Bahnhofstr. 1
67592 Flörsheim-Dalsheim
Tel.: 06243-456, Fax: 66 86
info@keller-wein.de
www.keller-wein.de
Inhaber: Klaus Peter Keller
Öffnungszeiten: n. V.

Weingut Milch
Rüstermühle – Mühlstr. 14
67590 Monsheim
Tel.: 06243-337, Fax: 67 07
info@weingut-milch.de
www.weingut-milch.de
Inhaber: Karl-Hermann Milch
Öffnungszeiten: Mo-Fr n.V., Sa 9-12 und 13-17 Uhr

Weingut Battenfeld-Spanier
Bahnhofstr. 33
67591 Hohen-Sülzen
Tel.: 06243-90 65 15,
Fax: 90 65 29
kontakt@battenfeld-spanier.de
www.battenfeld-spanier.de
Inhaber: Hans Oliver Spanier, Heiner Battenfeld
Öffnungszeiten: Mo-Fr 9-12 und 14-17 Uhr, Sa 10-14 Uhr

Stilvoll schlafen und genießen:

Landgasthof Engel
Markt 8
55270 Schwabenheim an der Selz
Tel.: 06130-92 93 94,
Fax: 941 80 80
info@immerheiser-wein.de
www.immerheiser-wein.de
Chefkoch: Daniel Immerheiser
Öffnungszeiten: tgl. 12-14 und 17-23 Uhr

Schloss Sörgenloch
Schlossgasse 7-9
55270 Sörgenloch
Tel.: 06136-952 71 26,
Fax: 952 71 30
info@schlosssoergenloch.de
www.schlosssoergenloch.de
Chefkoch: Thomas Heinicke
Öffnungszeiten: tgl. 11.30-14.30 und 17.30-24 Uhr

Jordan's Untermühle
Außerhalb 1
55278 Köngernheim
Tel.: 06737-710 00, Fax: 71 00 99
info@jordans-untermuehle.de
www.jordans-untermuehle.de
Chefkoch: Suleyman Pollat
Öffnungszeiten: tgl. 11-23 Uhr

Perfekt genießen:

Buchholz
Klosterstr. 27, 55124 Mainz
Tel.: 06131-971 28 90, Fax: 971 36 75
frank@frank-buchholz.de
www.frank-buchholz.de
Chefköche: Frank Buchholz und Sebastian Kreicarek
Mi-So 18-24 Uhr

Gänsthaler's Kuchlmasterei
Kurmainzstr. 35, 55126 Mainz
Tel.: 06131-47 42 75, Fax: 47 42 78
www.gaensthalers-kuchlmasterei.de
Chefkoch: Steffen Schneider
Öffnungszeiten: Di-Fr 12-14.30, 18.30-24, Sa 18.30-24 Uhr

Maus im Mollers
Gutenbergplatz 7, 55116 Mainz
Tel.: 06131-627 92 11,
Fax: 627 92 12
info@mollers.de, www.mollers.de
Chefköche: Dirk Maus und Michael Feiden
Öffnungszeiten: Mi-So 12-14, 18-22 Uhr

Millennium
Bleichstr. 1
55218 Ingelheim am Rhein
Tel.: 06132-889 00, Fax: 99 56 56
info@restaurant-millennium.de
www.restaurant-millennium.de
Chefkoch: Frank Nickl
Öffnungszeiten: Mi-Fr, So 12-14 und 18-22 Uhr, Di, Sa 18-22 Uhr

Wöllsteiner Weinstube
Eleonorenstr. 32, 55597 Wöllstein
Tel.: 06703-96 19 33, Fax: 33 25
ute@woellsteinerweinstube.de
www.woellsteinerweinstube.de
Chefkoch: Sebastian Dziuba
Öffnungszeiten: Di-So 17.30-24 Uhr

Weingewölbe
Alzeyer Str. 2, 67593 Bermersheim
Tel.: 06244-52 42, Fax: 52 46
info@weingewoelbe.com
www.weingewoelbe.com
Chefkoch: Jean-Marie San Martin
Öffnungszeiten: Mi-So ab 18 Uhr, So u. Feiertag auch 12-14 Uhr

Rotisserie Dubs
Kirchstr. 6, 67550 Worms
Tel.: 06242-20 23, Fax: 20 24
rotisseriedubs@web.de
www.dubs.de
Chefköche: Jörg Friedrich und Wolfgang Dubs
Öffnungszeiten: Sa 18-24 Uhr, So, Mo, Mi-Fr 12-14 und 18-24 Uhr

Pfalz

Die Pfalz ist eine gastliche Region, in den idyllischen Ortschaften entlang der Weinstraße hat sich ein gutes Stück authentisches Landleben erhalten. In den vielen urigen Weinstuben und den gemütlichen Landgasthöfen kommen traditionelle Gerichte wie Saumagen und gebackene Blutwurst auf den Tisch, und den Gourmetrestaurants gelingt die Gratwanderung zwischen moderner Gourmetküche und Gerichten mit regionalen Produkten aus heimischen Wäldern und dem Gemüsegarten der Pfalz. Dazu lässt man sich Pfälzer Wein schmecken, vom herzhaften und eleganten Riesling über komplexe Spätburgunder bis zum geschmeidigen Chardonnay. Keine Frage: Pfälzer Weine haben in den vergangenen Jahren einen gewaltigen Qualitätssprung nach vorne gemacht.

Spitzenlage – »Keschdebusch«, Kastanienbusch bei Birkweiler, Siebeldingen.

1

2

Friedr. von Bassermann-Jordan GESCHICHTE DES WEINBAUS I. BAND
Friedr. von Bassermann-Jordan GESCHICHTE DES WEINBAUS II. BAND
Friedr. von Bassermann-Jordan GESCHICHTE DES WEINBAUS III. BAND
3

4

Region mit wechselvoller Geschichte

Pfalz – Paradies für Trauben & Co.

Die klimatischen Voraussetzungen in der Pfalz sind für den Weinbau geradezu ideal. Etwa ein Viertel aller deutschen Weine wachsen in dem rund 85 Kilometer langen Pfälzer Traubengürtel, der sich vom südlichen Rand Rheinhessens bei Worms bis hin zur französischen Grenze ans Elsass erstreckt. Der nördliche Teil mit dem geschlossenen Gebirgszug der Haardt zählt zu den niederschlagärmsten Gebieten Deutschlands. Aus dem Westen und Südwesten strömen mäßig feuchte und warme Luftmassen in das Anbaugebiet, die für trockene, nicht zu heiße, aber warme Sommer und relativ milde Winter sorgen. Mit jährlich rund 1800 Sonnenscheinstunden zählt die Pfalz zu den wärmsten Anbaugebieten Deutschlands. Diese Klimabedingungen lassen nicht nur Trauben reifen, in der Pfalz gedeihen auch Feigen, Mandeln und andere südliche Früchte.

Ein Blick zurück

Kein Wunder, dass die Geschichte der Pfalz seit Jahrhunderten eng mit dem Wein verbunden ist. Erste Spuren führen natürlich zu den Römern, die gegen Ende des 1. Jahrhunderts Weinbau u. a. in Hambach, Speyer, Ruppertsberg und Lingenfeld kultivierten. Nach den Römern waren es vor allem die Klöster, die den Weinbau zu einer sprudelten Einnahmequelle der Geistlichkeit machten. Im 12. und 13. Jahrhundert tauchten in der Pfalz die ersten Lagenbezeichnungen auf, einige von ihnen sind bis heute auf den Etiketten zu finden. Seit dem 16. Jahrhundert sind in der Pfalz die Rebsorten Riesling, Elbling, Gänsfüßer, Traminer, rote Burgunder, Muskateller und später Ruländer bekannt; die Rebsorten wurden meist als Sortengemisch angepflanzt, gemeinsam geerntet und vinifiziert. Doch mit dem lukrativen Weinbau ging es nicht immer bergauf: Massive wirtschaftliche Einbrüche erlebte die Pfalz im Dreißigjährigen Krieg und in den sogenannten Pfälzer Erbfolgekriegen (1688–1697), in dem französische Truppen ganze Dörfer, Städte und die Weinberge verwüsteten. Die Säkularisierung des geistlichen Besitzes unter Napoleon Anfang des 19. Jahrhunderts bedeutete noch einmal einen Rückschlag für die Pfälzer Weinwirtschaft; gleichzeitig ermöglichten die Versteigerungen der kirchlichen Güter das Entstehen größerer Betriebe. Gerade in diesen Weingütern rückte im 19. Jahrhundert

1 Tradition aus Passion – Die Probierstube im Weingut Rebholz. **2** Weingut mit Geschichte – Geheimer Rat Dr. von Bassermann-Jordan in Deidesheim. **3** Aufgezeichnet – Die Geschichte des Weinbaus bietet spannenden Lesestoff. **4** Deidesheimer Lagen – über den Weinbergen thront die St.-Michaelskapelle.

1 Neustadt an der Weinstraße – Festumzug zum Deutschen Weinfest. **2** Keine Nachwuchssorgen – Wein verbindet Jung und Alt. **3** Königlicher Glanz – Weinkönigin Susanne mit Prinzessinnen. **4** Umjubelte Majestät – charmante Botschafterin des Weines. **5** Mit Herz und Krone – Weinmajestät beim Festumzug. **6** Adelige Verwandtschaft – pfälzische Zwiebelkönigin Anna I. aus Zeiskam. **7** Regentschaft für den Wein – Weinkönigin 2006 Katja Schweder. **8** Geschichtsbewusst – Historische Kostüme beim Festumzug. **9** Musik und Wein – untrennbare Lebensfreude.

der Qualitätsgedanke immer mehr in den Vordergrund. Rieslinge aus den Lagen in Ruppertsberg, Deidesheim, Forst und Wachenheim gehörten bald zu den besten und teuersten in ganz Deutschland. Andreas Jordan, Gründer des heutigen Weingutes Geheimer Rat Dr. von Bassermann-Jordan, gehört zu den Pfälzer Weinbaupionieren; in seinen Weinbergen setzte er auf sortenreinen Riesling und wurde damit zum Motor der Qualitätsoffensive an der Mittelhaardt. In diese Zeit fallen auch die ersten Klassifizierungen. Unter bayerischer Herrschaft – ab 1816 gehörte die Pfalz zum Königreich Bayern – wurde die Region neu vermessen, gleichzeitig wurde die landwirtschaftliche Fläche bewertet. Das Forster Kirchenstück erfuhr die höchste Bonitätszahl des gesamten Königreichs und galt als Paradelage für den Qualitätsweinbau. Erst die

8

9

aus Amerika eingeschleppte Reblaus bremste Mitte des 19. Jahrhunderts die weinwirtschaftlichen Aktivitäten und vernichtete einen Großteil der Weinberge. Nur langsam erholte sich die Pfalz von diesem Rückschlag und produzierte – von wenige Ausnahmen renommierter Weingüter an der Mittelhaardt abgesehen – vor allem einfache Weinqualitäten. Erst Mitte der 1980er Jahre erlebte die Pfalz mit einer gewaltigen Qualitätsoffensive ihre Renaissance als Weinbaugebiet mit hohem Qualitätsniveau. Es sind vor allem kleinere Familienbetriebe, an deren Spitze gut ausgebildete Winzer stehen, die den Stil des großen, trockenen, eleganten, komplexen Rieslings neu interpretieren und gleichzeitig erstklassige Rotweine auf den Markt bringen.

Die Deutsche Weinstraße

Sie ist die Mutter aller deutschen Weinstraßen: Zwischen den hügeligen Ausläufern des Pfälzer Waldes und der Rheinebene verläuft die älteste und auch bekannteste Touristikroute zum Thema »Wein«. Bockenheim ist ihr nördlichster Ausgangspunkt, nach rund 85 Kilometern endet die Deutsche Weinstraße an der deutsch-französischen Grenze in Schweigen. Zum in den 1930er Jahren erbauten markanten Weintor im kleinen Winzergrenzort ist mittlerweile auch das »Haus der Deutschen Weinstraße« in Bockenheim hinzugekommen, in das einen Blick hineinzuwerfen sich auf jeden Fall lohnt. Für Radfahrer bietet die Weinstraße eine eigene Route, rund 97 Kilometer lang ist die Hauptstrecke von Bockenheim nach Schweigen-Rechtenbach. Entlang dem Radweg gibt es immer wieder Abzweigmöglichkeiten auf die sogenannte Panoramaroute, die noch einmal rund 35 Kilometer umfasst und wunderschöne Blicke auf die Rebenlandschaft der Pfalz freigibt. Der Radweg verläuft zu 90 Prozent auf befestigten Wegen. Entlang der Panoramaroute sind einige Höhenmeter zu bewältigen, in Pleisweiler-Oberhofen be-steht Anschluss an den Radweg »Vom Riesling zum Zander«, der auf einer Gesamtlänge von 35 Kilometern von Oberhofen nach Neupotz am Rhein verläuft.

Unbekanntes Zellertal

Auch etwas abseits der Touristenrouten ist die Pfalz immer für eine Überraschung gut. Auch hier gibt es einiges zu entdecken – darun-

1 Spuren der Geschichte – das Haardter Schloss. **2** Steht für Qualität – der Wein vom Weingut Christmann, Gimmeldingen. **3** Führt eine 100-jährige Tradition fort – Koch Karl Emil Kuntz, »Zur Krone«, Herxheim-Hayna. **4** Idyllisch – Frankweiler an der Pfälzer Weinstraße. **5** Engagierte Powerfrau – Christine Bernhard produziert in Harxheim ökologische Weine. **6** Überrascht seine Gäste – Alexander Hess im »Ketschauer Hof«, Deidesheim.

ter natürlich auch Wein, der das Leben in der Pfalz von Norden bis Süden prägt. Fernab der südlicher verlaufenden und stärker frequentierten Pfälzer Weinstraße liegt im Norden der Pfalz das Zellertal, in dem die Grenze zwischen der Pfalz und Rheinhessen verläuft. Das Zellertal ist eine beschauliche kleine Region: In dem nur sechs Kilometer langen und wenige hundert Meter breiten Tal liegen zwischen den Ortschaften Einzelthum und Wachenheim neun Weinbaugemeinden. Eingerahmt von Hanglagen schlängelt sich die Bundesstraße durch die verträumten Orte, links und rechts des Weges führen Hinweisschilder zu Weingütern und Landgasthöfen. Der Donnersberg, die höchste Erhebung der Pfalz,

ist in Sichtweite. In seinem Regenschatten sind die Sommer heiß und trocken, zwischen den Rebzeilen wächst Wollgras, und die mediterrane Turmschnecke hat hier ihr Refugium. Fast ein ländliches Idyll, diese scheinbar vergessene Weinlandschaft im Norden der Pfalz. Doch im Zellertal wachsen nicht nur gute Weine; durch das milde Klima gedeihen dort auch Esskastanien, Olivenbäume und Feigen.

In Harxheim, einer kleinen Weinbaugemeinde mit Tradition, liegt am Ortsrand das Weingut Janson Bernhard, umgeben von einem großen Park mit altem Baumbestand. Das riesige Anwesen wirkt wie eine englische Gartenlandschaft: Blumen, Sträucher und Bäume sowie Rasenflächen dazwischen lassen Urlaubsstimmung aufkommen. Im Sommer öffnet Christine Bernhard den Park ihres Weingutes für Besucher, die Winzerin bietet alljährlich in Harxheim ein sehens- und hörenswertes Kulturprogramm mit Konzerten, Theaterabenden, Dichterlesungen und kulinarischen Soirées. Das Jahresprogramm wird selbstverständlich auf Anfrage auch nach Hause

1

2

1 Typisches Pfälzer Winzerdorf – das 700 Jahre alte Birkweiler. **2** Mediterranes Flair – das Weingut Philipp Kuhn in Laumersheim. **3** Winzertalent – Philipp Kuhn gehört zur Pfälzer Spitze. **4** Pfälzer Weinclan – Familie Knipser steht seit Jahren für außergewöhnliche Spitzenweine.

geschickt. Doch Christine Bernhard ist nicht nur Gastgeberin im Park, die engagierte Powerfrau produziert auch eigene Weine und Sekte. 1994 hat die studierte Landwirtin das elterliche Weingut übernommen und auf ökologische Bewirtschaftung umgestellt; im gleichen Jahr übernahm sie den Vorsitz des Bundesverbandes Ökologischer Weinbau ECOVIN. Probieren sollte man im Weingut auf jeden Fall die verschiedenen Rieslinge und Burgunderweine. Zellertaler Weine sind etwas schlanker und filigraner als die klassischen Pfälzer, was dem Boden geschuldet ist. Die Kalkmergelböden sind mit denen der Champagne vergleichbar, vielleicht ist gerade deswegen Sekt eine Spezialität des Weingutes. Ihre Jahrgangssekte aus Riesling, Morio-Muskat und Traminer produziert Christine Bernhard nach der traditionellen Flaschengärung, die Sekte werden selbstverständlich von Hand gerüttelt. Denn die Winzerin ist schließlich Traditionalistin, im ökologischen Sinne: Handarbeit, wo es möglich ist und selbstverständlich keine Chemie. Probierenswert sind auch die hausgemachten Saucen und Pestos, alles rein ökologisch hergestellt. Rund einen Kilometer von Harxheim entfernt geht es den Hang hinauf nach Zell, einem der ältesten Weinorte der Pfalz. In der Hauptstraße 19 befindet sich die alte Kollektur, die heute ein mediterran gestaltetes Restaurant und Hotel beherbergt. Familie Kiefer bietet in dem aufwendig renovierten Barockhaus eine frische Pfälzer Küche mit Produkten aus der Region, für Übernachtungen stehen komfortable Zimmer bereit.

Im Norden der Pfalz

Auf der Bundesstraße 47 geht es aus dem Tal zurück in Richtung Grünstadt nach Laumersheim. Für die meisten Reisenden ist dieser kleine Ort die Pforte zur Wein-Pfalz, für Rotweinfans ist er eine wahre Pilgerstätte. Schon in den 1980er Jahren machten Werner und Volker Knipser mit ihren Barrique-Rotweinen Furore und polierten mit ihren Gewächsen das Ansehen deutscher Rotweine

3

4

kräftig auf. Mittlerweile ist auch Werners Sohn Stephan ins Weingut eingestiegen, und Tochter Sabine wird als studierte Weinbauingenieurin demnächst ihren Vater, Onkel und Bruder unterstützen. Ein echter Familienbetrieb, an dem sich bis heute Rotweine messen lassen müssen, und das nicht nur in der Pfalz. Die Messlatte liegt hoch: Optimale Reife und gesundes Lesegut sind für die Knipsers Grundvoraussetzungen, aus den Laumersheimer Lagen Mandelberg und Kirschgarten vinifizieren sie ihre Meisterstücke. Und die reichen vom Global Player Cabernet Sauvignon über Syrah, Lemberger, Dornfelder und Spätburgunder bis zum fast ausgestorbenen Gelben Orleans. Knipser-Weine sind authentische Originale mit Körperreichtum und konzentrierter Fruchtigkeit; das typische Knipser-Extra an Aromenspiel bringt zudem Eleganz und Grazie ins Glas. Zwar haben sich Werner und Volker Knipser ihre Spitzenposition unter den deutschen Weingütern mit Rotweinen erarbeitet, mittlerweile zählen aber auch die Weißen uneingeschränkt zu ihren Stärken. Riesling, Chardonnay, Grau- und Weißburgunder werden teilweise im Holzfass ausgebaut, ein langer Hefekontakt im Fass bringt Fülle und Substanz und rundet die Weine ab. Doch was Familie Knipser in ihrem rund 40 Hektar großen Weingut produziert, ist schnell ausverkauft. Nur wer Geduld hat, wird belohnt, und das zu einem sehr guten Preis-Leistungs-Verhältnis.

Nur wenige Schritte vom Weingut der Knipsers entfernt, bringt mit Philipp Kuhn einer der talentiertesten Jungwinzer der Pfalz seine Weine auf die Flasche. Werner und Volker Knipser kennt er seit Kindertagen, ihr Qualitätsstreben hat ihn im eigenen Weingut beflügelt. Heute gehören Philipp Kuhns Rotweine sicher zu den besten des Anbaugebiets, aber auch im Weißweinbereich hat der junge Pfälzer kräftig zugelegt. Kuhn bewirtschaftet derzeit rund 16 Hektar Reben, die Hälfte der Flächen ist mit roten Sorten bestockt. Neben Spätburgunder, Cabernet Sauvignon, St. Laurent, Blaufränkisch, Merlot und Frühburgunder hat Kuhn auch Dornfelder in seinen Weinbergen. Bei den Weißen dominieren Riesling und weiße Burgundersorten, dazu kommen einige Partien Sauvignon blanc und Gewürztraminer. Kuhn setzt bei seinen Weinen auf bestes Traubenmaterial aus geringen Erträgen, auf Handlese,

1 Familienbetrieb – Weingut Christmann, Gimmeldingen. **2** Bernd Philippi – Winzer, Genießer und Pfälzer Original, Weingut Koehler-Rupprecht, Laumersheim. **3** Drittgrößte Weinbaugemeinde der Pfalz – Bad Dürkheim an der Deutschen Weinstraße. **4** Überzeugen durch Qualität – die Weine des Weinguts Rebholz, Siebeldingen. **5** Erfolgreicher Newcomer – Markus Schneider vom Weingut Klaus Schneider, Ellerstadt. **6** Lohnenswerter Abstecher – »Zum Weißen Ross« in Kallstadt.

danach eine schonende Verarbeitung und nur das Notwendigste in der Keller-arbeit. Der Erfolg gibt ihm recht. Kuhn-Weine sind gefragt; neben den Rotweinen sind vor allem die herrlich frischen Rieslinge und der duftige Gewürztraminer empfehlenswert. Beides zusammen ergibt eine traditionelle Pfälzer Weißwein-Cuvée, die dezent nach Rosenblüte und Muskat duftet, sich voluminös und gleichzeitig finessenreich präsentiert. Ein Klassiker, der mit seiner Eleganz, Frische und einem zarten Schmelz von Fruchtsüße zu vielen Speisen eine exzellente Figur macht.

Von Kallstadt bis Ellstadt

Von Laumersheim geht es weiter in Richtung Kallstadt. Im schmucken Weinort liegt an der Weinstraße das Weingut Koehler-

6

5

Ruprecht, das Bernd Philippi – Winzer, Genießer und Pfälzer Original – mit seinen legendären Rieslingen aus der Lage Kallstadter Saumagen an die Spitze der deutschen Weingüter geschoben hat. Wer noch einen von diesen kraftstrotzenden und langlebigen Weinen ergattern kann, darf sich glücklich schätzen. Denn er bekommt in Zeiten der schnellen und schnellsten Vermarktung einen vinologischen Langstreckenläufer von besonderem Format. Neben dem Weingut betreibt Philippis Schwester zusammen mit ihrem Mann das ländlich-elegante Restaurant und Hotel Zum Weißen Ross. Wer sich die Zeit nimmt, bekommt hier in charmantem und gemütlichem Ambiente eine verfeinerte Regionalküche serviert, dazu gibt es natürlich die Weine aus dem Keller von Bernd Philippi. Ein lohnenswerter Abstecher in Sachen Weingenuss und Tafelfreuden!
Ellerstadt liegt etwas abseits der Pfälzer Weinstraße. Hier herrscht nur wenig Verkehr auf den Straßen, keine Touristen stören die beschauliche Ruhe der Gemeinde im Landkreis Bad Dürkheim. Seit Jahrhunderten wird hier Wein angebaut, doch er stand immer im Schatten der Gewächse aus den berühmten Lagen der nahen Weinorte Wachenheim, Forst und Deidesheim. Mit Markus

1

2

3

Schneider ist Schwung in die Ellerstädter Weinszene gekommen, der anfangs belächelte Newcomer hat aus dem kleinen Familienbetrieb ein stattliches Weingut mit einer Rebfläche von rund 50 Hektar gemacht. Portugieser, Cabernet Sauvignon, Merlot, Syrah und St. Laurent stehen in seinen Weinbergen, neben Riesling, Grau- und Weißburgunder pflanzte Markus Schneider auch Chardonnay und Sauvignon blanc an. Schneiders Mut wurde belohnt, denn unter der lehmigen Erdoberfläche rund um Ellerstadt verbergen sich tiefgründige, facettenreiche geologische Formationen, die so manchem unscheinbaren Weinberg Spitzenstatus verleihen. Und während der Winzer seine Weißweine reinsortig ausbaut und drei verschiedene Rieslingqualitäten aus den Lagen Loessgewann, Kirchenstück und Terrassen anbietet, kombiniert er für seine roten Cuvées die Trauben der kühleren, höher gelegenen Weinberge mit den Trauben der eher wärmeren aus der Ebene rund um Ellerstadt. Was herauskommt, sind sehr individuelle Gewächse, Weine die Rückgrat zeigen, in die Tiefe gehen, Kraft demonstrieren und zugleich eine verbindliche Art besitzen, die auch schwergewichtige und dicke Aromen im Gaumen zum Tanzen bringt. Vor allem Schneiders rote Kreationen, die »Ursprung«, »Einzelstück« oder »Black Print« heißen, sind beste Beispiele beherrschbarer Power, eingebunden in ein Geflecht von Mineralität, Frucht, Säure und Alkohol.

Von Forst bis Gimmeldingen

In Forst liegt an der Weinstraße das Weingut der Familie Mosbacher, das seit Jahrzehnten zu den festen Größen der Pfalz gehört. Sabine Mosbacher hat die Weinpassion von ihrem Vater geerbt und bewirtschaftet zusammen mit ihrem Mann heute etwa 16 Hektar Rebfläche rund um den berühmten Weinort. Jahr für Jahr kommen aus dem Familienbetrieb bemerkenswerte reintönige Rieslingqualitäten, allen voran die Gewächse aus den Forster Spitzenlagen Ungeheuer, Pechstein und Freundstück. Einige Partien Weißburgunder und Rotweine ergänzen das empfehlenswerte Angebot der Mosbachers, in der schicken neuen Vinothek können die Weine in aller Ruhe probiert werden. Von Forst nach Wachenheim ist es nur ein Katzensprung. Hier führt kein Weg am Weingut Bürklin-Wolf vorbei, das mit knapp 90 Hektar Rebfläche eines der

1 Pfälzer Spitzenbetrieb – das Weingut Mosbacher glänzt mit besten Rieslingen. **2** Pfälzer Winzerpersönlichkeiten – Familie Düringer-Mosbacher. **3** Pfälzer Weinlandschaft – Blick auf Deidesheim im Morgendunst. **4** Führt eines der größten deutschen Privatweingüter – Winzerin Bettina Bürklin von Guradze, Weingut Dr. Bürklin-Wolf, Wachenheim.

größten deutschen Privatweingüter ist. Der Name »Bürklin-Wolf« steht seit Generationen für Engagement in der deutschen und internationalen Weinwelt, in den vergangenen Jahren hat sich der Betrieb vor allem um das Bewusstsein des Pfälzer Lagenpotenzials verdient gemacht und dabei eigene Strategien und Bewertungen erarbeitet. »Terroir« lautet das Zauberwort, das im Weingut einen besonderen Stellenwert hat und sich insbesondere in den Rieslingen des renommierten Betriebes wiederfindet. Die interne Weingutklassifizierung beginnt mit den Gutsweinen der verschiedenen Rebsorten, darüber stehen die sogenannten Ortsrieslinge. Die markanten trockenen Rieslinge sind in zwei Stufen eingeteilt, neben der Kategorie »PC« sind die Spitzengewächse mit dem Label »GC« versehen. Gerade die eleganten Top-Weine zeigen sehr schmackhaft, wie die oft gescholtene Rieslingsäure das filigrane und

brillante Aromenspiel der Sorte herausarbeiten kann. Zum Weingut mit seinen vorbildlich renovierten Gebäuden gehört ein sehenswerter Park, in dem jährlich eine Sommeroper und kulinarische Hofkonzerte stattfinden, das Gasthaus Zur Kanne in Deidesheim und ein Gutsausschank im Hofgut Ruppertsberg.
Dass die Pfalz in Bewegung ist, haben Gunther Hauck und Ulrich Mell eindrucksvoll bewiesen. Das Doppel hat in den letzten Jahren das altehrwürdige Weingut Geheimer Rat Dr. von Bassermann-Jordan in die Spitzengruppe Pfälzer Güter zurückgeführt. In seiner langen Geschichte spielte der Traditionsbetrieb für die Pfalz immer eine besondere Rolle, war jahrzehntelang Flaggschiff der ganzen Region und ist heute wieder ein Vorzeigebetrieb mit erstklassigen Rieslingqualitäten, aber auch mit einem neu herausgeputzten Anwesen. Die besten Weine, zu 85 Prozent Rieslinge, kommen aus Deidesheimer und Forster Spitzenlagen, auch der Ruppertsberger Reiterpfad ist eine sichere Bank für strahlende und extraktreiche Weine. Doch es sind nicht allein die Weine, die einen Abstecher nach Deidesheim lohnen. Wer mit den Namen Ketschauer Hof und Restaurant Freundstück nichts anzufangen weiß, steuert ein-

1 Historie auf Schritt und Tritt – Weingut Geheimer Rat Dr. von Bassermann-Jordan in Deidesheim. **2** Spuren der Vergangenheit – alte Brunnenfigur im Keller. **3** Kellerromantik – in Fässern reifte jahrhundertelang der Pfälzer Wein. **4** Naturschauspiel – Mandelblüte im März bei Gimmeldingen. **5** Frühlingsboten – die Mandelbäume der Pfalz. **6** Ländliche Idylle – Blick auf Maikammer. **7** Produziert Spitzengewächse – Steffen Christmann in Gimmeldingen.

fach das Bassermann'sche Anwesen in Deidesheim an und ist am Ziel. Denn wo es gute Weine gibt, wird in der Regel auch gut gegessen – beides gehört untrennbar zusammen. Von außen harmonisch in den Ensemblecharakter der historischen Gebäude integriert, entpuppt sich das Interieur des Restaurants als durchgestyltes Ambiente, das ebenso in jeder Metropole dieser Welt stehen könnte. Dennoch wirken Restaurant und Weinbar keineswegs aufgesetzt, sondern geschickt in das Konzept »Zukunft aus Tradition« eingepasst. Dem Ketschauer Hof, zu dem auch ein schickes, nagelneues Hotel gehört, gelang die Integration von provinziellem Charme und modernem Flair. Dort überrascht auch die Küche. Der junge Maître Alexander Hess zeigt einen sehr präzisen Kochstil ohne übertriebene Inszenierungen, der in gelungenen, teils erfrischenden Aromenkombinationen Tradition und Moderne verbindet.

Das Weingut A. Christmann in Gimmeldingen hat mit seinen herausragenden Rieslingen seit Mitte der 1990er Jahre eine neue Runde in Sachen Qualität eingeläutet. Seit 1994 steht Steffen Christmann im rund 16 Hektar großen Familienbetrieb am Ruder; der gelernte Jurist, VDP-Vorsitzende und Vater von vier Kindern hat sich in nur wenigen Jahren zur festen Größe an der Pfälzer Spitze entwickelt. Für Christmann kommt die Qualität vor allem aus dem Terroir, und um dieses Ziel besser zu erreichen, arbeitet der Betrieb nach biodynamischen Grundsätzen. Christmanns Wein-

1 In Reih und Glied – Rebensymmetrie mit Hanglage. **2** Spitzenwinzer – Hansjörg Rebholz gehört zu den Aushängeschildern des deutschen Weinbaus. **3** Gut bedacht – Rebstöcke des Weingutes Rebholz in der Pergola-Erziehungsform. **4** Gemeinsame Sache – Familie Rebholz hat sich dem Weinbau verschrieben. **5** Dörfliche Romantik – die Kirche von Birkweiler. **6** Ort mit Weinbautradition – stattlicher Gutshof in Birkweiler.

berge liegen rund um Gimmeldingen, eine seiner besten Lagen ist der Königsbacher Idig. Der Riesling aus dieser Spitzenlage lässt einen Einblick in die vielschichtige Struktur seiner Fruchtaromen zu, er zeigt Muskeln, aber die Kraft ist perfekt integriert und wird von bestechender Mineralität unterstützt. Zwar steht der Riesling im Gimmeldinger Weingut an erster Stelle, doch Steffen Christmann bietet aus seinen Rebhängen auch empfehlenswerte Weiß-, Grau- und Spätburgunder an. Unweit von Gimmeldingen liegt der kleine Ort Mussbach, unter Pfalzkennern vor allem bekannt für die »Eselsburg«, einen Hort Pfälzer Gemütlichkeit und Treffpunkt der lokalen Winzerszene. Anette Ueberschaer führt die Traditionsweinstube, zu den Klassikern auf der Speisenkarte gehören neben der Eselssuppe mit Rind- und Schweinefleisch und Gemüse vor

5

6

allem der Pfälzer Saumagen mit Weinkraut, der Schwartenmagensalat und das legendäre Pfälzer Rumpsteak mit gebräunten Zwiebeln und hausgemachten Bratkartoffeln.

Südliche Weinstraße

Lange Zeit stand die Südpfalz im Schatten der bekannteren Mittelhaardt und ihrer berühmten Weingüter. Dabei bietet die Region, die bis an die elsässische Grenze reicht, rund um Birkweiler, Siebeldingen und Schweigen beste Lagen, allen voran der Birkweiler Kastanienbusch. Bis an die Waldgrenze reichen die Weinberge, steil fallen die Rebzeilen ins Tal ein, das wie ein tiefer Einschnitt zwischen zwei Hügeln liegt. Der Kastanienbusch ist die Paradelage von Hansjörg Rebholz, einem markanten Winzer, der maßgeblichen Anteil an der Qualitätsrenaissance der Südlichen Weinstraße hat. Schon der Großvater des engagierten Winzers galt als Pionier des Qualitätsweinbaus in der Südpfalz, doch erst sein Enkel konnte in den letzten Jahren das rund 17 Hektar große Weingut ganz nach vorne in die Spitzengruppe der Weingüter schieben. Und das nicht nur mit seinen ausgezeichneten Burgundergewächsen: Auch die Rieslinge gehören zu den besten Weinen der Region. Rebholz-Weine sind konsequent trocken ausgebaut und brauchen etwas Reife, aber die Entwicklungsmöglichkeiten, die die Weine schon im jugendlichen Stadium aufzeigen, sind beachtlich. Seit 1999 ist Hansjörg Rebholz auch Vorsitzender des VDP Pfalz und tritt für eine überzeugende Qualitätspolitik im Verband ein. Auch Karlheinz Wehrheim ist ein engagierter Verfechter von Qualität, und seine Weine beweisen, dass die Südpfalz über ein beträchtliches Potenzial an erstklassigen Winzern verfügt. Wehrheim baut fast alle Weine trocken aus, das hat Tradition im rund 13 Hektar großen Weingut in Birkweiler. Zu seinen besten Lagen zählen der Birkweiler Kastanienbusch und Mandelberg; die trockenen Rieslingspätlesen aus dem Buntsandstein – die im Pfälzer Wald vorherrschende geologische Formation – sind Paradestücke für einen strammen, fruchtigen Riesling. Der Riesling ist ebenso ein Pfälzer Klassiker wie die Weißburgunderspätlesen aus dem Muschelkalk, die in ihrer klaren und fein komponierten Aromenkomplexität kaum zu schlagen sind.

Auch gastronomisch hat der Süden der Pfalz einiges zu bieten. In Hayna, jenem Ort mit dem seltsam anmutenden Namen, der zur Gemeinde Herxheim gehört, steht mitten im alten Ortskern das Hotel und Restaurant Krone. Die Geschichte des Hauses ist seit 100 Jahren mit der Familie Kuntz verbunden, die aus der einfachen Gastwirtschaft längst eine Institution des guten Geschmacks gemacht hat. Am Herd steht Karl-Emil Kuntz, ein Meister seines Fachs und leidenschaftlicher Koch, der seinen Gästen eine klassisch feine, französisch inspirierte und regional modifizierte Küche bietet. Ob im Gourmetrestaurant oder in der Pfälzer Stube – Kuntz' handwerklich perfekte Kreationen überzeugen.

Im beschaulichen Frankweiler hat sich Christian Knefler ganz der Pfälzer Bodenständigkeit verschrieben. Gemeinsam mit seiner Frau Eva-Maria betreibt der junge Koch die Weinstube Brand, ein Klassiker unter den Weinstuben. Auf den blanken Holztischen wird der traditionelle Saumagen mit Sauerkraut serviert, auf der Speisenkarte stehen Rumpsteak mit mediterraner Kräuterkruste und die Eigenkreation Blut- und Leberwurststrudel mit Kartoffel-Meerrettichpüree. Fein gemachte Klassiker in ordentlichen Portionen zu fairen Preisen. Natürlich gibt es hier ausschließlich Pfälzer Weine. Nur 36 Plätze stehen in der Weinstube zur Verfügung, im Innenhof rund 40, eine Reservierung ist deshalb auf jeden Fall zu empfehlen.

Auch in der letzten Weinstube vor der deutsch-französischen Grenze dominiert Pfälzer Bodenständigkeit: Leberknödel, Bratwurst, Rippchen, Saumagen und Schwartenmagen sowie hausgemachter Handkäse sind die beliebten Gerichte in der Weinstube Jülg in Schweigen-Rechtenbach. An manchen Tagen stehen auch selbst gebackene Kuchen auf der Karte, Hefezopf und Streuselkuchen sind die Dessert-Renner.

Dass die Pfalz in Zweibrücken unweit der Grenze zum Saarland noch nicht zu Ende ist, wissen nur wenige. Nicht wegzudenken aus dem kulinarischen Leben der Stadt ist das Romantik-Hotel Landschloss Fasanerie, nur wenige Kilometer vom Stadtzentrum entfernt mitten im Wald gelegen. Neben dem Gourmetrestaurant Tschifflick beherbergt das schick ausstaffierte Hotel von Astrid und Roland Zadra ein kleines Genussimperium, für dessen Qualität Küchenchef Jörg Glauben zuständig ist. Im Restaurant der »Orangerie« triumphiert die Cucina mediterranea mit leichten, südlich geprägten Gerichten, im »Landhaus«, dessen Mauern zu den ältesten Zeitzeugen des Landschlosses zählen, wird rustikal aufgetischt. Hier werden herzhafte Spezialitäten aus der Pfalz und dem nahen Frankreich serviert. Wo immer der Weg in die Pfalz führt, die Region bietet ein reiches Portfolio an erstklassigen Weinen und einer großen Auswahl an einfachen, bodenständigen Restaurants, die für Feinschmecker einen Umweg lohnen.

1

2

3

1 Forschungsstätte – das Institut für Rebenzüchtung Geilweilerhof.
2 Gläserne Experimente – frische Most-Proben direkt nach der Ernte.
3 Technik im Weinberg – Weinlese mit dem Vollernter zwischen Siebeldingen und Frankweiler.

Anbaugebiet Pfalz

Wein und Winzer mit Charakter:

Weingut Geheimer Rat Dr. von Bassermann-Jordan
Kirchgasse 10
67146 Deidesheim
Tel.: 06326-6006
hauck@bassermann-jordan.de
www.bassermann-jordan.de
Inhaber: Achim Niederberger
Öffnungszeiten: Mo-Fr 8-12 und 13-18 Uhr, Sa, So 10-15 Uhr

Weingut Janson Bernhard
OT Harxheim
Hauptstr. 5
67308 Zellertal
Tel.: 06355-1781
Weingut-Janson-Bernhard @t-online.de
www.jansonbernhard.de
Inhaber: Christine Bernhard
Öffnungszeiten: Mo-Fr 9-13 Uhr und n. V.

Weingut Knipser
Hauptstr. 47-49
67229 Laumersheim
Tel.: 06238-742
mail@weingut-knipser.de
www.weingut-knipser.de
Inhaber: Stephan, Volker und Werner Knipser
Öffnungszeiten: Mo-Fr 10-12 und 14-18 Uhr, Sa 10-16 Uhr

Weingut Philipp Kuhn
Großkarlbacherstr. 20
67229 Laumersheim
Tel.: 06238-656
weingut-philipp-kuhn@gmx.de
www.weingut-philipp-kuhn.de
Inhaber: Philipp Kuhn
Öffnungszeiten: Mo-Sa 10-12 und 13-17 Uhr n. V.

Weingut Koehler-Ruprecht
Weinstr. 84
67169 Kallstadt
Tel.: 06322-1829
Inhaber: Bernd Philippi
Öffnungszeiten: Mo-Fr 8-11.30 und 13-17 Uhr, Sa 10-16

Weingut Schneider
Georg-Fitz-Str. 12
67158 Ellerstadt
Tel.: 06237-7288
weingut.schneider@t-online.de
Inhaber: Klaus und Markus Schneider
Öffnungszeiten: Mo-Fr 9-12 und 13-17.30 Uhr, Sa 9-12 und 13-16 Uhr

Weingut Mosbacher
Weinstr. 27
67147 Forst
Tel.: 06326-329
mosbacher@t-online.de
www.georg-mosbacher.de
Inhaber: Sabine Mosbacher-Düringer
Öffnungszeiten: Mo-Fr 8-12 und 13.30-18 Uhr, Sa 9-13 Uhr

Weingut Dr. Bürklin-Wolf
Weinstr. 65
67157 Wachenheim
Tel.: 06322-95330
bb@buerklin-wolf.de
www.buerklin-wolf.de
Inhaber: Bettina Bürklin-Guradze
Öffnungszeiten: tgl. 11-18 Uhr

Weingut Christmann
OT Gimmeldingen
Peter-Koch-Str. 43
67435 Neustadt
Tel.: 06321-66039
weingut.christmann@t-online.de
www.weingut-christmann.de
Inhaber: Steffen Christmann
Öffnungszeiten: Mo-Fr 8-12 und 14-17 Uhr, Sa 9-12 Uhr

Weingut Rebholz
Weinstr. 54
76833 Siebeldingen
Tel.: 06345-3439
wein@oekonomierat-rebholz.de
www.oekonomierat-rebholz.de
Inhaber: Rainer Kesseler
Öffnungszeiten: Mo-Fr 9-12 und 14-17 Uhr, Sa 9-15 Uhr

Weingut Wehrheim
Weinstr. 8
76831 Birkweiler
Tel.: 06345-3542

dr.wehrheim@t-online.de
www.weingut-wehrheim.de
Inhaber: Karl-Heinz Wehrheim
Öffnungszeiten: Mo-Fr 8-12 und 14-18 Uhr, Sa 10-16 Uhr

Stilvoll schlafen und genießen:

Alte Pfarrey
Untergasse 54
67271 Neuleiningen
Tel.: 06359-86066
www.altepfarrey.de

Weinkastell Zum Weißen Ross
Weinstraße 80-82
67169 Kallstadt
Tel.: 06322-5033
weinkastell-kohnke@t-online.de
www.weinkastell-kohnke.de

Schwarzer Hahn
Am Marktplatz
67146 Deidesheim
Tel.: 06326-96870
www.deidesheimerhof.de

Nett's Restaurant und Bistro
Peter-Koch-Strasse 43
67435 Neustadt-Gimmeldingen
Tel.: 06321-60175
nett@nettsrestaurant.de
www.nettsrestaurant.de

Landschloss Fasanerie
Fasanerie 1
66482 Zweibrücken
Tel.: 06332-9730
fasanerie@romantikhotels.com
www.landschloss-fasanerie.de

Zur Krone
Hauptstraße 62–64
76863 Herxheim-Hayna
Tel.: 07276-5080
www.hotelkrone.de

Hotel/Restaurant Kollektur
Hauptstraße 19
67308 Zellertal/Zell
Tel.: 06355-954545, Fax: 954544
www.hotel-kollektur.de

Ketschauer Hof
Ketschauerhofstraße1
67146 Deidesheim
Tel.: 06326-70000, Fax: 700099
info@ketschauer-hof.com
www.ketschauer-hof.com

Weinstube Brand
Weinstraße 19
76833 Frankweiler
Tel.: 06345-1531,
Fax: 06345-919975
info@pensionbrand.de
www.pensionbrand.de

Perfekt genießen:

Weinstube Eselsburg
Kurpfalzstraße 62
67435 Neustadt an der Weinstraße, Stadtteil Mussbach
Tel.: 06321-66984
Fax: 06321-60919
ueberschaer@eselsburg.de
www.eselsburg.de
Öffnungszeiten: Mi-So ab 17 Uhr und n. V.

Weinstube Jülg
Hauptstraße 1
76889 Schweigen-Rechtenbach
Tel.: 06342-919090
Fax: 06342-919091
www.weingut-juelg.de
Öffnungszeiten: Mi-Sa 11.30-22 Uhr

1 Winzer mit Profil – Werner Knipser aus Laumersheim. **2** Winzer-Generationen – Familie Wehrheim in Birkweiler.

Mosel

Die Mosel, flankiert von der zufließenden Saar und der Ruwer und mit 545 Kilometer Länge der größte Nebenfluss des Rheins, entspringt in den französischen Vogesen am Col de Bussang. In engen Windungen schlängelt sich La Moselle auf 303 Kilometern zunächst durch französisches Staatsgebiet, bildet danach auf 36 Kilometern von Apach bis zur Sauermündung die Grenze zwischen Deutschland und Luxemburg und mündet nach weiteren 206 Kilometern bei Koblenz in den Rhein. An ihren luxemburgischen und deutschen Ufern wird an den Hängen des engen Moselflusstals Weinbau betrieben. Die deutsche Weinregion, die mittlerweile nur noch Mosel heißt und die beiden Nebenflüsse Saar und Ruwer in der offiziellen Bezeichnung unterschlägt, liegt etwa auf der Höhe des 50. Grades nördlicher Breite und damit an der nördlichen Grenze des europäischen Weinanbaus. Das gesamte Anbaugebiet Mosel umfasst eine Fläche von fast 9000 Hektar und ist in sechs Bereiche eingeteilt.

Steillage am Fluss – Weinberge an der Mosel bei Mesenich.

1

2

3

4

Im Land des Rieslings

Auf den Spuren der Römer an der Mosel entlang

Es gibt nur wenige Weinlandschaften auf der Welt, die allein über ihre spektakuläre Geografie eine solche Faszination ausüben und damit auch Besucherströme anlocken. Eine dieser Weinlandschaften ist das enge Moseltal mit seinen Steilhängen. In schwindelerregenden Höhen wird hier seit Jahrhunderten Weinbau betrieben. Schon die Römer begannen mit der Kultivierung von Reben an den mineralreichen Schieferhängen der relativ milden Flusstäler. Ihre Spuren haben sie entlang der gesamten Mosel hinterlassen; wer sich auf die Suche macht, findet Überbleibsel römischer Landgüter, Reste von Tempelanlagen, Raststätten und Kastelle sowie zahlreiche Kelteranlagen in einigen der bekanntesten Weinbergslagen, darunter auch die antike Kelteranlage in Piesport. Die Hänge im Liesertal waren höchstwahrscheinlich schon in römischer Zeit komplett mit Reben bestockt.

Dreh- und Angelpunkt der römischen Expansion in der Region, die um 50 v. Chr. begann, war Trier. Heute ist Trier mit rund 100 000 Einwohnern nach Mainz, Ludwigshafen und Koblenz die viertgrößte Stadt des Bundeslandes Rheinland-Pfalz; Triers Wurzeln reichen mehr als 2000 Jahre in die Geschichte zurück. Am Fuße eines 30 v. Chr. errichteten und nach wenigen Monaten wieder aufgegebenen Militärlagers auf dem Petrisberg entstand um das Jahr 17 v. Chr. die Stadt Augusta Treverorum, spätere Kaiserresidenz und eine der Hauptstädte des Römischen Reichs. In der Spätantike zählte Trier bereits rund 60 000 Einwohner – für die damalige Zeit eine Großstadt, die in der zweiten Hälfte des 3. Jahrhunderts zum Bischofssitz erhoben wurde. Unter der Herrschaft Konstantins des Großen (306–337) entstanden Gebäude wie die Konstantinbasilika und die Kaiserthermen; Teile der privaten Wohnpaläste der kaiserlichen Familie wurden zu einer großen Doppelbasilika umgebaut und erweitert, deren Ruinen heute noch im Bereich des Doms und der Liebfrauenkirche zu finden sind. Ein Besuch in Trier ist immer auch ein kleiner Abstecher in die römische Vergangenheit der Stadt und in Geschichte des Weinbaus an der Mosel.

Nach dem Rückzug der Römer aus den germanischen Provinzen und nach den Wirren der Völkerwanderung mit ihren beträchtlichen Verlusten und Zerstörungen förderten die Franken den Weinbau an der Mosel; sie veranlassten Neuanpflanzungen und

1 Weinkünstler – Christoph Tyrells Weine gehören zu den besten im Land. **2** Stillleben – Skulptur im Weingut Knebel. **3** Gastlichkeit – altes Wirtshausschild in der Fährstraße in Winningen. **4** Mächtig – hoch über der Mosel thront die Burg Cochem.

2

3

1 Mühsam – die Arbeit in Europas steilstem Weinberg Calmont ist nur mit der Zahnradbahn zu bewerkstelligen. **2** Renommiert – Spitzenlage »Zeltinger Himmelreich« bei Zeltingen-Rachtig. **3** Historischer Ausblick – Alken an der Mosel mit der Burg Thurant. **4** Wahrzeichen – Zeltinger Sonnenuhr aus dem Jahre 1620. **5** Touristenmagnet – Traben-Trarbach an der Mosel.

regelten den Ausbau bereits vorhandener Kulturen. Nach und nach übernahmen die Klöster die Geschicke des Weinbaus, die Dank großzügiger Stiftungen und Landschenkungen ihren Weinbergsbesitz über die ganze Mosel erweiterten. Um das Jahr 1000 erreichte der Weinbau an der Mosel seine größte geografische Ausdehnung. Insbesondere das Kloster St. Maximin besaß Weinberge an der Obermosel, an der Mittelmosel, rund um Lieser sowie an Ruwer und Saar, daneben war auch das Trierer Domkapitel an Moselweinbergen reich begütert. Für die Entwicklung der Region war das klösterliche Engagement ein Segen, denn die Mönche brachten nicht nur System in den Weinbau, sondern regelten in Statuten auch Anbau, Ernte und Kellerwirtschaft sowie nicht zuletzt den lukrativen Handel mit Moselweinen.

Riesling – König der Mosel

Wenn heute von Moselwein die Rede ist, ist damit in aller Regel Riesling gemeint, auch wenn immer wieder einmal Neuzüchtungen oder internationale Rebsorten, sogenannte Global Player, an den steilen Hängen auftauchen. Doch die weiße Rebsorte tat sich lange Zeit schwer in den steilen Hängen an der Mosel und ihren Nebenflüssen. Das ist erstaunlich, denn gerade der Riesling findet auf dem wärmespeichernden Schieferboden im geschützten Flusstal optimale Bedingungen für eine lange Reifeperiode vor. Ab Oktober stehen die kleinen Rieslingtrauben in vollem Saft; sie verfügen über ausreichend Fruchtextrakt und eine belebende Säure. Und noch einen entscheidenden Vorteil genießen Moselweine gegenüber ihren Verwandten aus südlicheren Breiten: Sie zeigen ihre geschmackliche Stärke und Eleganz bei niedrigen Alkoholwerten, die meist unter zehn Volumenprozent liegen. Endgültig durchsetzen konnte sich der Riesling an der Mosel trotz dieser Vorteile erst Anfang des 20. Jahrhunderts, wenngleich er seit Mitte des 15. Jahrhunderts bei den Winzern bekannt und auch die herrschaftliche

4

5

Obrigkeit von der Rebsorte überzeugt war. Bereits 1786 hatte der Trierer Kurfürst Clemens Wenceslaus durch eine Verfügung die Umstellung des Moselweinbaus von Elbling auf Riesling veranlasst. Der geistliche Regent versprach sich von dieser Rebsorte bessere Qualität und vor allem mehr Rentabilität. Einen Rückschlag erlebte der Weinbau an der Mosel Mitte des 19. Jahrhunderts, als die aus Amerika eingeschleppte Reblaus die Rebstöcke befiel. Die Vernichtung der befallenen Bestände und der Austausch der Pflanzen mit reblausresistenten Stöcken bedeutete für die Winzerschaft einen erheblichen wirtschaftlichen Kraftakt. Doch die weinbauliche Katastrophe hielt sich in Grenzen: Noch heute stehen in einigen Weinbergen wurzelechte Rebstöcke. Wirtschaftlich betrachtet ist die Mosel für die Winzer jedoch bis heute ein schwieriges Terrain geblieben. Nur ein kleiner Teil der teils extrem steilen Weinberge kann mit Maschinen befahren werden, an manchen Stellen sind selbst Seilwinden vergebens, um Maschinen und Gerät einsetzen zu können. Wie seit Jahrhunderten üblich, ist an der Mosel noch Handarbeit im Weinberg gefragt. Dort, wo sich die Reben hoch über dem Fluss in den steinigen Schieferboden bohren, wird die sogenannte Einzelpfahlerziehung praktiziert, da diese in den teils gefährlich abschüssigen Weinbergen ein Kreuz- und Quergehen bei den verschiedenen Arbeiten erlaubt und den Reben zudem eine gute Belichtung und Belüftung bietet.

Der Mehraufwand, den Moselwinzer gegenüber ihren Kollegen haben, wird mit einem typischen Weinstil belohnt, für den in erster Linie elegante, beschwingte Kabinettweine und fruchtig-finessenreiche Spätlesen mit betörender Mineralität und prononcierter Säure stehen. Typisch für Moselrieslinge ist der Duft nach Apfel, Birne, Pfirsich, Aprikosen und Zitrusfrüchten sowie nach Kräutern und Blumen. Hochreife oder edelsüße Weine sind meist von exotischen Fruchtaromen wie Mango, Maracuja, Feigen und dem Duft nach Honig und Rosinen geprägt. Ihr ganzes Geschmacksbild zeigen Moselweine bei relativ niedrigen Alkoholgraden; sie besitzen viel Ausdauer und präsentieren sich auch nach Jahrzehnten in einer erstaunlichen Frische. Dazu ist die Mosel – neben dem Rheingau – das einzige deutsche Anbaugebiet mit einer großen Tradition edelsüßer Auslesen, Beerenauslesen, Trockenbeerenauslesen und Eisweinen.

1 Gute Rieslingadresse – Weingut Markus Molitor. **2** Prickelnde Mosel – Rüttelpult mit Sektflaschen im Weingut Apel. **3** Berühmt – Spitzenlage Würzgarten in Ürzig. **4** Gutes Angebot – Winzer Markus Molitor. **5** Weine von Weltklasse – Dr. Manfred Prüm vom Weingut Joh. Jos. Prüm.

Ein einheitliches Weinbild gibt das Anbaugebiet Mosel dennoch nicht ab. Zu vielfältig und facettenreich wie die Rieslinge sind auch die Weine, die an Mosel, Saar und Ruwer entstehen. Je nach Boden sind die Rieslinge mal rassiger und feinfruchtiger, mal kräftiger und mineralischer im Geschmack. Neben den klassischen restsüßen Rieslingen, die ihre schmeckbare Mineralität aus den kargen Schieferböden der Steillagen ziehen, werden im Anbaugebiet mittlerweile auch dichte, voluminöse trockene Weine mit einem relativ kräftigen Alkohol produziert.

Mittelmosel – im Herzen des Anbaugebiets

Zentrum des Anbaugebiets ist die sogenannte Mittelmosel mit dem Bereich Bernkastel. Geprägt wird die Mittelmosel vor allem vom blauen Devonschiefer. Das »Rotliegende« (Ryolith und Konglomerate) kommt nur rund um den Ort Ürzig vor; dort schneidet die Mosel das vulkanische Gestein an, das die Wittlicher Senke prägt. An den Flussufern liegen mit fast 6000 Hektar nicht nur die meisten Weinbergflächen der Region, die Weinberge der Mittelmosel sind darüber hinaus die bekanntesten und berühmtesten des Anbaugebiets. Das weltbekannte Piesporter Goldtröpfchen wirkt mit seiner ganzen geografischen Breite wie ein natürliches Amphitheater, nur einige Flusskilometer abwärts liegen die Tritten-

5

heimer Lagen Treppchen, Altärchen, Felsenkopf und die berühmte Trittenheimer Apotheke. Folgt man dem Flusslauf weiter, reihen sich Spitzenlagen an Spitzenlagen: Brauneberger Juffer und Juffer-Sonnenuhr, Niederberg Helden Lieser, Bernkasteler Doctor – berühmter und einst teuerster Weinberg der Welt –, das Graacher Himmelreich und die legendäre Wehlener Sonnenuhr. Noch weiter flussabwärts liegen die Zeltinger Weinberge, danach folgen die Erdener Weinberge Prälat und Treppchen sowie Ürzig mit seinem massiven roten Schieferfelsen und dem roten Sandsteinboden. Aushängeschild hier ist der Würzgarten, der füllige und kraftvolle Rieslinge hervorbringt. In Ürzig liegt direkt am Moselufer das Weinhaus Moselschild. Hier wird in gediegenem Ambiente eine unprätentiöse, klassisch ausgerichtete Küche geboten. Die gut sortierte Weinkarte hält einige Schätzchen aus den Kellern der Region bereit, bei schönem Wetter sitzen die Gäste auf der Terrasse mit Blick auf die Mosel.

Zu den klangvollen Namen berühmter Weinberge gehören natürlich die passenden Winzer, jene Betriebe, die mit ihren Weinen seit Jahrzehnten, manchmal sogar Jahrhunderten, den guten Ruf der Region garantieren. Eines der berühmtesten Moselweingüter und weltbekannt für seine erstaunlichen Rieslinge ist das Weingut Joh. Jos. Prüm in Wehlen. Chef des Hauses ist Dr. Manfred Prüm, ein promovierter Jurist, gleichzeitig einer der herausragenden Winzer Deutschlands. In seiner trutzigen Gründerzeitvilla direkt am Moselufer kann man zwar keinen Wein kaufen, doch im Fachhandel oder im ein oder anderen Restaurant sind die Prüm'schen Rieslinge zu bekommen. Meist werden reifere Jahrgänge angeboten – und genau das ist das Geheimnis dieses Weins, das seine außergewöhnliche Klasse ausmacht. Prüms elegante und vielschichtige Rieslinge sind echte Dauerläufer mit extrem langem Atem, die auch nach Jahrzehnten nicht die Spur von Müdigkeit oder Ermattung zeigen. Zehn, 15 oder 20 Jahre? Kein Problem für einen »J. J. Prüm«, jenes hochfeine Kunstwerk, das sich zwar der Frucht verschrieben hat, aber niemals Gefahr läuft, auch nach vielen Jahren seinen betörenden Charme zu verspielen. Die wechselnden Nuancen der Fruchtaromen, dazu das passende Säurespiel und ein Hauch eleganter Restsüße geben den Rieslingen einen besonderen Glanz. Was Dr. Manfred Prüm Jahr für Jahr in die Flaschen zaubert, ist Mosel

1 Meister für Spitzenrieslinge – Ernst Loosen. **2** Beliebtes Ausflugsziel – Traben-Trarbach an der Mosel. **3** Hort guter Gastlichkeit – Wein und Tafelhaus an der Mosel. **4** Geschichtsträchtig – Zollhaus an der Mosel bei Gondorf. **5** Weinlastig – Gegend um Enkirch an der Mosel.

vom Feinsten, Rieslinge, die ihren Facettenreichtum wie ein erhobenes Haupt tragen und damit für die Mosel ein vinologisches Aushängeschild par excellence sind.

Auf dem gegenüberliegenden Moselufer, in der Nähe des bekannten Weinorts Bernkastel-Kues, liegt das Weingut Dr. Loosen. Wie sein Winzerkollege Dr. Manfred Prüm gehört auch Ernst Loosen zu den Spitzenwinzern der Region, und für beide ist der Riesling eine der großen Rebsorten der Welt. Loosen hat von seinen Rieslingen eine ganz bestimmte Vision und ist vom Terroir-bezogenen Naturweingedanken überzeugt. Den dunklen Schieferboden seiner Weinberge, die in weltberühmten Lagen wie Wehlener Sonnenuhr, Ürziger Würzgarten und Erdener Prälat liegen, setzt Loosen in all seinen Rieslingen konsequent in bemerkenswert subtile mineralische Facetten um, je nach Lage differenziert. Seine eleganten Rieslinge, die nur wenig Alkohol benötigen und eine wohlproportionierte Säurestruktur besitzen, gehören seit Jahren zu den Exportschlagern der Region; ein Großteil von Loosens Weinen – vom feingliedrigen Kabinett über saftige Spätlesen bis zum komplexen edelsüßen Riesling – geht ins Ausland.

In Trittenheim gibt es einige Weingüter mit dem Namen »Clüsserath«, und alle bewirtschaften Weinberge in den berühmten Lagen rund um den Weinort. Auch die junge Winzerin Eva Clüsserath, die seit dem Jahrgang 2001 die Kellerverantwortung im elterlichen Betrieb übernommen hat, holt ihre besten Rieslinge aus der renommierten Steillage Trittenheimer Apotheke. Vor allem ihr Kabinettriesling, jene leichten und bekömmlichen Weine, die mit wenig Alkohol und in einer relativ schlanken Struktur die spielerische Eleganz von Süße und Säure zeigen, gehört zu den Favoriten des Weingutes. Die studierte Weinbauingenieurin bevorzugt konventionelle Ausbaumethoden, um der Typizität des Schieferbodens neben der klaren Frucht genügend Platz zu lassen. Und es funktioniert: Die Palette an empfehlenswerten Rieslingen zeigt Frucht und Mineralität in finessenreicher Balance zueinander. Wer in Trittenheim einkehren möchte, ist im Wein- & Tafelhaus an der Moselpro-

4

5

3

menade bestens aufgehoben. Im schönen Landgasthaus mit Blick auf den berühmten Weinberg Trittenheimer Apotheke – im Sommer wird auf der Terrasse serviert – wird eine feine Küche gepflegt, die zu den bodenständigen Gerichten auch internationale Akzente setzt. Natürlich dominieren hier die Weine von Mosel, Saar und Ruwer, es gibt aber auch Rotweine aus der ganzen Welt.

Von Naurath bis Pünderich

Eine erstklassige Auswahl an Moselweinen bietet Familie Rüssel in ihrem Landhaus St. Urban bei Naurath, nur wenige Kilometer von der Mosel entfernt. Das ganze Anwesen ist ein Refugium der Gastlichkeit und des guten Geschmacks; hier kann der Gast nicht nur in schicken Themenzimmern ausspannen, sondern im Restaurant von Harald Rüssel eine Küche genießen, die zu den besten Deutschlands gehört. Rüssel setzt bei seinen Gerichten vor allem auf Regionalität, denn Essen und Trinken heißt für ihn auch die Begegnung mit einer Landschaft und damit mit den Produkten, die das Land hergibt. Diese regionalen Produkte dezent zu verfeinern und sie mit einer modernen Handschrift ideenreich zu präsentieren, ohne dabei ihren profunden Eigengeschmack und damit ihre Authentizität einzuschränken, ist für Rüssel die Herausforderung, der er sich mit seinem Restaurant stellt. Dazu passen natürlich die Weine, die aus den nahen Moselweinbergen kommen, denn die unterschiedlichen Rieslingstile machen zu vielen seiner Gerichte eine gute Figur: zu leichten Fischgerichten ebenso wie zum heimi-

1 Spitzenrieslinge – Ute und Thomas Haag vom Weingut Schloss Lieser. **2** Extraklasse an der Saar – Roman Niewodniczanski vom Weingut Van Volxem. **3** Renommiert – Nik Weis vom Weingut Sankt Urbans-Hof in Leiwen. **4** Landschaftsprägend – Weinberg bei Nittel. **5** Kultur mit Bodenhaftung – Weinberge direkt am Rand von Trier. **6** Steiniges Terroir – Weinberg oberhalb der Ruwer bei Eitelsbach.

schen Geflügel oder zum geschmorten Wild aus den umliegenden Wäldern. Harald Rüssel hat eine besondere Affinität zu Moselwein – was auch damit zusammenhängen mag, dass seine Frau Ruth aus dem renommierten Weingut Sankt Urbans-Hof in Leiwen stammt. Seit einigen Jahren führt ihr Bruder Nik Weis den elterlichen Betrieb. In den Weinbergen an Saar und Mosel stehen Rieslingreben, die Großvater und Vater gepflanzt haben. Nik Weis' Fokus liegt ganz klar auf den frischfruchtigen, animierenden Rieslingen mit Restsüße und relativ wenig Alkohol. Klassisch Mosel im besten Sinne des Wortes: Weis bringt schlanke, elegante und rassige Rieslinge auf die Flasche, die ihre Frucht vielschichtig und nuancenreich präsentieren. Wenn es die natürlichen Bedingungen eines Jahrgangs zulassen, freut sich Nik Weis auch über komplexe edelsüße Trockenbeerenauslesen. Lieber sind ihm aber, vollmundige Rieslinge mit einer frischen Frucht, die mit Lust getrunken werden und die Mosellandschaft ins Glas bringen, in der sie gewachsen sind.

Familienbande bestehen auch zwischen Thomas und Oliver Haag. Die beiden Brüder sind in die Fußstapfen ihre Vaters Wilhelm Haag getreten, doch der Altmeister der Mosel, dessen feinfruchtige Rieslinge seit Jahrzehnten zu den besten der Region gehören, hat sich deswegen noch lange nicht zur Ruhe gesetzt. Thomas Haag hat nur einige Kilometer vom heimatlichen Brauneberg entfernt das Weingut Schloss Lieser übernommen und reaktiviert. Zusammen mit seiner Frau Ute ist dem Winzer in kürzester Zeit der Sprung an die Qualitätsspitze der Mosel gelungen. Das junge Winzerpaar bietet Jahr für Jahr herrlich frische Rieslinge, die neben der Fruchtvielfalt auch jede Menge Mineralität besitzen. Vom einfachen Gutswein bis zur hochkomplexen edelsüßen Spezialität reicht die empfehlenswerte Palette, die Rieslinge aus der von Schiefer geprägten Brauneberger Juffer Sonnenuhr und den etwas erdreicheren Lieser Lagen gehören zu den Spitzen der Mosel. Oliver Haag hat vor einigen Jahren das elterliche Weingut in Brauneberg übernommen und die Erfolgsgeschichte des Familienbetriebes fortgesetzt. Haags fili-

5

6

grane restsüße Rieslinge aus den Brauneberger Lagen Juffer und Juffer Sonnenuhr besitzen eine erstaunliche Strahlkraft und Brillanz, längst aber gehören auch die trocken ausgebauten Rieslinge zu den Stärken des Weingutes. Eine feste Bastion für erstklassige Moselrieslinge; auf die außergewöhnlich konstante Qualität der Haagschen Weine ist immer Verlass. Nicht weit von Brauneberg liegt in Mülheim das Weinromantikhotel Richtershof, ein historisches Gebäudeensemble aus Barock, Gründerzeit und Jugendstil. In eine riesige Parkanlage eingebettet bietet das Hotel neben individuell eingerichteten Zimmern und Suiten auch eine empfehlenswerte Gastronomie, vom Gourmetrestaurant Culinarium R bis zur gemütlichen Bistro-Bar Remise mit Kamin-Lounge für den obligatorischen Absacker nach einem gelungenen kulinarischen Abend.

Ein Weingut, das seine Qualität in den vergangenen zehn Jahren kontinuierlich verbesserte, ist der Betrieb von Clemens und Rita Busch in Pünderich. Von ihrem Fachwerkhaus aus dem 17. Jahrhundert können Rita und Clemens Busch direkt auf ihre Weinberge in der Lage Pündericher Marienburg schauen. Hier stehen die Rieslingreben auf kargen, steinigen Böden, durchsetzt mit grauem, blauem und rotem Schiefer, was auch an der Mosel eine eher seltene Kombination ist. Busch, der bereits mit 17 Jahren in den Familienbetrieb einsteigen musste, setzt konsequent auf ökologischen Weinbau und hat seinen Betrieb ganz auf Riesling ausgerichtet. Die meisten seiner Weine baut er trocken aus, die mineralisch geprägten Rieslinge überzeugen durch die Bank mit ihrem feinfruchtigen Charakter und der typisch prononcierten Säure. Der Weg in den sympathischen Familienbetrieb lohnt allemal, denn hier erfährt man nicht nur Interessantes rund um das Thema »Terroir«, sondern kann auch bemerkenswerte Rieslingpersönlichkeiten mit Bodenhaftung probieren.

Rieslinge der Extraklasse an der Saar

Rieslinge von ganz besonderer Klasse wachsen an dem kleinen Fluss Saar, und hier vor allem in einem der bekanntesten Weinberge Deutschlands. Der Scharzhofberg ist ein nach Süd bis Südost ausgerichteter Bergrücken, an den sich die Rieslingparzellen schmiegen und der im Gegensatz zu den steil abfallenden Moselweinbergen fast sanfte Züge trägt. Wenn die Sonne seine Hänge

1 Terroirspezialisten – Cornelia und Reinhard Löwenstein vom Weingut Heymann-Löwenstein. 2 Grande Dame – Annegret Reh-Gartner vom Weingut Reichsgraf von Kesselstatt. 3 Weltstar in Sachen Riesling – Egon Müller vom Weingut Scharzhof an der Saar. 4 Weinromantik – Beilstein an der Mosel. 5 Extreme Steillage – Reinhard Knebel aus Winningen beherrscht sein Handwerk.

bescheint, wirkt er aristokratisch und erhaben; gleichzeitig mutet die Landschaft allerdings etwas zugänglicher an als die steile Flusslandschaft der Mosel. Untrennbar mit dem Scharzhofberg ist das Weingut Egon Müller verbunden. Seit Ende des 18. Jahrhunderts befindet sich ein Großteil des Weinbergs im Besitz der Familie. Natürlich stehen in den Parzellen ausschließlich Rieslinge, und die werden – so wollen es der Berg und die Tradition des Hauses – restsüß ausgebaut. Egon Müllers Rieslinge stellen die perfekte Zusammenführung von Finesse und Eleganz dar; die Weine finden erst nach Jahren, manchmal erst nach Jahrzehnten ihre geniale Balance von Mineralität, Säure, Frucht und Süße. Trockene Scharzhofberger gibt es bei den Müllers nicht, doch mit dem Begriff »Süßwein« haben die vinologischen Kunstwerke aus dem Zauber(wein)berg nichts gemein. Scharzhofberger Rieslinge sind ein Mythos und unterliegen eigenen Regeln. In Egon Müllers Weingut gibt es sie nicht zu kaufen – wer in den Genuss seiner Weine kommen möchte, findet sie im gut sortierten Fachhandel. Dennoch sollte man dem Entstehungsort dieser herausragenden Gewächse einen Besuch abstatten: Der Ausflug von der nahen Mosel an die Saar wird mit bleibenden Eindrücken von einer sehenswerten Weinlandschaft belohnt.

Auch Roman Niewodniczanski hat Parzellen im berühmten Scharzhofberg. Auf den ambitionierten Quereinsteiger, der das einst renommierte Weingut Van Volxem mit viel Investment, Engagement und Liebe zum Detail zu neuem Leben erweckte, übt der Scharzhofberg eine ganz eigene Anziehungskraft aus. Die Rieslinge von Niewodniczanski sprechen eine eigene Sprache: Es sind Weine, die kraftvoll und konzentriert in die Tiefe gehen und gleichzeitig deutlich machen, was an Finesse und Facettenreichtum auch in einem kraftvollen Körper stecken kann. Das müssen nicht immer die Flaggschiffe aus dem Scharzhofberg sein, doch gewöhnliche Alltagsweine sucht man in dem herausgeputzten Weingut vergeblich. Roman Niewodniczanski lässt all seinen Rieslingen die gleiche

Sorgfalt angedeihen und arbeitet mit Akribie an der Qualität seiner Weine. Und der Erfolg gibt ihm recht: Niewodniczanski hat an der Saar in wenigen Jahren neue Akzente gesetzt, doch seine Erfolgsgeschichte hat gerade erst begonnen. Wer das Weingut in Wiltingen besucht, spürt das Charisma des Qualitätsfanatikers Niewodniczanski und versteht, warum seine Rieslinge etwas Besonderes sind. Dass im Scharzhofberg keine Alltagsweine wachsen, davon ist auch Annegret Reh-Gartner überzeugt. Die Grande Dame der Mosel, die das traditionsreiche Weingut Reichsgraf von Kesselstatt leitet, kann neben ihren Parzellen im legendären Saarweinberg auch auf beste Lagen an Mosel und Ruwer zurückgreifen. Ingesamt rund 35 Hektar bewirtschaftet der Betrieb, entsprechend groß ist das Angebot an Rieslingen. Absolut brillant sind die feinherben, restsüßen und edelsüßen Rieslinge, doch immer mehr rücken auch die trockenen Qualitäten in den Vordergrund. Gerade aus dem Scharzhofberg kommen mittlerweile auch trockene Rieslinge, die mit pikantem und kraftvollem Charakter beeindrucken, feine mineralische Nuancen aufweisen und von einer delikaten Säure begleitet werden. Im Palais Kesselstatt in Trier wird in der Weinstube eine regionaltypische Küche angeboten, selbstverständlich begleitet von Weinen aus dem eigenen Schlosskeller.

Spektakuläres Terroir an der Untermosel

Das enge Flusstal an der unteren Mosel wird heute auch als Terrassenmosel bezeichnet; die einmalige Landschaft mit so bekannten Orten wie Cochem, Zell, Beilstein oder Winningen und den vielen mittelalterlichen Burgen stellt ein beliebtes Ausflugsziel dar. Spektakulär stehen die Reben in den steilsten Hängen, oft nur auf schmalen Terrassen und gesichert durch Mauern aus Schiefersteinen. In diesem Teil der Mosel befindet sich mit dem Bremmer Calmont der steilste Weinberg Europas, der durch einen alpinen Klettersteig auch zur Besucherattraktion geworden ist. Neben vielen empfehlenswerten Weingütern ist der Betrieb Heymann-Löwenstein in Winningen sicher der bekannteste; Reinhard Löwenstein hat sich mit mutigen Ideen zu den Themen »Terroir« und »Klassifizierung« weit über die Region hinaus einen Namen gemacht. Seine komplexen und kraftvollen Rieslinge – von den Böden geprägt, die aus Ton- und Siltschiefer bestehen und teils mit anderen Gesteinen wie

1

Kalk, Quarziten oder Sandstein durchsetzt sind – zählen zu den interessantesten Gewächsen der gesamten Moselregion. Es sind exemplarische Terroir-Weine aus dem umfassenden und komplexen System Weinberg, die im schöpferischen Zusammenspiel von Boden, Klima, Rebsorte und Winzer entstehen und einen Einblick in die Welt des authentischen Geschmacks ermöglichen.
Von Winningen nach Alken sind es rund 15 Kilometer, die Straße führt entlang der Mosel. »Burg Thurant« heißt das gastronomische Ziel; das urig-gemütliche Gasthaus mit seinen blanken Holztischen liegt direkt an der Moselpromenade. Gastgeber und Küchenchef Peter Kopowski serviert seinen Gästen eine feine schmackhafte Landküche, seine Klassiker sind der Moselaal in Dill und die saftige Maifelder Entenbrust. Den Weinempfehlungen des Patrons kann man getrost folgen, die Karte bietet durchaus auch einige Raritäten zu wirklich fairen Preisen.

Rieslingjuwel an der Ruwer

Das sehenswerte und geschichtsträchtige Weingut Karthäuserhof im Ruwertal zählt ohne Zweifel zu den deutschen Spitzenbetrieben. Was hier aus den Kellern kommt, hat seit Jahren eine besondere Klasse. Bereits im 14. Jahrhundert haben Karthäusermönche in dieser Gegend Landwirtschaft und Weinbau betrieben; im Rahmen der Säkularisierung fiel das Weingut 1803 an den französischen Staat, der es einige Jahre später in Paris versteigerte. Schon seit vielen Generationen wird hier Qualitätsweinbau betrieben, 1986 übernahm Christoph Tyrell in der sechsten Generation die Geschicke des Weinguts und führte es zu neuen Höhen. Vor allem die trocken ausgebauten Rieslinge zählen seit Jahren zu den besten Weinen Deutschlands, doch auch die restsüßen und edelsüßen Gewächse sind eine Klasse für sich. Immer elegant und finessenreich mit mineralischen Noten gespickt, bieten Tyrells Rieslinge aus der Monopollage rund um den Gutshof ein bemerkenswertes Geschmackserlebnis.

2

3

4

1 Kehrtwendung – Saarschleife bei Wiltingen. **2** Weinbergsarbeit – nicht überall lassen sich die Rebzeilen befahren. **3** Prächtig – Probierzimmer im Weingut Karthäuserhof in Eitelsbach. **4** Geschmackvoll – Landgasthaus Die Scheune in Nennig.

Anbaugebiet Mosel

Wein und Winzer mit Charakter:

Weingut Joh. Jos. Prüm
OT Wehlen, Uferallee 19
54470 Bernkastel-Kues
Tel.: 06531-30 91
Inhaber: Dr. Katharina Prüm und Dr. Manfred Prüm
Öffnungszeiten: n. V.

Weingut Dr. Loosen
OT Bernkastel, St. Johannishof
54470 Bernkastel-Kues
Tel.: 06531-34 26
vertrieb@drloosen.de
www.drloosen.de
Inhaber: Ernst F. Loosen
Öffnungszeiten: n. V.

Weingut Markus Molitor
Haus Klosterberg
54470 Bernkastel-Wehlen
Tel.: 06532-39 39, Fax: 42 25
info@markusmolitor.com
www.markusmolitor.com
Öffnungszeiten: Mo-Fr 10-18 Uhr und n. V.

Weingut Clüsserath
Spielestr. 4, 54349 Trittenheim
Tel.: 06507-22 90
weingut@ansgar-cluesserath.de
www.ansgar-cluesserath.de
Inhaber: Eva u. Ansgar Clüsserath
Öffnungszeiten: n. V.

Weingut Sankt Urbans-Hof
Urbanusstr. 16, 54340 Leiwen
Tel.: 06507-937 70
st.urbans-hof@t-online.de
www.urbans-hof.de
Inhaber: Nik Weis
Öffnungszeiten: Mo-Fr 9-17 Uhr, Sa n. V.

Weingut Schloss Lieser
Am Markt 1, 54470 Lieser
Tel.: 06531-64 31
info@weingut-schloss-lieser.de
www.weingut-schloss-lieser.de
Inhaber: Thomas und Ute Haag
Öffnungszeiten: n. V.

Weingut Haag
OT Dusemonder Hof
Dusemonder Str. 44
54472 Brauneberg
Tel.: 06534-410
weingut-fritz-haag@t-online.de
Inhaber: Oliver Haag
Öffnungszeiten: n. V.

Weingut Clemens Busch
Kirchstr. 37, 56862 Pünderich
Tel.: 06542-221 80
weingut@clemens-busch.de
www.clemens-busch.de
Inhaber: Clemens und Rita Busch
Öffnungszeiten: n. V.

Weingut Egon Müller – Scharzhof
Scharzhof
54459 Wiltingen
Tel.: 06501-172 32
egon@scharzhof.de
www.scharzhof.de
Inhaber: Egon Müller
Öffnungszeiten: n. V.

Weingut Van Volxem
Dehenstr. 2, 54459 Wiltingen
Tel.: 06501-165 10
vanvolxem@t-online.de
www.vanvolxem.de
Inhaber: Roman Niewodniczanski
Öffnungszeiten: n. V.

Weingut Reichsgraf von Kesselstatt
Schloß Marienlay
54317 Morscheid
Tel.: 06500-916 90
weingut@kesselstatt.com
www.kesselstatt.com
Inhaber: Familie Günther Reh
Öffnungszeiten: Mo-Do 8-12.30 und 13-16.30, Fr 8-12 Uhr n. V.

Weingut Heymann-Löwenstein
Bahnhofstr. 10
56333 Winningen
Tel.: 02606-19 19
weingut@heymann-loewen-stein.com
www.heymann-loewenstein.com
Inhaber: Cornelia und Reinhard Löwenstein
Öffnungszeiten: n. V.

Weingut Reinhard und Beate Knebel
August-Horch-Straße 24
56333 Winningen
Tel.: 02606-26 31, Fax: 25 69
info@weingut-knebel.de
www.weingut-knebel.de
Inhaber: Beate Knebel
Öffnungszeiten: Mo-Sa n. V.

Karthäuserhof
OT Eitelsbach, Karthäuserhof
54292 Trier
Tel.: 0651-51 21
mail@karthaeuserhof.com
www.karthaeuserhof.com,
Inhaber: Christoph Tyrell
Öffnungszeiten: Mo-Fr 8.30-12 und 13-17 Uhr, Sa 10-15 Uhr

Stilvoll schlafen und genießen:

Gutshof Arosa
Koblenzer Straße 2
56299 Ochtendung
Tel.: 02625-44 71, Fax: 52 61
gutshofhotelarosa@t-online.de
www.gutshofhotelarosa.de

Weinhaus Ayler Kupp
Trierer Str. 49, 54441 Ayl
Tel.: 06581-30 31, Fax: 23 44
hotel@riesling-weine.de
www.riesling-weine.de

Romantik Hotel Bellevue
An der Mosel 11/12
56841 Traben-Trarbach
Tel.: 06541-70 30, Fax: 70 34 00
info@bellevue-hotel.de
www.bellevue-hotel.de

Brauneberger Hof
Moselweinstr. 136
54472 Brauneberg
Tel.: 06534-14 00, Fax: 14 01
hotel@braunebergerhof.de
www.mosel-erlebnis.de

Römischer Kaiser
Markt 2, 54470 Bernkastel-Kues
Tel.: 06531-91 90 04, Fax: 91 90 05
info@roemischer-kaiser-bernkastel.de
www.roemischer-kaiser-bernkastel.de

Landhaus St. Urban
Büdlicherbrück 1
54426 Naurath (Eifel)
Tel.: 06509-914 00, Fax: 91 40 40
info@landhaus-st-urban.de
www.landhaus-st-urban.de

Gästehaus S. A. Prüm
Uferalle 25, 54470 Bernkastel-Kues
Tel.: 06531-31 10, Fax: 85 55
info@sapruem.com
www.sapruem.com
Öffnungszeiten: Mo-Fr 8-12 und 14-18 Uhr, Sa 10-16 Uhr, So n. V.

Weinromantik Hotel Richtershof
Hauptstr. 81-83
54486 Mülheim (Mosel)
Tel.: 06534-94 80, Fax: 94 81 00
info@weinromantikhotel.de
www.weinromantikhotel.de

Waldhotel Sonnora
Auf dem Eichelfeld 1, 54518 Dreis
Tel.: 06578-982 20, Fax: 14 02
info@hotel-sonnora.de
www.hotel-sonnora.de

Perfekt genießen:

Becker's
Olewiger Str. 206, 54295 Trier
Tel.: 0651-93 80 80, Fax: 938 08 88
info@beckers-trier.de
www.beckers-trier.de
Chefkoch: Wolfgang Becker
Öffnungszeiten: Di 18-24 Uhr, Mi-Sa 12-14, 18-24 Uhr, So 12-14 Uhr

Burg Thurant
Moselstr. 15, 56332 Alken
Tel.: 02605-35 81, Fax: 21 52
peterkopowski@aol.com
www.kopowski.de
Chefkoch: Peter Kopowski
Öffnungszeiten: Di 17.30-24 Uhr, Mi-So 11-14.30 und 17.30-24 Uhr

Kunz
Beethovenstr. 14, 54340 Köwerich
Tel.: 06507-80 24 56
info@restaurantkunz.de
www.restaurantkunz.de
Chefkoch: Walter Kunz
Öffnungszeiten: Mo, Di ab 18 Uhr, Do-So 12-14 und ab 18 Uhr

Hotelrestaurant Moselschild
Moselufer 12-14, 54539 Ürzig
Tel.: 06532-939 30, Fax: 93 93 93
moselschild@t-online.de
www.moselschild.de
Chefkoch: Oliver Probst
Öffnungszeiten: tgl. 12-14.30 und 18-21.30 Uhr

Saarburger Hof
Graf-Siegfried-Str. 37
54439 Saarburg
Tel.: 06581-928 00, Fax: 92 80 80
infos@saarburger-hof.de
www.saarburger-hof.de
Öffnungszeiten: Di-So 17-23 Uhr

Victor's Gourmetrestaurant
Schloss Berg, Schloßstr. 27-29
66706 Perl
Tel.: 06866 791 18, Fax: 794 58
info@victors-gourmet.de
www.victors-gourmet.de
Chefkoch: Christian Bau
Öffnungszeiten: Sa-So 12-14 Uhr und Mi-So 19-21.30 Uhr

Wein- & Tafelhaus
Moselpromenade 4
54349 Trittenheim
Tel.: 06507-70 28 03, Fax: 70 28 04
wein-tafelhaus@t-online.de
www.wein-tafelhaus.de
Chefkoch: Alexander Oos
Öffnungszeiten: Mi-So 12-14 und 18.30-21.30 Uhr

Rheingau

Nur einmal auf seinem langen Weg von der Quelle bis zur Mündung ins Meer ändert der Rhein seinen Lauf; und genau dort, wo er für rund 50 Kilometer von Osten nach Westen fließt, erstreckt sich der Rheingau. Wicker, Flörsheim und Hochheim im Osten sowie Lorchhausen im Westen sind die geografischen Eckpunkte des Rheingaus. Im Norden begrenzen die waldreichen Bergzüge des Taunus den Rheingau und bieten Schutz vor den rauen Nordwinden. Von diesem Bergrücken fallen die Rebhänge nach Süden in Richtung Rheinufer ab, der sonnigsten Seite des Rheingaus. Der Rhein sorgt als Feuchtigkeits- und Wärmespeicher für relativ gleichmäßige Temperaturen ohne extreme Schwankungen. Ideale Bedingungen für den Weinbau und ideale Voraussetzungen für den Riesling, die Paradesorte der Region.

Schloss Johannisberg – seit 1816 Residenz der Fürsten Metternich-Winneburg.

1

2

3

4

Mit dem Rhein von Osten nach Westen

Rheingau – die Entdeckung der Edelfäule

Flörsheim am Main und sein Stadtteil Wicker sind die beiden östlichsten Weinbaugemeinden des Rheingaus; sie liegen nur wenige Autominuten von Frankfurt entfernt. In Wicker beginnt die »Rheingauer Riesling Route« mit einem symbolischen Tor zum Rheingau. In dem kleinen beschaulichen Ort hat Reiner Flick sein Weingut in der Straßenmühle mit jedem Jahrgang auf der Erfolgsleiter ein Stück weiter nach oben gebracht. Die trockenen und fruchtig frischen Rieslinge des Winzers gehören ebenso zu den besten der Region wie seine dichten und komplexen edelsüßen Kreszenzen. Nur wenige Kilometer weiter, in Hochheim, setzte man König Riesling ein eigenes Denkmal, initiiert von der englischen Königin Victoria, die auf ihrer Rheinreise im Jahr 1850 auch den kleinen Weinort besuchte. Der Wein scheint ihr geschmeckt zu haben – so gut jedenfalls, dass sie nach ihrer Rückkehr in die englische Heimat den dankbaren Hochheimern die Genehmigung erteilte, einen Weinberg fortan »Königin Victoria Berg« zu nennen. So heißt er bis heute, und am historischen Ort steht ein neugotisches Denkmal mit Türmchen und goldener Inschrift, die an den königlichen Besuch erinnert. Hochheim ist auch die Heimat des Weingutes von Gunter Künstler. Seine eleganten trockenen Rieslingauslesen und die edelsüßen Weine mit der dichten Fruchtkonzentration sind wahre Kunstwerke der Natur, seine Großen Gewächse aus besten Hochheimer Lagen zählen zu den deutschen Spitzenrieslingen.

Von Walluf bis Martinsthal

In der kleinen Weinbaugemeinde Walluf beginnt der Rheingau in seinen alten historischen Grenzen. Urkunden belegen die ersten Rheingauer Weinberge nahe der Ortschaft Walluf und machen sie damit zur ältesten Weinbaugemeinde des Rheingaus. Das Weingut Becker am Rheinufer gehört seit Langem zu den verlässlichen Adressen der kleinen Weinbaugemeinde; wer richtig trockene, durchgegorene Rieslinge sucht, wird bei Hans-Josef Becker fündig. Der eigensinnige Winzer lässt seine Weißen mindestens ein Jahr im großen Holzfass reifen, die feinen Spätburgunder bleiben zwei Jahre im Fass. Beckers Weine haben alle Potenzial, einige Jahre Flaschenreife machen sie etwas gefälliger. Probieren kann man einen

1 Steinwerk – Trockenmauern zwischen Rüdesheim und Assmannshausen. **2** Rieslingmonument – Wappen am Balkon auf Schloss Johannisberg. **3** Aufwärts im Rheingau – Treppe im Gutshaus des Weingutes Robert Weil in Kiedrich. **4** Wein am Fluss – Rüdesheimer Weinberge am Tor zum Mittelrheintal.

1 Nationaldenkmal – über den Rüdesheimer Weinbergen thront seit 125 Jahren die Germania. **2** Rotweinnische im Rieslingland – Spätburgunderreben in der Lage Frankenthal zwischen Rüdesheim und Assmannshausen. **3** Perspektive – Blick vom Niederwalddenkmal auf Rüdesheim und seine Weinberge. **4** Spitzenweine aus Leidenschaft – Weingut Franz Künstler in Hochheim. **5** Alte Zollburg – Burgruine Ehrenfels zwischen Rüdesheim und Assmannshausen. **6** Verbindung – mit der Fähre geht es über den Rhein nach Bingen.

Großteil der Weine in »Beckers Weingarten« direkt am Rheinufer; das Essen dürfen sich die Gäste mitbringen.

Von Walluf aus folgt der Weg dem Rheinlauf direkt nach Eltville, der alten kurfürstlichen Sommerresidenz der Mainzer Bischöfe. Die mächtige Burganlage am Rhein mit dem markanten Burgturm aus dem 14. Jahrhundert zeugt vom einstigen Glanz der ältesten Stadt im Rheingau: Stattliche Gutshöfe, Rittergüter und Adelspalais verteilen sich auf die gut erhaltene Altstadt. Unweit der katholischen Pfarrkirche St. Peter und Paul liegt das Weingut des Freiherren Langwerth von Simmern. Hier wurde nicht nur die Mutter des preußischen Reformers Freiherr vom Stein geboren, sondern in mehr als 500 Jahren Weinbautradition auch so mancher große

5

6

Jahrgang auf die Flasche gebracht. Der Traditionsbetrieb kann auf beste Lagen zurückgreifen, dazu zählen auch der legendäre Erbacher Marcobrunn und der Hattenheimer Mannberg, der im Alleinbesitz des Weingutes ist. Sehenswert ist der historische Gutspark mit Vinotheka, in der die Gewächse aus dem Langwerth'schen Keller probiert werden können.

Prickelnde und moussierende Weine sind dagegen die Stärke von »Schloss Vaux«. Hinter dem französisch anmutenden Namen verbirgt sich eine kleine Sektmanufaktur, die 1868 in Berlin als deutsches »Champagner-Haus« gegründet wurde, ihre Produktionsbasis aber auf Schloss Vaux in der Nähe von Metz hatte. Mit dem Ende des Ersten Weltkrieges kam für die deutsche Sektkellerei im französisch gewordenen Lothringen das Aus; der Betrieb wurde nach Eltville am Rhein verlegt, der Name blieb. Geblieben ist auch die Tradition, alle Sekte des Unternehmens nach der Methode der klassischen Flaschengärung herzustellen. Jede Flasche liegt mindestens zwei bis drei Jahre zur Veredelung auf der Hefe und wird von Hand gerüttelt. Die Wahrung der handwerklichen Sektkultur und die strengen Vorgaben an die Produktqualität haben im Unternehmen oberste Priorität. Herzstück der Manufaktur sind die Lagensekte, deren Grundweine von renommierten Rheingauer Weingütern und aus bekannten Weinbergen der klassischen Rieslingregion kommen. Statt Etikett tragen die Flaschen kleine, mit Siegellack am Hals der Flasche befestigte Tafeln, die Auskunft über Lage, Jahrgang, Rebsorte und Herkunft der verarbeiteten Weinen geben.

Von Eltville führt der Weg nach Martinsthal, einen kleinen verträumten Winzerdorf. Im alten Ortskern lädt die Gutsschänke des Diefenhardt'schen Weinguts zur regionstypischen Vesper ein. Aus der ambitionierten Gutsküche von Ariane Schäfer sind Rieslingpastete mit Rotweingelee, Wingertskartoffel mit gekochtem Schinken, Sauce Bearnaise und Käse sowie das legendäre Schnudedunker Töpfchen (Hackfleisch, Bratkartoffeln und Zwiebeln, mit Käse überbacken) nicht mehr wegzudenken. Jede Woche gibt es zusätzlich eine kleine Schlemmerkarte, mal mit Wildschweinsülze und Grüner Sauce, mal mit Weidelamm-Koteletts vom Grill. Die dazu passenden Weine kommen von Bruder Peter Seyffardt, der nicht nur einen erfrischenden »Sau Secco« und animierende Rieslinge aus

der Lage Martinsthaler Wildsau, sondern auch empfehlenswerte Spätburgunder anbietet. Auf der Raritätenkarte stehen Gewächse bis in die 1970er Jahre zurück, alles zu fairen Preisen.

Von Kiedrich bis Johannisberg

Weithin sichtbar ragt der schlanke Turm der gotischen St. Valentinuskirche über die Häuser des kleinen Ortes Kiedrich empor. In Sichtweite der Kirche, inmitten eines gepflegten Parks, liegt das 1879 im englischen Landhausstil erbaute Gutshaus des Weingutes Robert Weil, das mit seinen Rieslingweinen international Furore gemacht hat. Unter der Regie von Wilhelm Weil erlebte das Weingut einen kometenhaften Aufstieg an die Weltspitze der Weißweingüter, besonders die edelsüßen Spezialitäten mit ihren komplexen Fruchtaromen sind weltweit gesuchte Weine. Die besten Gewächse des Gutes kommen aus dem Kiedricher Gräfenberg; schon von Weitem sichtbar thront seit ewigen Zeiten der runde Turm der Burgruine Scharfenstein wie ein Wächter über den wertvollen Rebzeilen. Auch die Weine aus dem Turmberg, einer kleinen geschützten Parzelle unterhalb der Burgruine Scharfenstein, die

1 Rheingauer Riesling-Flaggschiff – Weingut Robert Weil in Kiedrich. **2** Markenzeichen – die Weil'schen Rieslinge sind mit himmelblauen Etiketten ausgestattet. **3** Spezialist für Rieslinge – Wilhelm Weil. **4** Berühmt – Jahrespräsentation aller Weingüter des VDP-Rheingau auf Schloss Johannisberg. **5** Weltbekannt – historischer Fasskeller auf Schloss Johannisberg. **6** Hotel und Restaurant – das ehemalige Kloster in Johannisberg. **7** Rheingauer Wahrzeichen – Schlossanlage auf dem Johannisberg.

6

7

sich im Alleinbesitz des Weingutes befindet, lassen den Weil'schen Rieslingglanz aufblitzen. Wenige Schritte vom Weingut entfernt liegt die Weinschänke Schloss Groenesteyn, eine der schönsten in der ganzen Region. Hier findet man Gemütlichkeit an einfachen Holztischen, kleine Nischen und dazu die empfehlenswerte Küche von Eric Elbert. Letzterer verbindet regionale Traditionen mit einer modernen und raffinierten Zubereitung. Als flüssige Begleitung stehen rund 200 Weine zur Auswahl, viele davon werden auch glasweise ausgeschenkt. Der Rheingau ist stark vertreten, aber auch Bordeauxfans kommen hier auf ihre Kosten.

Vorbei an der berühmten Weinberglage Erbacher Marcobrunn führt die alte Landstraße entlang der Bahnlinie direkt nach Hattenheim. Ein herausgeputztes Fachwerkensemble eröffnet mitten im Ort die Trilogie der »Kulinarischen Hochburg Hattenheim«. Im Restaurant Zum Krug trifft man die Rheingauer Weinszene, denn allein die umfangreiche Weinkarte mit ausgesuchten Rieslingen aus vielen Jahrgängen beeindruckt selbst gestandene Winzer. Was dieser vielleicht selbst nicht mehr im Keller hat – im »Krug« kann er es zu moderaten Preisen genießen. Nur einige Schritte weiter lockt die »Adler Wirtschaft« von Franz Keller mit einem kunstvollen schmiedeeisernen Wirtshausschild über der Eingangstür. Das legendäre Adlermenü führt durch die kulinarische Welt des »Keller Franz«, der seinen Gästen nur das anbietet, was er auch selbst zu einhundert Prozent vertreten kann. Und das sind frische Produkte aus Garten und Stall. Wenige Meter neben dem gemütlichen Restaurant führt eine kleine Gasse Richtung Rhein zum Dritten im Bunde. Das »Kronenschlösschen« mit seiner parkähnlichen Gartenterrasse ist Hotel und Restaurant zugleich. Das romantische, villenähnliche Anwesen ist die erste Gourmetadresse im Rheingau, der Hotelbereich mit seinen individuell gestalteten Zimmern und Suiten hat außergewöhnlichen Charme und Schick aufzuweisen. Patrik Kimpel ist im »Kronenschlösschen« Gastgeber und Küchenchef zugleich; er verkörpert die Gourmetseele des Rheingaus, seine kulinarischen Kreationen sind filigran und ausgefeilt und dabei von einer geschmacklichen Treffsicherheit, die Kochkunst auf dem Teller verständlich macht.

Im nahen Oestrich hat man sich über Jahrhunderte hinweg mit dem Verladen von Weinen einen bescheidenen Wohlstand erwirt-

1

2

schaftet. Das Wahrzeichen der Stadt ist denn auch der weithin sichtbare Weinverladekran am Rheinufer aus dem Jahre 1745. Die alten Oestricher Gassen mit ihren Gutshöfen und dem historischen Marktplatz zählen zu den malerischsten Plätzen im ganzen Rheingau. Auch das schmucke Gutshaus des Weingutes Wegeler ist sehenswert; von hier aus führen Anja und Tom Drieseberg ein kleines Weinimperium, zu dem neben dem Rheingauer Betrieb auch Weinberge an der Mosel und – zumindest verwaltungstechnisch – das Weingut Krone in Assmannshausen gehören. Im Rheingauer Stammhaus, das über beste Parzellen im Rüdesheimer Berg und im Winkeler Jesuitengarten verfügt, gibt es nur Rieslinge; einer der bekanntesten deutschen Weine ist der »Geheimrat ›J‹«, ein feinfruchtiger Riesling mit Struktur und Nachhaltigkeit. Auch das Weingut von Peter Jakob Kühn zählt zu den Rheingauer Flaggschiffen und hat sich ganz der ökologischen und biodynamischen Arbeit im Weinberg verschrieben. Spontan vergorene Rieslinge sind hier die Regel; die interessanten Weine haben sicherlich Ecken und Kanten und sind anfangs nur schwer zugänglich, zeigen dem Geduldigen aber nach ein bis zwei Jahren ihr wahres Potenzial.

Von Oestrich nach Winkel ist es nur einen Katzensprung, die beiden Orte bilden zusammen die Stadt Oestrich-Winkel. Familie Allendorf bewirtschaftet in Winkel seit Jahrzehnten erfolgreich eines der größten Rheingauer Weingüter, das umfangreiche Lagenportfolio reicht von Winkel bis Assmannshausen. Entsprechend groß ist auch das Angebot an Weinqualitäten: Es reicht vom einfachen Schoppenwein bis zum Ersten Gewächs. Gut zwei Drittel der Weine sind Rieslinge, dazu bietet Allendorf Chardonnay, Spätburgunder, Frühburgunder und als Spezialität Schwarzriesling. Neben vielen Aktivitäten und Veranstaltungen rund um den Wein bietet das Weingut in der eigenen »Wein.Erlebnis.Welt« einen interessanten Einblick in das Winzerhandwerk. Mehrmals im Jahr öffnet eine der besten Straußwirtschaften der Gegend mit herzhaften Speisen aus Mutters Küche im Weingut seine Pforten. Auch zum Weingut Spreitzer lohnt sich ein Abstecher. Die Weine des Rheingauer Familienbetriebes kennt man spätestens seit Ende der 1990er Jahre; dann nämlich sorgten Andreas und sein Bruder Bernd Spreitzer mit ihren Rieslingen für Aufmerksamkeit und schoben sich langsam, aber sicher an die Spitzen der Rheingauer Win-

1 Romanisch – Basilika St. Aegidius in Oestrich-Winkel. **2** Eines der ältesten Weingüter der Welt – Schloss Vollrads, Oestrich-Winkel. **3** Herr im Weingut Schloss Vollrads – Dr. Rowald Hepp. **4** Geschmackvoll – Gutsrestaurant Schloss Vollrads mit Sommerterrasse. **5** Gutsküche vom Feinsten – Restaurant im Kavaliershaus Schloss Vollrads.

zer. Zwei talentierte und erfolgreiche junge Winzer, die gemeinsam das väterliche Weingut aufpoliert haben. Gute Weine gab es bei den Spreitzers zwar schon immer, doch werden sie immer besser, und die herausragenden Rieslinge kommen aus Oestricher Lagen. Ihre Weine sind nicht immer trocken, aber ein bisschen Restsüße steht auch dem Riesling gut. Die facettenreiche, restsüße Spätlese aus der alten Weinbergslage Eiserberg, die schon 1867 in der preußischen Gütekarte verzeichnet war und nach der Flurbereinigung im Oestricher Lenchen aufging, nennen die Spreitzers »303« – in Anlehnung an ein legendäres Mostgewicht, das der Großvater in diesem Weinberg erreichte.

Wer in Winkel ist, sollte auf jeden Fall nach Schloss Vollrads fahren oder zu Fuß durch die Weinberge wandern. Mächtig und trutzig liegt der stolze Herrensitz mit seinem markanten Wasserturm inmitten der Rebhänge, eingebettet in die sanfte Hügellandschaft. In den vergangenen Jahren hat sich der traditionsreiche Betrieb, in dem ausschließlich Riesling angebaut wird, zu einem echten Weinschloss mit schicker Vinothek, Hofterrasse und einem empfehlenswerten Gutsrestaurant entwickelt. Aushängeschild sind die Kabi-

1 Weltberühmt – die Drosselgasse in Rüdesheim. **2** Fachwerk am Rhein – der um 1500 erbaute Klunkhardshof in Rüdesheim. **3** Rüdesheimer Spitzenwinzer – Heinrich Breuer und seine Nichte Theresa Breuer vom Weingut Breuer, Rüdesheim. **4** Einmalig – übernachten in echten Weinfässern. **5** Historisch – Fassade des Hotels Felsenkeller in der Oberstraße in Rüdesheim. **6** Weithin sichtbar – der Turm der Boosenburg mit neugotischer Villa. **7** Rheinische Gemütlichkeit – Gasthaus Winzerkeller in Rüdesheim.

nettweine; der Begriff tauchte schon 1728 in den Annalen des Schlosses auf und drückte zum ersten Mal eine schmeckbare Qualität aus. Bis heute ist das Profil des Kabinetts klar umrissen, und man kann schmecken, was ein Kabinettwein ist: ein eleganter Wein, der seine Hauptaussage nicht dem Alkohol verdankt. Im Gegenteil: niedriger Alkoholgehalt, dabei voller Geschmack, alles ohne Botrytis, damit die zarte Eleganz und der Nuancenreichtum nicht überdeckt werden. Dazu die Synergie zwischen Standortprägung und Rebsorte, die sich in einer schmeckbaren Mineralität ausdrückt. Natürlich gibt es auf Schloss Vollrads auch Spätlesen und edelsüße Spezialitäten – ein lohnender Ausflug in eines der ältesten Weingüter der Welt.

Nur eine halbe Stunde Fußmarsch durch die Weinberge ist es von Schloss Vollrads nach Johannisberg. Keimzelle des berühmten Weinortes war der Bischofsberg, der im Jahr 1130 entsprechend der Weihe der romanischen Klosterkirche auf Johannes den Täufer in Johannisberg umbenannt wurde. Vom ehemaligen Benediktinerkloster blieben nach der Reformation und der Verpfändung der Anlage nur die Kirche und der Klosterkeller erhalten. Letzterer ist der Ursprung der heute sehr lebendigen Weinkultur auf Schloss Johannisberg: Hier wurde 1775 die Spätlese entdeckt. Im Herzen der unterirdischen Schlosskeller ist die »Bibliotheca Subterranea« beheimatet, die berühmte Weinschatzkammer mit ihren kostbaren Raritäten aus mehreren Jahrhunderten. Im schicken, modernen »Wein-Tempel« des Johannishofes werden dagegen die aktuellen Jahrgänge zur Verkostung angeboten; Weingutschef Johannes Eser kann auf beste Geisenheimer und Johannisberger Lagen zurückgreifen. Insbesondere die markanten, rassigen Rieslingspätlesen sind eine Klasse für sich; sie kommen aus den Schieferböden im Rüdesheimer Berg Rottland.

6

7

4

Rüdesheim und Umgebung

Die wohl bekannteste Stadt im Rheingau ist Rüdesheim. Täglich spazieren Besucher entlang der Rheinpromenade und pilgern in die weltberühmte Drosselgasse. Hier schlägt die vermeintliche Rheinromantik hohe Wogen, die Stimmungsmusik aus den vielen Lokalitäten der engen Gasse verspricht Fröhlichkeit und Weinlaune. Doch abseits des Rummels zeigt Rüdesheim ein fast beschauliches Gesicht. In den Gassen der Altstadt gibt es einiges zu entdecken: authentische Straußwirtschaften, originelle Lokalitäten und kleine Winzerhöfe. Einer der bekanntesten ist das Weingut Georg Breuer, ein Rheingauer Vorzeigeweingut, das seit mehr als 20 Jahren zur Spitze der Region gehört. Heinrich Breuer hält den Betrieb mit viel Einsatz und Geschick auf Erfolgskurs; unterstützt wird er dabei von seiner Nichte Theresa Breuer und dem Kellermeister Hermann Schmoranz. Ganz oben auf der Weinliste stehen natürlich die Rieslinge aus dem Rüdesheimer Berg, das Weingut kultiviert aber auch Spätburgunder, einen kleinen Anteil an Grauburgunder und alte Rebsorten wie Gelber Orléans und Heunisch. Der Nonnenberg in Martinstal bei Eltville ist im Alleinbesitz des Weingutes und gehört zu den klassifizierten Ersten Lagen des Rheingaus. Doch bei Familie Breuer gibt es nicht nur erstklassige Weine, zum Betrieb gehört auch das Hotel Rüdesheimer Schloss mit empfehlenswertem Restaurant. Hier können neben den aktuellen Breuer-Weinen auch viele Raritäten probiert werden. Auch Johannes Leitz schätzt das Terroir des Rüdesheimer Bergs. Hier hat er seine Weinberge, beste Parzellen in den Einzellagen Rottland, Schlossberg, Roseneck und Kaisersteinfels. Und natürlich ist der Riesling seine bevorzugte Rebsorte; Leitz und seine Kellermeisterin Eva Fricke konzentrieren sich ganz auf die klassische Weißweintraube, die ausschließlich auf der 29 Hektar großen Rebfläche des Betriebes steht. Die Weine sind an Eleganz kaum zu überbieten, immer begleitet von einer beeindruckenden Mineralität aus den steilen Schieferböden. Zu Leitz' Flaggschiffen zählen vor allem die Spätlesen aus alten Reben aus dem Rottland und die Spätlese aus dem Rüdesheimer Bischofsberg.

Ab Rüdesheim führt die Bundesstraße direkt am Rhein entlang in Richtung Assmannshausen. Der Streifen zwischen Straße und Rhein ist nicht einmal einen Meter breit. Steil ragen hier die Schieferwände der Weinberge bis hinab an den Fluss. Der bis dahin fast seeartig ausgebreitete Rhein beginnt sich mit jedem Meter tiefer in den Fels zu graben, und es scheint, als ob er seinen Lauf beschleunigt. Das kleine Assmannshausen ist für den Höllenberg berühmt, dessen Weine schon im Jahr 1507 gelobt wurden. Hier wachsen auf schwierig zugängigen Steillagen die legendären Spätburgunder mit dem typisch samtigen Mandelton. Einer der Rotweinpioniere, der den Assmannshäuser in den vergangenen Jahren zu neuem Ruhm geführt hat, ist August Kesseler. Inmitten der engen Altstadt hat er sein Weingut, dessen Keller tief in den kühlen Fels getrieben wurde. Die Spätburgunder, die der charismatische Winzer wie kein Zweiter im Rheingau mit Eleganz und Komplexität auf die Flasche bringt, gelten als die roten Flaggschiffe der Region. Kesselers Führungsanspruch in Sachen Rheingauer Spätburgunder zeigt sich eindrucksvoll in seiner »Cuvée Max«, die mit einer eleganten Frucht, begleitet von feinen mineralischen Noten und einer griffigen Säure überzeugt. Dass Kesseler auch hervorragende Rieslinge aus dem Rüdesheimer Berg – auch mit Restsüße – produzieren kann, hat er in den vergangenen Jahren hinreichend bewiesen.

Einige Kilometer flussabwärts endet der Rheingau in Lorch und seinem Stadtteil Lorchhausen; hier beginnt die Weinregion Mittelrhein. Gleichzeitig verläuft hier auch die Grenze des Bundeslands Hessen, und Rheinland-Pfalz mit der Hauptstadt Mainz gewinnt die Landeshoheit.

1 Weine der Extraklasse – Peter Jakob Kühn vom Weingut Kühn. **2** Geschichtsträchtig – das Anwesen der Freiherren Langwerth von Simmern in Eltville. **3** Garant für Spitzenrieslinge – Johannes Eser vom Johannishof in Johannisberg. **4** Tradition in Sachen Spitzenriesling – Kellermeister Dirk Roth im Kellergewölbe des Weingutes Langwerth von Simmern.

Anbaugebiet Rheingau

Wein und Winzer mit Charakter:

Weingut Franz Künstler
Kirchstr. 38
65239 Hochheim
Tel.: 06146-838 60, Fax: 73 35
info@weingut-kuenstler.de
www.weingut-kuenstler.de
Inhaber: Gunter Künstler
Öffnungszeiten: Mo-Fr 8-12 und 13-18 Uhr, Sa 10-15 Uhr

Weingut des Freiherren Langwerth von Simmern
Kirchgasse 6
65343 Eltville
Tel.: 06123-921 10, Fax: 92 11 33
weingut-langwerth-von-simmern @t-online.de
www.weingut-langwerth-von-simmern.de
Inhaber: Georg Freiherr Langwerth von Simmern
Öffnungszeiten:Mo-Fr 9-12 und 13-17 Uhr, Sa 10-17 Uhr

Weingut Schloss Vaux
Kiedricher Str. 18 a
65343 Eltville
Tel.: 06123-620 60, Fax: 633 39
info@schloss-vaux.de
www.schloss-vaux.de
Inhaber: Sektmanufaktur Schloss Vaux AG
Öffnungszeiten: Mo-Fr 8-18 Uhr, Sa 10-14 Uhr

Diefenhardt'sches Weingut
OT Martinsthal,Hauptstr. 9-11
65344 Eltville
Tel.: 06123-714 90, Fax: 748 41
weingut@diefenhardt.de
www.diefenhardt.de
Inhaber: Peter Seyffardt
Öffnungszeiten: Di-Sa 10-12 und 13-18, So 11-12 Uhr und n. V.

Weingut Robert Weil
Mühlberg 5
65399 Kiedrich
Tel.: 06123-23 08, Fax: 15 46
info@weingut-robert-weil.com
www.weingut-robert-weil.com
Inhaber: Suntory, Wilhelm Weil
Öffnungszeiten: Mo-Fr 8-17.30 Uhr, Sa 10-16 Uhr, So 11-17 Uhr

Weingut Wegeler – Gutshaus Oestrich
OT Oestrich, Friedensplatz 9-11
65375 Oestrich-Winkel
Tel.: 06723-990 90, Fax: 99 09 66
info@wegeler.com
www.wegeler.com
Inhaber: Familie Wegeler Drieseberg
Öffnungszeiten: Mo-Fr 8-17 Uhr, Sa 11-16 Uhr

Weingut Kühn
OT Oestrich, Mühlstr. 70
65375 Oestrich-Winkel
Tel.: 06723-22 99, Fax: 877 88
info@weingutpjkuehn.de
www.weingutpjkuehn.de
Inhaber: Peter Jakob Kühn
Öffnungszeiten: Mo-Fr 9-17 Uhr, Sa 11-17 Uhr, Mai-Oktober So 11-17 Uhr

Weingut Allendorf
OT Winkel, Kirchstr. 69
65375 Oestrich-Winkel
Tel.: 06723-918 50, Fax: 91 85 40
allendorf@allendorf.de
www.allendorf.de
Inhaber: Ulrich Allendorf, Christel Schönleber
Öffnungszeiten: Mo-Fr 9-12 und 13-18 Uhr, Sa 10-16 Uhr

Weingut Spreitzer
Rheingaustr. 86
65375 Oestrich-Winkel
Tel.: 06723-26 25, Fax: 46 44
weingut-spreitzer@t-online.de
www.weingut-spreitzer.de
Inhaber: Josef Spreitzer
Öffnungszeiten: Mo-Fr 9-12 und 13.30-18.30 Uhr, Sa 9-16 Uhr

Weingut Schloss Vollrads
Vollradser Allee
65375 Oestrich-Winkel
Tel.: 06723-660, Fax: 66 66
info@schlossvollrads.com
www.schlossvollrads.com
Inhaber: Nassauische Sparkasse
Öffnungszeiten: April-Oktober: Mo-Fr 9-18 Uhr, Sa, So 11-19 Uhr; November-April: Mo-Fr 9-17 Uhr, Sa, So 12-17 Uhr

Weingut Johannishof
OT Johannisberg, Grund 63,
65366 Geisenheim
Tel.: 06722-82 16, Fax: 63 87
info@weingut.johannishof.de
www.weingut-johannishof.de
Inhaber: Johannes Eser
Öffnungszeiten: Mo-Fr 8-12 und 13-18 Uhr, Sa 15-15 Uhr, Vinothek »Weintempel« auch Sa 15-18 Uhr, So 11-17 Uhr

Domäne Schloss Johannisberg
65366 Geisenheim-Johannisberg
Tel.: 06722-700 90, Fax: 70 09 33
info@schloss-johannisberg.de
www.schloss-johannisberg.de
Öffnungszeiten: Mo-Fr 10-13 Uhr, 14-18 Uhr, Sa, So, Feiert. 11-18 Uhr

Weingut Georg Breuer
Grabenstr. 8
65385 Rüdesheim
Tel.: 06722-10 27, Fax: 45 31
info@georg-breuer.com
www.georg-breuer.com
Inhaber: Familie Breuer
Öffnungszeiten: tgl. 10-18 Uhr

Weingut Josef Leitz
Theodor-Heuss-Str. 5
65385 Rüdesheim
Tel.: 06722-487 11
johannes.leitz@leitz-wein.de
www.leitz-wein.de
Inhaber: Johannes Leitz
Öffnungszeiten: n. V.

Weingut August Kesseler
OT Assmannshausen
Lorcher Str. 16
65385 Rüdesheim
Tel.: 06722-25 13, Fax: 474 77
info@august-kesseler.de
www.august-kesseler.de
Inhaber: August Kessler
Öffnungszeiten: n. V.

Stillvoll schlafen und genießen:

Wein- und Sektrestaurant Burg Crass
Wallufer Straße
65343 Eltville
Tel.: 06123-690 60, Fax: 69 06 69
welcome@burgcrass-eltville.de
www.burgcrass-eltville.de
Öffnungszeiten: Mi-So 10-23 Uhr und n. V.

Restaurant und Hotel Kronenschlösschen
Rheinallee
65347 Eltville/Hattenheim
Tel.: 06723-640, Fax: 76 63
info@kronenschloesschen.de
www.kronenschloesschen.com
Chefkoch: Patrik Kimpel
Öffnungszeiten: tgl. 12-14 und 18.30-22 Uhr

Weinhaus und Hotel Zum Krug
Hauptstraße 34
65347 Eltville/Hattenheim
Tel.: 06723-99 680, Fax: 99 68 25
mail@Hotel-zum-Krug.de
www.Hotel-zum-Krug.de
Öffnungszeiten: Di ab 17 Uhr, Mi-So 12-14 Uhr und ab 17 Uhr

Weingasthaus und Hotel Breuer's Rüdesheimer Schloss
Drosselgasse
65385 Rüdesheim
Tel.: 06722-905 00,
Fax: 90 50 50
info@ruedesheimer-schloss.com
www.ruedesheimer-schloss.com
Öffnungszeiten: tgl. 12-22 Uhr und n. V.

Restaurant und Hotel Krone Assmannshausen
Rheinuferstraße 10
65385 Rüdesheim/Assmannshausen
Tel.: 06722-40 30, Fax: 30 49
info@hotel-krone.com
www.hotel-krone.com
Chefkoch: Jens Kottke
Öffnungszeiten: tgl. 12-14.30 und ab 18.30 Uhr

Perfekt genießen:

Gutsausschank Diefenhardt
Hauptstraße 11
65344 Martinsthal
Tel.: 06123-97 23 13, Fax: 70 36 26
a.schaefer@diefenhardt.de
www.diefenhardt.com
Öffnungszeiten: Di-Sa 17-23 Uhr

Schloss Groenesteyn
Oberstraße 37
65399 Kiedrich
Tel.: 06123-15 33, Fax: 63 08 24
www.weinschaenke-schlossgroenesteyn.de
Öffnungszeiten: Mi-Sa ab 17.30 Uhr, So und Feiertage 11–14 und ab 17.30 Uhr

Adler Wirtschaft
Hauptstraße 31
65347 Hattenheim
Tel.: 06723-79 82, Fax: 719
adlerwirtschaft(@)franzkeller.de
www.franzkeller.de
Öffnungszeiten: Mo, Fr und Sa 12-23 Uhr, So 13-23 Uhr

Gutsrestaurant im Schloss Vollrads
Schloss Vollrads
65375 Oestrich Winkel
Tel.: 06723-602 16 90,
Fax: 60 21 69 99
info@gutsrestaurant-schlossvollrads.de
www.gutsrestaurant-schlossvollrads.de
Winter: Mi-So 12-22 Uhr
Sommer: tgl. 12-23 Uhr

Enges Rheintal – Landschaft bei Bacharach.

Mittelrhein

Eines der nördlichsten deutschen Anbaugebiete bietet dem Weinbau zugleich eine der schönsten und romantischsten Kulissen. Im engen Rheintal, auf fast 100 Kilometern zwischen Bingen und Lahnstein, liegen die meisten Weinberge auf malerischen Rebterrassen neben mittelalterlichen Burgen und Schlössern. Kein Wunder, dass das Mittelrheintal auch als Welterbe auf der Liste der UNESCO steht. Für den Weinbau ist das nur förderlich, aber längst nicht unabdingbar. Denn allein über die Rheinromantik müssen sich die Spitzengewächse vom Mittelrhein nicht mehr verkaufen, auch wenn noch ein Großteil der Produktion in der heimischen von Touristen stark frequentierten Gastronomie umgesetzt wird. Längst haben kleine Familienbetriebe ihre Chance entdeckt und bieten in ihren Probierstuben erstklassige Rieslinge aus den schieferbeladenen, mineralischen Böden an.

1

2

3

4

Rheinromantik im Weltkulturerbe

Neu entdeckte Spitzengewächse vom Mittelrhein

Ein Qualitätsschub in den vergangenen Jahren hat am Mittelrhein junge ambitionierte Winzer wieder in den Fokus des traditionsreichen Gebiets gebracht.

Das Zentrum des Weinbaus liegt bei Bacharach im sogenannten Viertälergebiet, das sich am Rhein entlang und in den kleinen Seitentälern über etwa die Hälfte der Anbaufläche erstreckt. Leider wird die Anbaufläche am Mittelrhein von Jahr zu Jahr kleiner: Aufgeteilt in zwei Bereiche, elf Großlagen und 111 Einzellagen umfasst das Anbaugebiet Mittelrhein nicht einmal ein Prozent der deutschen Gesamtrebfläche. Dieser Rückgang ist vor allem der schwierigen Bewirtschaftung der oft unzugänglichen Flächen in den Steilhängen geschuldet; ohne kostenintensive Handarbeit ist hier kein Weinbau möglich. Dennoch haben viele Familienbetriebe in den letzten Jahren enorme Fortschritte in Weinbau und Kellerwirtschaft gemacht, aus den Rebhängen am Rhein und in den kleinen Seitentälern kommen feine elegante und ausdrucksvolle rassige Weine. Zudem versöhnen die günstigen klimatischen Verhältnisse mit den schwierigen geologischen Gegebenheiten. Die Berge zu beiden Seiten des Rheins schützen vor kalten Winden und lassen die Sonnenstrahlen in ihrer ganzen Intensität auf die Hanglagen treffen. Die Wasserfläche reflektiert zusätzliche Wärme. Der Charakter der Weine wird in erster Linie durch die unterschiedlichen Bodenarten geprägt. Am unteren Mittelrhein bei Leutesdorf kommen die stoffreichen Weine aus schweren Lössböden. Besonders extraktreiche Weine bringen die stärker verwitterten Böden in den Steillagen hervor, und rund um Boppard wachsen auf Schieferfelsböden elegante Rieslinge, die oft mit einer deutlichen Restsüße ausgebaut werden. Die typischen, trockenen Gewächse kommen aus dem Boden bei Bacharach und Steeg, der mit reinem Devonschiefer durchzogen ist. Im Bereich Siebengebirge sind die Böden vulkanischen Ursprungs und geben den roten Gewächsen aus Spätburgunder und Portugieser einen mineralischen, leicht feurigen Charakter. Den meisten Weinen vom Mittelrhein tut es schmeckbar gut, wenn sie ein, zwei Jahre Zeit bekommen, um etwas an Säure abzubauen und sich zu ihrer vollen Reife zu entwickeln.

An der Renaissance des Qualitätsweinbaus am Mittelrhein hat vor allem ein Winzer besondere Verdienste. Peter Jost vom Hahnenhof

1 Spitzenrieslinge vom Mittelrhein – Probierstube des Weingutes Toni Jost in Bacharach. **2** Gute Adresse – Restaurant Chiaro in Urbar am Rhein. **3** Beliebtes Ausflugsziel – Historischer Ortskern von Bacharach. **4** Ritterromantik – Burg Stahleck hoch über dem Rheintal.

1 Weltkulturerbe – die Kulturlandschaft Oberes Mittelrheintal steht seit Juni 2002 auf der Liste des UNESCO-Welterbes. **2** Mehr als nur Winzer – Friedrich Bastian betreibt in Bacharach auch das Gasthaus Zum Grünen Baum.

in Bacharach hat mit seinen reintönigen und fruchtbetonten Rieslingen aus der Spitzenlage Bacharacher Hahn neue Akzente im Gebiet gesetzt. Viele jungen Winzer sind ihm gefolgt und machen den Mittelrhein heute wieder zu einem Dorado für elegante mineralische Rieslinge mit Tiefe und Substanz. Einer von ihnen ist Matthias Müller in Spay, dessen beste Weinberge im Bopparder Hamm liegen – mit rund 85 Hektar die größte zusammenhängende Lage am Mittelrhein. Im Bopparder Hamm gibt es viele verschiedene Einzellagen, die je nach Parzelle unterschiedliche Böden aufweisen. Müller besitzt Reben in den Gewannen Ohlenberg, Feuerlay, Mandelstein und Engelstein, aus denen er seine komplexen und charaktervollen Rieslinge holt. Matthias Müllers Rieslinge geben dem außergewöhnlich mineralreichen Terroir einen Geschmack und spiegeln den Schiefer und damit die Typizität des Mittelrheins wider. Auch Florian Weingart aus Spay ist einer von den jungen talentierten Hoffnungsträgern des Mittelrheins; Aushängeschild des Familienbetriebs ist die steinige und schiefrige Einzellage Feuerlay. Weingarts Rieslinge sind kleine Kunstwerke, die Frucht und Säure in ein spannendes Spiel setzen, Weine mit einem breiten Spektrum an Frucht und Mineralität und einer erfrischend knackigen Säure. Trocken oder restsüß – Florian Weingart lässt sich nur ungern auf

einen Stil festlegen, doch er beherrscht alle Spielarten der edlen Weißweinsorte. Der Fokus seiner Arbeit liegt ohnehin auf der Erzeugung von ebenso filigranen wie komplexen Weinen mit reicher Frucht; je nach Jahrgang verfügt die Kollektion über die ganze Bandbreite des Rieslinggeschmacks.

Als einziges Weingut im rechtsrheinischen Osterspai bewirtschaftet Jens Didinger auch Weinberge im Bopparder Hamm auf der gegenüberliegenden Rheinseite. Hier wachsen seine Rieslingtrauben, die der Winzer zu eleganten und nachhaltigen Weinen verarbeitet. Didinger gehört seit Jahren zu den verlässlichen Adressen der kleinen Anbauregion. Probieren kann man seine Rieslinge am besten im gutseigenen Ausschank: Die Gäste sitzen auf der überdachten Terrasse und schauen auf die Spitzenlage Bopparder Hamm. Zur herzhaften Küche, die solide Wurst-, Käse- und Schinkenbrote sowie eine leckere Wildschweinsülze mit Remoulade anbietet, kommen alle Weine bis hin zu edelsüßen Spezialitäten ins Glas.

Bacharach – abseits ausgetretener Touristenpfade

In Bacharach auf der linksrheinischen Seite schieben sich wie eh und je Besucher aus aller Welt durch die sehenswerte pittoreske Altstadt. An den Wochenenden im Sommer herrscht hier Hochbetrieb: Viele Touristen kommen für einige Stunden mit dem Schiff nach Bacharach, immer auf der Suche nach der sprichwörtlichen Rheinromantik. Die hat inmitten kitschiger Andenken zwar längst ihre Unschuld verloren, doch zwischen den zahllosen Souvenirgeschäften findet sich immer wieder einmal eine urige Straußwirtschaft oder ein gutes Gasthaus, in dem noch bodenständige Kost auf die Teller kommt. Im alten Fachwerkhaus »Zum Grünen Baum« in der Oberstraße finden die Rheinromantikpilger das, was man unter einer einfachen, aber gemütlichen Gutsschänke versteht. Seit rund 50 Jahren betreibt das Weingut Fritz Bastian diese originelle Weinstube. Zu einfachen Gerichten wie dem klassischen Spundekäs', dem Strammen Max, Rühreiern mit Speck und Schwartemagen können hier alle Gewächse des Betriebes probiert werden, auch die Weine der Rheininsel Heyles'en Werth, die seit mehr als 200 Jahren im Besitz der Familie ist.

Ein paar Schritte weiter bietet Markus Heidrich in seiner Weinstube originelle Winzergemütlichkeit pur. Der junge engagierte Winzer schenkt nicht nur gute Rieslingqualitäten aus Bacharacher Spitzenlagen aus, probieren sollte man auch den für den Mittelrhein untypischen Silvaner. Der herzhafte Tropfen passt hervorra-

gend zum rustikalen »Bauernschmaus mit allem druff« oder zur Sauerkrautsuppe nach Großmutters Rezept. Von Oberwesel windet sich die steile Straße über das Rheintal hinauf; kurz vor der kleinen Ortschaft Dellhofen liegt der Gutsausschank von Albert und Ute Lambrich. Im gemütlich eingerichteten Gastraum servieren die Lambrichs zu ihren Weinen herzhafte Gerichte wie etwa das köstliche Schnitzel mit hausgemachten Speckkartoffeln. Nur ein paar hundert Meter weiter, mitten in Dellhofen, liegt der Gutsausschank des Wein- und Sektguts Goswin Lambrich. Hier lassen sich die Gäste bei schönem Wetter auf der Terrasse und bei weniger schönem im schicken Gastraum verwöhnen und genießen neben feinen Rieslingen und kräftigen Weißburgundern aus Oberweseler Lagen eine deftige Riesling-Käsesuppe, Schnitzel in Kräuterkruste oder den geschmackvollen Winzerkäse mit Feigensenf.
Spezialitäten aus heimischen Flüssen und Wäldern kommen im liebevoll eingerichteten Restaurant von Andreas Stüber im Rhein-Hotel in Bacharach auf den Tisch. Auf der Sonnenterrasse an der Stadtmauer oder in der heimeligen Stube mit Blick auf den Rhein kann man Stübers empfehlenswerte Küche genießen, dazu werden viele Weine von heimischen Winzern angeboten.
Wer partout das romantische Gefühl des Mittelrheins erleben möchte, sollte sich zur Schönburg aufmachen. Seit mehr als 1000 Jahren thront die mächtige Burg hoch über dem kleinen beschaulichen Ort Oberwesel und ist längst ein gastlicher Ort geworden. Denn Barbara und Wolfgang Hüttl führen in den alten Gemäuern ein außergewöhnliches Hotel, ein wahres Refugium zwischen historischer Burgenherrlichkeit und zeitgemäßem Komfort. Bequeme Himmelbetten garantieren eine fürstliche Nachtruhe, von den Balkonen der Turmzimmer öffnet sich ein atemberaubender Blick ins Rheintal. Jedes Zimmer verfügt über einen individuellen historischen Charme, ohne dass der Gast auf modernen Komfort verzichten müsste. Auch in puncto Feinschmeckerei ist die Schönburg eine empfehlenswerte Adresse: Im schicken Burgrestaurant können verfeinerte regionale Spezialitäten wie Hunsrücker Lammschinken, Wildblutwurst im Brikteig, Sauerbraten vom Rinderfilet, gebratenes Felchenfilet und eine ausgesprochen köstliche hausgemachte Gänseleberterrine genossen werden. Im Sommer wird auf der Rheinterrasse getafelt – mit herrlicher Aussicht ins Rheintal.
Das mit aufwendigen Holzschnitzereien ausgestattete Feinschmeckerrestaurant Le Chopin im Hotel Bellevue in Boppard ist ebenfalls zu empfehlen. Für eine gute Nacht nach einem ausgiebigen Abendessen mit leckeren Spezialitäten aus der nationalen und internationalen Küche bucht man am besten ein Zimmer mit Aussicht – natürlich auf den Rhein.

1 Familienunternehmen – das Weingut Ratzenberger gehört zu den empfehlenswerten Adressen am Mittelrhein. **2** Wein und Wald – steile Hänge prägen den Weinbau am Mittelrhein. **3** Wildromatisch – Landschaft bei Bacharach-Henschhausen.

Anbaugebiet Mittelrhein

Wein und Winzer mit Charakter:

Weingut Toni Jost - Hahnenhof
Oberstr. 14
55422 Bacharach
Tel.: 06743-12 16, Fax: 10 76
tonijost@debitel.net
www.tonijost.de
Inhaber: Peter Jost
Öffnungszeiten: n. V.

Weingut Matthias Müller
Mainzer Str. 45
56322 Spay
Tel.: 02628-87 41, Fax: 33 63
weingut.matthias.mueller
@t-online.de
www.weingut-matthiasmueller.de
Inhaber: Familie Matthias Müller
Öffnungszeiten: Mo-Sa 8-20 Uhr, So 10-20 Uhr

Weingut Florian Weingart
Mainzer Str. 32
56322 Spay
Tel.: 02628-87 35, Fax: 28 35
mail@weingut-weingart.de
www.weingut-weingart.de
Inhaber: Florian Weingart
Öffnungszeiten: Mo-Sa 9-19 Uhr, So 14-19 Uhr

Weingut Weingut Didinger
Rheinuferstr. 13
56340 Osterspai
Tel.: 02627-512, Fax: 97 12 72
weingutdidinger@web.de
www.weingut-didinger.de
Inhaber: Familie Didinger
Öffnungszeiten: Mo, Di, Do-So ab 15 Uhr

Weingut Fritz Bastian
Oberstr. 63
55422 Bacharach
Tel.: 06743-12 08, Fax: 28 23
weingut-bastian-bacharach
@t-online.de
Inhaber: Friedrich Bastian
Öffnungszeiten: tgl. 13-24 Uhr

Weingut Goswin Lambrich
Auf der Kripp 3
55430 Oberwesel
Tel.: 06744-80 66, Fax: 80 03
info@weingut-lambrich.de
www.weingut-lambrich.de
Inhaber: Familie Lambrich
Öffnungszeiten: n. V.

Stilvoll schlafen und genießen:

Le Chopin im Hotel Bellevue
Rheinallee 41
56154 Boppard
Tel.: 06742 10 20, Fax: 10 26 02
info@bellevue-boppard.de
www.bellevue-boppard.de

Rhein-Hotel Bacharach
Langstraße 50
Auf der Stadtmauer
55422 Bacharach
Tel.: 06743-12 43, Fax: 14 13

info@rhein-hotel-bacharach.de
www.rhein-hotel-bacharach.de
Chefkoch: Andreas Stüber
Öffnungszeiten: Mo, Mi-So 11.30-14 Uhr, 17.30-21 Uhr

Burghotel Auf Schönburg
Auf Schönburg
55430 Oberwesel
Tel.: 06744-939 30,
Fax: 16 13
huettl@hotel-schoenburg.com
www.hotel-schoenburg.com

Landhaus Delle
Gutenfelsstr. 16
55422 Bacharach
Tel.: 06743-17 65,
Fax: 10 11
info@landhaus-delle-hotel.com
www.landhaus-delle-hotel.com

Perfekt genießen:

Gutsausschank Weingut Goswin Lambrich
Auf der Kripp 3
55430 Oberwesel
Tel.: 06744-80 66, Fax: 80 03
info@weingut-lambrich.de
www.weingut-lambrich.de
Chefkoch: Marita Lambrich
Öffnungszeiten: Fr ab 18 Uhr, Sa ab 16 Uhr, So ab 15 Uhr

Gutsausschank Weingut Albert Lambrich
In der Neuwies
55430 Oberwesel
Tel.: 06744-82 76, Fax: 71 16 07
info@Weingut-Albert-Lambrich.de
www.Weingut-Albert-Lambrich.de
Öffnungszeiten: Fr ab 18 Uhr, Sa ab 16 Uhr, So ab 15 Uhr
Dez.-Mitte Jan. geschl.

Zum grünen Baum
Oberstr. 63
55422 Bacharach
Tel.: 06743-12 08, Fax: 28 37
weingut-bastian-bacharach
@t-online.de
Öffnungszeiten: Fr-Mi ab 13 Uhr

Hotelrestaurant Zum Turm
Zollstr. 50
56349 Kaub
Tel.: 06774-922 00, Fax: 92 20 11
info@rhein-hotel-turm.de
www.rhein-hotel-turm.com
Chefkoch: Harald Kutsche
Öffnungszeiten: Mo, Mi-Fr 17-22 Uhr, Sa, So 12-14 und 18-22 Uhr

1 Grand Seigneur – Peter Jost ist Winzervorbild für eine ganze Generation. **2** Erfolgreich – Mathias Müller produziert einen charaktervollen Riesling. **3** Gastlichkeit am Mittelrhein – Landhaus Delle in Bacharach-Henschhausen.

Hessische Bergstraße

Groß ist es nicht, das Anbaugebiet Hessische Bergstraße, nur rund 430 Hektar stehen zwischen Darmstadt und Heppenheim unter Reben. Bis zur Wiedervereinigung, als die mitteldeutschen Weinbauregionen Sachsen und Saale-Unstrut hinzukamen, war die Hessische Bergstraße sogar das kleinste deutsche Anbaugebiet.

Bergsträßer Weinlagenweg – traditionelle Weinwanderung am 1. Mai.

1

2

3

4

Von Klima und Boden verwöhnt

Hessische Bergstraße – klein, aber fein

Nur etwa 0,3 Prozent aller deutschen Weine wachsen im Anbaugebiet Hessische Bergstraße, und die meisten der 800 Betriebe sind Nebenerwerbswinzer, die sich nach Feierabend um Weinberg und Keller kümmern. Erst 1971 bekam das Gebiet im Zuge der Novellierung des Deutschen Weingesetzes den Status einer selbstständigen Anbauregion, die zwei Bereiche, drei Großlagen und 24 Einzellagen umfasst.

Naherholung unter blühenden Mandelbäumen

Die aus den Weinbergen erzeugte Menge ist so gering, dass die meisten Weine im Gebiet selbst getrunken werden. In vielen kleinen und gemütlichen Straußwirtschaften und Gutsschänken kommen die Bergsträßer Weine zu herzhaften und deftigen Gerichten auf den Tisch, fast in jedem Ort lockt das regional-kulinarische Angebot. Die Hessische Bergstraße ist nicht zuletzt wegen ihres besonders milden Klimas gerade am Wochenende ein beliebtes Naherholungsgebiet für den Ballungsraum Rhein-Main. Während andernorts noch winterliche Temperaturen herrschen, beginnen an den Westausläufern des Odenwalds bereits die Mandelbäume zu blühen. Zu den klimatischen Vorteilen kommen auch geologische: Eingebettet zwischen Neckar, Rhein und Main, stehen die meisten Weinberge auf den nach Westen hin abfallenden Berghängen des Odenwalds. Während der Odenwälder Bergrücken die Reben vor kalten Windeinbrüchen schützt, genießen die Weinberge auf den relativ steilen Hängen die optimale Sonneneinstrahlung. Neben den Weinbergen zwischen Seeheim und Heppenheim gibt es darüber hinaus, etwas abseits im Nordosten, bei Groß-Umstadt die sogenannte Odenwälder Weininsel. Die leichteren Böden aus einer Mischung von verwittertem Gestein und fruchtbarem Löss heizen sich schnell auf, die begrünten Weinberge speichern den reichlichen Regen und geben den tief wurzelnden Reben ausreichend Feuchtigkeit. Der anspruchsvolle Riesling findet hier ideale Voraussetzungen; etwas mehr als die Hälfte der Anbaufläche sind mit den edlen Reben bestockt. Die Weine werden zum größten Teil trocken ausgebaut und zeichnen sich vor allem durch ihre prickelnde Rasse aus. Neben dem Riesling spielen Silvaner, Müller-Thurgau sowie Grau- und Weißburgunder an der Hessi-

1 Fachwerkidylle – am Marktplatz in Heppenheim. **2** Tradition – Weinwanderung am 1. Mai. **3** Weinlokal – Walderdorffer Hof in Bensheim. **4** Frühlingsgefühle – Mandelblüte im März bei Zwingenberg.

1 Schloss Auerbach – Blick von der Mauer auf den Nordturm. **2** Beste Lage – Weinberg im Schönberger Herrnwinkel bei Zwingenberg. **3** Weinromantik – Blick vom Marktplatz in Heppenheim auf die Ruine Starkenburg. **4** Rathaus in Heppenheim – erstes Fachwerk-Rathaus in Südhessen mit steinerner Vorhalle. **5** Fruchtbarer Landstrich – Obstbaumblüte bei Zwingenberg.

schen Bergstraße eine Rolle. Spätburgunder und Portugieser gibt es an der Bergstraße dagegen nur wenige; erstaunlich ist aber vor allem der hohe Anteil an Beeren- und Trockenbeerenauslesen sowie an Eisweinen, die seit rund 30 Jahren lückenlos an der Hessischen Bergstraße angeboten werden.

Weinland unter staatlicher Führung

Flaggschiff im kleinen Weingebiet ist die Domäne der Hessischen Staatsweingüter mit Sitz in Bensheim. Erstmals erwähnt wurden Bensheimer Weinberge im Jahr 765 im Urkundenbuch des Klosters Lorsch. Heute bewirtschaftet die Domäne rund 38 Hektar,

fast zwei Drittel der Rebfläche sind mit Riesling bestockt. Das 1904 vom Großherzog von Hessen-Darmstadt gegründete Weingut ist der größte Betrieb an der Bergstraße und kann auf beste Lagen wie das Heppenheimer Centgericht zurückgreifen, das im Alleinbesitz der Domäne steht. Aus der traditionsreichen Lage kommen Jahr für Jahr auch einige der besten Rieslinge der Domäne, elegante Weine von feiner, pikanter Art. Doch auch die Weiß- und Grauburgunder des Landesweingutes gehören regelmäßig zu den Favoriten aus der kleinen Anbauregion. Bemerkenswert ist die Phalanx an edelsüßen Rieslingen, die die Staatsdomäne mit verlässlicher Regelmäßigkeit erzeugt.

Weine aus der Stadt Bensheim

Auch die Stadt Bensheim besitzt ein eigenes Weingut, die Spuren des Betriebes lassen sich bis zum Anfang des 16. Jahrhunderts zurückverfolgen. Heute führt Axel Seiberth das traditionsreiche

Gut mit viel Geschick und produziert Jahr für Jahr empfehlenswerte Weine, die im 1875 erbauten Gewölbekeller langsam heranreifen. Die besten Gewächse, vornehmlich Rieslinge, kommen aus seiner Paradelage Bensheimer Kalkgasse. Der bis ins letzte Jahrhundert hier abgebaute Kalkstein gab den Weinbergen ihren Namen; die mineralischen Spuren machen die Weine unverkennbar und sind das Markenzeichen dieser Spitzenlage. Dagegen gilt der Bensheimer Kirchberg als Hausberg der Bensheimer, die Lage ist nahezu 100 Prozent mit Riesling bestockt. Der Gesteinsverwitterungsboden bringt saftige Weine hervor, die von einer zarten und eleganten Fruchtigkeit geprägt sind. Axel Seiberth setzt im Keller auf den biologischen Säureabbau; das macht seine Weine geschmeidiger und für viele, die mit der klassischen Rieslingsäure Probleme haben, bekömmlicher. Zum Weingut gehört auch das 1847 erbaute Bensheimer Kirchberghäuschen, ein beliebtes Ausflugs- und Wanderziel an der Hessischen Bergstraße. Weht die rot-weiße Fahne, dann ist das Kirchberghäuschen bewirtschaftet, und der Gast kann sich auf eine gute Auswahl an großen und kleinen Speisen, vor allem aber auf Weine aus den umliegenden Weinbergen freuen. Dazu genießt man auf der Terrasse die schöne Aussicht: Bei gutem Wetter geht der Blick bis hin zum Donnersberg.

Zwei Freunde – ein Weingut

Das Weingut Simon-Bürkle in Zwingenberg ist das Resultat einer Freundschaft. Kurt Simon, ein gebürtiger Zwingenberger, und Wilfried Bürkle, gebürtiger Badener, haben sich beim Studium an der Lehr- und Versuchsanstalt in Weinsberg kennengelernt. Die gemeinsame Idee von Qualitäts- und Umweltbewusstsein sowie Kreativität in der Natur stand bei der Gründung ihres gemeinsamen Weingutes Pate, das bis heute zu den Aushängeschildern der Hessischen Bergstraße gehört. Riesling und Burgundersorten sind die Stützen des rund 13 Hektar großen Betriebes, schonende Weinbereitung bei traditioneller Handwerkskunst und reduzierten Erträgen garantieren Weine von höchster Qualität. Zum Weingut gehört seit einigen Jahren auch das Restaurant und Weinbistro Bunter Löwe in der historischen Altstadt von Zwingenberg. Hier werden regionale Gerichte aufgetischt, mal Wild aus heimischen Wäldern und andere beliebte Restaurantklassiker, mal kleine Leckereien zum Wein oder für zwischendurch. Dazu gibt es nicht nur Weine aus dem eigenen Weingut, sondern auch eine gute Auswahl an Gewächsen von der Hessischen Bergstraße.

1

2

3

1 Landschaftszauber – Frühjahrsblüte zwischen Bensheim und Heppenheim. **2** Blick zurück – altes Küferwerkzeug im Staatsweingut Bensheim. **3** Engagement für den Wein – Jungwinzerin Lisa Edling war deutsche Weinprinzessin 2003/2004.

Anbaugebiet Hessische Bergstraße

Wein und Winzer mit Charakter:

Domaine Bergstraße
Grieselstr. 34
64625 Bensheim
Tel.: 06251-31 07, Fax: 69 00 57
info@weingut-kloster-eberbach.de
weingut-kloster-eberbach.de
Inhaber: Land Hessen
Öffnungszeiten: Mo-Fr 8-18 Uhr, Sa 9.30-13 Uhr

Weingut der Stadt Bensheim
Darmstädter Straße 6
64625 Bensheim
Tel.: 06251-58 00 17, Fax: 649 70
mail@weingut-der-stadt-bensheim.de
www.weingut-der-stadt-bensheim.de
Inhaber: Stadt Bensheim
Öffnungszeiten: Mo-Fr 8-12 Uhr und 13-16 Uhr, Sa 10-12 Uhr

Weingut Simon-Bürkle
Wiesenpromenade 13
64673 Zwingenberg
Tel.: 06251-764 46, Fax: 78 86 41
info@simon-buerkle.de
www.simon-buerkle.de
Inhaber: Dagmar Simon und Wilfried Bürkle
Öffnungszeiten: Mo-Fr 9-12 Uhr und 15-18 Uhr, Sa 9-13 Uhr und n. V.

Stilvoll schlafen und genießen:

Alleehotel Europa
Europa-Allee 45
64625 Bensheim
Tel.: 06251-10 50, Fax: 10 51 00
alleehotel@alleehotel.de
www.alleehotel.de

Poststuben
Schlossstr. 28-30
64625 Bensheim
Tel.: 06251-729 87, Fax: 747 43
info@poststuben.de
www.poststuben.de

Perfekt genießen:

Weinstube und Restaurant Walderdorffer Hof
Obergasse 30
64625 Bensheim
Tel.: 06251-48 88, Fax: 630 53
www.walderdorffer-hof.de
info@walderdorfferhof.com
Inhaber: Heinz Knapp
Öffnungszeiten: Di-Sa ab 18 Uhr, So, Feiertag ab 17 Uhr

Bunter Löwe
Löwenplatz 6
64673 Zwingenberg
Tel.: 06251-755 16,
Fax: 70 39 87
info@bunterloewe.de
www.bunterloewe.de
Chefkoch: Marcus Helmling
Öffnungszeiten: Do-Di 11-14 und 17.30-22 Uhr

Strahlenberger Hof
Kirchstr. 2
69198 Schriesheim
Tel.: 06203-630 76, Fax: 685 90
www.strahlenbergerhof.de
Chefkoch: Jürgen Schneider
Öffnungszeiten: Di-Sa 18-1 Uhr

Winzerkeller
Amtsgasse 5
64646 Heppenheim (Bergstraße)
Tel. 06252-52 28, Fax 23 87
www.winzerkeller-heppenheim.de
Chefkoch: Uli Heynkes
Öffnungszeiten: tgl. 11.30-14 und 17.30-23.45 Uhr

1 Staatsweingut Bensheim – Kellermeister Thomas Löffler mit seinen Auszeichnungen. **2** Weindegustation – Probierzimmer im Staatsweingut Bensheim.

Nahe

»Das Gute liegt so nahe …« Im Anbaugebiet Nahe beweist das kleine Wortspiel eindrucksvoll seine Gültigkeit: Gerade bei den Rieslingen hat die überschaubare Weinregion in den letzten Jahren einen gewaltigen Qualitätsschub nach vorn erlebt. Neben den renommierten Weingütern profilieren sich auch immer mehr jüngere Betriebe mit eleganten und feinfruchtigen Gewächsen, die den Vergleich mit den Weinen aus den traditionellen Rieslingregionen Mosel und Rheingau keinesfalls zu scheuen brauchen.

Höchste Felswand nördlich der Alpen – Nahe mit Rotenfels.

1

2

3

4

Wo Terroir an Terroir grenzt

Nahe – vielfältige Geschmacksnuancen

Ihren Namen verdankt die Anbauregion dem Flüsschen Nahe, das bei Bingen in den Rhein fließt. Von der Mündung flussaufwärts bis kurz vor das Städtchen Kirn stehen die Rebhänge in dem eng gewundenen Flusstal, ebenso wie in den Nebentälern des Guldenbachs, des Gräfenbachs, der Glan und der Alsenz. Die Nahe ist in ihren heutigen Ausmaßen eine relativ junge Weinregion, das Anbaugebiet besteht aus dem Bereich Nahetal, der in sieben Großlagen und 328 Einzellagen gegliedert wurde. Die Geschmacksnuancen der Weine sind wegen der variierenden Bodenstruktur sehr vielfältig. Im Großen und Ganzen sind die Gewächse von drei unterschiedlichen Terroirs geprägt: Im Norden durchzieht ein breiter Streifen von Schiefer und Grauwacke den Boden. Spritzige, rassige Weine wachsen hier in der Großlage Schlosskapelle rund um Bingen. Weiter südlich, in Richtung Bad Kreuznach, finden sich Sand, Mergel und Lehm, die feinblumige und elegante Gewächse hervorbringen. Stellenweise hat der Boden einen hohen Lössanteil, auf dem vollmundige Weine gedeihen. Westlich und nördlich der mittleren Nahe bestimmt roter Tonschiefer den Boden. Die Weine hier sind besonders blumig und nachhaltig und zeichnen sich durch eine dezente Säure aus. Im unmittelbaren Bereich der Nahe zwischen Bad Münster und Schloss Böckelheim ist das Terroir vulkanischen Ursprungs, mit Porphyr durchsetzt und vor allem wasserdurchlässig. Die Böden leiden in den heißen Sommermonaten oft unter Trockenheit, da sie die ohnehin geringe Feuchtigkeit nur schlecht speichern können. Die Weine aus diesen Böden zeigen viel Würze und feine mineralische Noten. Die Gewächse vom Oberlauf der Nahe werden oft mit dem Moselwein verglichen, am Unterlauf spricht man von der Rheingauer Art.

Immer trockener

Lange Zeit war die Mehrheit der Nahegewächse lieblich ausgebaut, doch werden heute in allen Gebieten der Nahe entsprechend dem Trend immer mehr trockene Weine produziert. Als typische Nahegewächse bezeichnet man in der Regel die spritzigen rassigen Rieslingweine, die den Müller-Thurgau im Anbau auf den zweiten Platz verdrängt haben. Sie sind erstaunlich lange haltbar,

1 Persönliche Begrüßung – das »BollAnt's im Park« in Bad Sobernheim lässt keine Wünsche offen. **2** Schatzkammer – Raritäten im Schlossgut Diel auf Burg Layen. **3** Beste Weinqualitäten – Stefan Rumpf vom Weingut Kruger-Rumpf. **4** Geschichte – antikes Bodenmosaik im Museum der Römerhalle in Bad Kreuznach.

1 Nahe-Talente – junge Winzer in Sachen Weinqualität in einem Boot. **2** »Wine on the water« – Weinpräsentation der Nahe-Talente unter den Brückenhäusern in Bad Kreuznach. **3** Sommernachtstraum – die Veranstaltung zieht Gäste von nah und fern an die Nahe.

auch ältere Jahrgänge sind noch voll auf der Höhe ihres Geschmacks. Der einstmals populäre Nahe-Silvaner ist stark zurückgegangen und wird nur noch auf wenigen Hektar der Gesamtfläche kultiviert; im Gegensatz dazu haben die Kernerrebe und die Scheurebe zwischenzeitlich aufgeholt. Die Bacchusrebe ist die einzige der vielen Neuzüchtungen, die an der Nahe Karriere gemacht hat.

Schmeckbarer Qualitätsaufschwung

Immer deutlicher setzt sich auch an der Nahe ein kompromissloses Qualitätsdenken durch. Neben einer Reihe von großen, renommierten Gütern bestimmen vor allem mittelständische Familienbetriebe die Weinszene an der Nahe. Fast die Hälfte aller Weine werden direkt als Flaschenweine von den Erzeugern verkauft. 1997 hat der ausgesprochen umtriebige Verband der Prädikatsweingüter (VDP) zudem eine neue und strenge Klassifizierung seiner Weine beschlossen: Lagennamen sind nur noch für Rieslinge zulässig, alle anderen Weine – auch solche aus Spitzenlagen – dürfen nur Orts- oder Gutsnamen tragen. Vorgeschrieben ist die Handlese, das Lesegut muss zu 100 Prozent aus der angegebenen Traubensorte stammen, der Ernteertrag ist beschränkt, und alle Weine müssen sich einer Blindverkostung stellen. Strenge Vorschriften, die nicht überall auf Zustimmung stießen, aber am Ende doch das Ziel erreichten: Immer häufiger tauchen gerade Rieslinge von der Nahe in den Spitzenreiterlisten der deutschen Weine auf.

2

3

Eines der angesehensten Weingüter der Nahe ist der Betrieb von Helmut Dönnhoff im kleinen Oberhausen; die beschauliche Gemeinde zählt nur einige Hundert Einwohner. Dönnhoffs Rieslinge rangieren seit Jahren unter den besten, die aus deutschen Weinbergen kommen. Sein Debüt als Winzer erlebte Dönnhoff 1971, bis heute schwärmt der Winzer von diesem Ausnahmejahrgang. Seit dieser Zeit zeigen Dönnhoffs Rieslinge eine klare Brillanz, die nur selten anzutreffen ist. Legendär sind – neben den edelsüßen Gewächsen aus der Oberhäuser Brücke – vor allem seine Rieslinge aus der Niederhäuser Hermannshöhle. Die Lage gehörte zwar schon immer zu den favorisierten Weinbergen an der Nahe, doch erst durch Dönnhoffs brillante, mineralisch strahlende Rieslingspätlesen bekam der steile Weinhang Kultstatus über die Region hinaus.

Auch Werner Schönleber macht mit seinen Rieslingen seit Jahren Furore, das Weingut Emrich-Schönleber ist eine feste und verlässliche Qualitätskonstante der Region. Die Rebflächen des Spitzenbetriebes in Monzingen befinden sich an den steilen Süd- und Südwesthängen der Top-Lagen Halenberg und Frühlingsplätzchen; aus den schieferhaltigen Böden holt Werner Schönleber seine elegant rassigen Rieslinge und komplexen Weiß- und Grauburgunder. Mit seinen hochwertigen Auslesen und edelsüßen Spezialitäten hat der Winzer gerade in den vergangenen Jahren immer wieder Qualitätsakzente an der Nahe gesetzt.

Armin Diel gehört zu den markantesten Persönlichkeiten der deutschen Weinszene und hat das Weingut in Burg Layen, das seit rund 200 Jahren in Familienbesitz ist, zu einem Flaggschiff an der Nahe gemacht. Der Riesling dominiert seine Weinberge, die bes-

1 Odenheimer Disibodenberg – Hausberg des Weingutes von Racknitz. **2** Steillage – Winzer Matthias Adams vom Weingut von Racknitz. **3** Kunst im Keller – Wandmalereien des Künstlers Johannes Helle im Schlossgut Diel. **4** Zwischen Bretzenheim und Guldental – Rosen signalisieren Gefahr durch Mehltau. **5** Trutzig – Ebernburg oberhalb von Bad Münster. **6** Rebenmeer – Weinberge am Niederthälerhof in der Morgensonne.

ten kommen aus den renommierten Dorsheimer Lagen Goldloch, Burgberg und Pittermännchen. Trocken, restsüß oder edelsüß – die Diel-Rieslinge überzeugen regelmäßig mit einer eleganten Fruchtigkeit und feinen mineralischen Nuancen. Längst hat Armin Diel auch mit seinen komplexen Grau- und Weißburgundern eine feste Qualitätsgröße etabliert; die Rotweine »Noir de Diel« und die Cuvée »Caroline« gehören zu den besten der Region.

Junge Talente

Martin Korrell, Mitinitiator der 2003 gegründeten Jungwinzervereinigung »Nahe-Talente«, die einmal im Jahr an den Ufern der Nahe in Bad Kreuznach die legendäre Weinveranstaltung »Wine on the Water« organisiert, hat den elterlichen 23-Hektar-Betrieb, der seit sechs Generationen dem Weinbau verbunden ist, ein gutes Stück in Richtung Spitzenklasse geschoben. Zwar nimmt der Riesling nur rund die Hälfte der Rebfläche ein, doch schlägt das Herz des jungen Winzers ganz besonders für diese Rebsorte, und seine feinfruchtigen und dennoch druckvollen Spitzengewächse aus der Lage Kreuznacher St. Martin lassen deutlich schmecken, dass Korrell sein Handwerk beherrscht.

Das Weingut Schäfer-Fröhlich in Bockenau gehört seit einigen Jahren zu den Aufsteigern an der Nahe. Tim Fröhlich hat mit seinen bemerkenswerten Weinen den Familienbetrieb in kurzer Zeit in der Spitzengruppe der Region etabliert. Es sind vor allem die Rieslinge, die den guten Ruf des jungen Winzers begründet haben: hochelegante Gewächse, gespickt mit feinen mineralischen Akzenten aus Bockenauer Lagen. Der Winzer ist einer von vielen Talen-

5.

6

ten, die das Anbaugebiet in den vergangenen Jahren hervorgebracht hat, von Stillstand ist an der Nahe nichts zu spüren.
Dynamik zeigt auch das Weingut von Dr. Martin Tesch. Insbesondere in der modernen Präsentation und Ausstattung seiner Weine ist der Betrieb den Kollegen um einiges voraus. Die Rebhänge des traditionsreichen Betriebes stehen in den Gemarkungen Langenlonsheim und Laubenheim an der unteren Nahe; hier besitzt Tesch beste Weinberge, aus denen seine Rieslinge kommen, die der Winzer ausschließlich trocken ausbaut. Neben der sogenannten Einliterklasse in den Sorten Riesling, Weißburgunder und Spätburgunder bietet das Weingut fünf Rieslingspätlesen und einen Kabinettwein an.
Dass auch Frauen das Winzerhandwerk beherrschen, beweisen Gloria Mathern und ihre Kellermeisterin Sabine Habenicht in Niederhausen. Im Weingut Mathern gehören vor allem die Rieslinge zu den empfehlenswerten Tropfen; hier gibt es auch reife edelsüße

Spezialitäten zu relativ günstigen Preisen. Wer nach der Probe noch etwas Weingutromantik erleben möchte, kann es sich im schicken Gästehaus Alte Schule gemütlich machen.

Kulinarische Nahe

Wo gute Weine wachsen, wird in aller Regel auch gut gegessen. Entlang der Nahe gibt es in den kleinen Ortschaften und Dörfern einiges Kulinarisches zu entdecken; kleine Straußwirtschaften und gemütliche Gutsschänken in den Winzerhöfen laden zur herzhaften Vesper ein, in den Gasthäusern und Restaurants der Region wird mal regional bodenständig, mal feine Küche mit Gourmetambitionen geboten. In Münster-Sarmsheim an der Nahe betreibt Familie Rumpf nicht nur Weinbau; aus der früheren Straußwirtschaft hat sich im Laufe der Jahre eine der schönsten Weinstuben weit und breit entwickelt. Zu dem reichhaltigen Angebot an besten Rieslingen und Burgunderweinen aus Stefan Rumpfs Keller serviert Ehefrau Cornelia eine bodenständige Landküche mit Lammhüfte, geschmorten Schweinebäckchen mit Schnippelbohnen und Bratkartoffeln, Winzerschmaus (Käse und Schinken in Kartoffelbrotteig) mit Blattsalat, Tafelspitzsülze mit hausgemachten Bratkartoffeln und Zander auf Pommery-Senfsauce.

In Bad Sobernheim hat Chefkoch Renato Manzi mit Können und einer gesunden Portion Ehrgeiz den schick dekorierten Gewölbekeller der Wellnessoase BollAnt's zu einer empfehlenswerten Restaurantadresse gemacht. Zu seinen klassisch pfiffigen Kreationen werden als Begleiter viele interessante Weine aus der Region zu fairen Preisen angeboten.

In Bad Kreuznach kocht seit Jahren Jan Treutle im Restaurant Im Gütchen eine feine Landhausküche, dazu kommen natürlich Weine von der Nahe ins Glas.

Kulinarisches Mekka der Region ist ohne Zweifel die Stromburg von Fernsehkoch Johann Lafer. Das Refugium des guten Geschmacks mit Burghotel und Feinschmeckerrestaurant liegt am Rande des Weinlandes unweit des Städtchens Stromberg, zu Füßen des Soonwaldes. Das liebevoll restaurierte Anwesen erstrahlt heute im neuen alten Glanz; neben dem Gourmetrestaurant Le Val d'Or ist längst auch die Turmstube mit ihren bodenständigen, regionalen Gerichten ein kulinarischer Anziehungspunkt geworden. Seit mehr als zehn Jahren betreibt Johann Lafer seine Kochschule Table d'Or; wer das Ausgefallene liebt, kann sich vom Chefkoch persönlich mit dem Hubschrauber zu außergewöhnlichen Gourmettouren fliegen lassen.

1

2

3

4

5

1 Wellness – Das Hotel BollAnt's im Park in Bad Sobernheim ist eine gute Adresse für einen erholsamen Urlaub. **2** Erholung – ausspannen im Wellnessangebot des Hotels. **3** Anwendungen – damit sich der Körper wohlfühlt. **4** Gastlichkeit – gemütliche Zimmer im Hotel BollAnt's im Park. **5** Schick – Terrasse eines Bungalows mit Blick auf die gesamte Anlage.

Anbaugebiet Nahe

Weine und Winzer mit Charakter:

Weingut Hermann Dönnhoff
Bahnhofstr. 11
55585 Oberhausen
Tel.: 06755-263, Fax: 10 67
weingut@doennhoff.com
Inhaber: Helmut Dönnhoff
Öffnungszeiten: n. V.

Weingut Korrell – Johanneshof
Parkstr. 4
55545 Bad Kreuznach
Tel.: 0671-636 30, Fax: 719 54
weingut-korrell@t-online.de
www.weingut-korrell.de
Inhaber: Martin Korrell
Öffnungszeiten: Mo-Fr 10-12 und 14-18 Uhr, Sa 10-12 und 14-16 Uhr n. V.

Weingut Emrich-Schönleber
Naheweinstr. 10 a
55569 Monzingen
Tel.: 06751-27 33, Fax: 48 64
weingut@emrich-schoenleber.com
www.emrich-schoenleber.com
Inhaber: Werner Schönleber
Öffnungszeiten: Mo-Fr 8-12 und 13.30-18 Uhr, Sa 9-12 und 13.30-16 Uhr nur n. V.

Schlossgut Diel
OT Burg Layen
55452 Rümmelsheim
Tel.: 06721-969 50, Fax: 450 47
info@schlossgut-diel.com
www.schlossgut-diel.com
Inhaber: Armin und Caroline Diel
Öffnungszeiten: Mo-Do 9-16 Uhr, Fr 9-12 Uhr, Sa, So n. V.

Weingut Schäfer-Fröhlich
Schulstr. 6
55595 Bockenau
Tel.: 06758-65 21, Fax: 87 94
info@weingut-schaefer-froehlich.de
Inhaber: Familie Fröhlich
Öffnungszeiten: n. V.

Weingut Tesch
Naheweinstr. 99
55450 Langenlonsheim
Tel.: 06704-930 40, Fax: 904 15
info@weingut-tesch.de
www.weingut-tesch.de
Inhaber: Dr. Martin Tesch
Öffnungszeiten: n. V.

Weingut Mathern
Winzerstr. 7
55585 Niederhausen
Tel.: 06758-67 14, Fax: 81 09
info@weingut-mathern.de
www.weingut-mathern.de
Inhaber: Gloria Mathern
Öffnungszeiten: n. V.

Weingut Kruger-Rumpf
Rheinstr. 47
55424 Münster-Sarmsheim
Tel.: 06721-438 59, Fax: 418 82
info@kruger-rumpf.com
www.kruger-rumpf.com
Inhaber: Stefan Rumpf
Öffnungszeiten: Mo-Sa 9-19 Uhr, So 16-20 Uhr

Weingut von Racknitz
Disibodenberger Hof 3
D-55571 Odernheim
Tel.: 6755-285, Fax: 16 53
weingut@von-racknitz.com
www.von-racknitz.com
Inhaber: Luise Freifrau von Racknitz-Adams & Matthias Adams
Öffnungszeiten: n. V.

Stilvoll schlafen und genießen:

Gästehaus Alte Schule
Kirchgasse 4
55585 Niederhausen/Nahe
Tel.: 06758-67 14, Fax: 81 09
info@weingut-mathern.de
www.gaestehaus-mathern.de

BollAnt's im Park
Zum Freilichtmuseum
55566 Bad Sobernheim
Tel.: 06751-933 90, Fax: 933 92 69
info@bollants.de, www.bollants.de

Land & Golf Hotel Stromberg
Buchenring 6
55442 Stromberg
Tel.: 06724-60 00
info@golfhotel-stromberg.de
www.golfhotel-stromberg.de

Perfekt genießen:

Restaurant Passione Rossa
Im Hotel BollAnt's im Park
Felkestraße
55566 Bad Sobernheim
Tel.: 06751-933 90, Fax: 933 92 69
info@bollants.de
www.bollants.de
Öffnungszeiten: Do-Mo ab 18.30 Uhr

Restaurant Im Gütchen
Hüffelsheimer Straße 1
55545 Bad Kreuznach
Tel.: 0671-426 26, Fax: 48 04 35
restaurant-imguetchen@t-online.de
www.jan-treutle.de
Chefkoch: Jan Treutle
Öffnungszeiten: Mo ab 18 Uhr, Mi-Sa ab 18 Uhr, So 12-14 Uhr und ab 18 Uhr

Johann Lafers Stromburg
Schlossberg 1
55442 Stromberg bei Bingen
Tel.: 06724-931 00, Fax: 9310 90
stromburghotel@johannlafer.de
www.johannlafer.de
Chefkoch: Johann Lafer
Öffnungszeiten: Mi-Fr 19-24 Uhr, Sa-So 12-24 Uhr

Weinstube Kruger-Rumpf
Rheinstr. 47
55424 Münster-Sarmsheim
Tel.: 06721-438 59, Fax: 418 82
info@kruger-rumpf.com
www.kruger-rumpf.com
Inhaberin: Cornelia Rumpf
Öffnungszeiten: Di-Sa ab 17 Uhr, So und Fei ab 16 Uhr

1 Spitzenbetrieb – das renommierte Weingut Emrich-Schönleber in Monzingen. **2** Degustation – Weine aus dem Schlossgut Diel. **3** Wein-Kollektion mit Klasse – Martin Tesch gehört zu den Besten der Region.

Ahr

Rotweine hatten es lange Zeit schwer in Deutschland. Nur wenige Winzer konnten sich mit tiefroten und eleganten Roten von den banalen, blassen Weinchen absetzen, die landauf, landab angeboten wurden. Heute werden in allen deutschen Anbaugebieten Rotweine produziert, die keinen internationalen Vergleich zu scheuen brauchen; immer öfter haben deutsche Rotweinwinzer mit ihren Gewächsen auch im Ausland Aufsehen erregt.

Herbstfärbung – früher Morgen über Walporzheim.

1

2

3

4

Deutschlands Rotweinparadies

Ahr – Region mit Starpotenzial

Die bekannteste deutsche Rotweinregion ist zweifelsohne die Ahr. Das Anbaugebiet entlang dem Fluss gleichen Namens zwischen dem 50. und 51. Breitengrad hat sich sukzessive als Rotwein-Eldorado etabliert. Das mag verwundern, denn das Ahrtal mit der Großlage Klosterberg und 43 Einzellagen gehört zu den nördlichsten und damit kühlsten Weinregionen Europas. Doch in den steilen Weinbergen im engen Flusstal wachsen elegante Spät- und Frühburgunder, die in den letzten Jahren einen wahren Boom erlebt und der deutschen Rotweinwelt deutliche Impulse gegeben haben. Die Spuren des Weinbaus im Ahrtal, das sich auf rund 30 Kilometer zwischen Eifel und Rhein erstreckt, führen weit in die Geschichte zurück und sind von einem ständigen Auf und Ab gekennzeichnet. Nur ein kleiner Teil der Rebfläche ist auf terrassenförmigen Hängen angelegt, und nur wenige Weinberge befinden sich in der Ebene. Kurz nach dem Zweiten Weltkrieg war die Rebfläche an der Ahr noch fast doppelt so groß wie heute; doch die mühsame, aufwendige und kostenintensive Bearbeitung der steilen Rebanlagen haben traurigerweise viele kleinere Winzerbetriebe zum Aufgeben gezwungen.

Ideale Bedingungen für bemerkenswerte Weine

Bei allen geologischen Hindernissen, die ein enges Flusstal und steile Weinhänge mit sich bringen, bietet das Ahrtal den Reben ideale Klima- und Wachstumsbedingungen. Während im unteren Ahrtal mit seinen Basaltkegeln tiefgründige Lössböden vorherrschen und den Weinen einen sanften und weichen Charakter geben, sind die Böden des mittleren Ahrtals von Schiefer, Schieferverwitterung und Grauwacke geprägt. Hier staut sich zwischen den engen Felswänden des gewundenen Tals die Wärme wie in einem Backofen; die zerklüfteten Felsen und der Schieferboden sind ideale Wärmespeicher und geben die Sonnenwärme in einem permanenten Austausch an die Reben ab. Zusätzlich schützen die nahen Eifelberge die Reben vor kühlen Winden und allzu großen Temperaturschwankungen. Wie in einem Treibhaus stehen die Weinberge an der Ahr in einem mediterranen Kleinklima, das für diese Breiten und die nördliche Lage des Anbaugebiets erstaunlich

1 Gesunde Adresse – Thermalbadehaus der Kuranstalt in Bad Neuenahr in der Abenddämmerung. **2** Nach der Ernte – Herbstliche Stimmung im Weinberg. **3** Tradition – Fasskeller im Weingut Peter Kriechel. **4** Königlich – Proklamation der Ahrweinkönigin.

1 Wahrzeichen – Ahrtor in Bad Neuenahr. **2** Baukunst – Eisenbahnbrücken über der Ahr bei Altenahr. **3** Zerklüftete Landschaft – enge Täler und steile Weinberge bei Walporzheim. **4** Gehhilfe – Treppen in den Trockenmauern verkürzen die Wege. **5** Renommierter Weinberg – Einzellage Kräuterberg bei Walporzheim am frühen Morgen.

hohe Durchschnittstemperaturen aufzuweisen hat. Das kommt in erster Linie den Spätburgunderreben zugute, die den bemerkenswerten Ruf des Anbaugebiets begründet haben.

Spätburgunder & Co.

Doch wo Licht ist, ist auch Schatten: Immer noch werden an der Ahr Rotweine mit deutlicher Restsüße produziert, einfache süffige Alltagsweine ohne großen Anspruch. Doch die trockenen, rubinroten, eleganten Spätburgunder mit dem feinen Bukett sind auf dem Vormarsch; immer häufiger werden die »Ahrburgunder« – die man aber nicht mit den klassischen Rotweinen aus dem Burgund vergleichen sollte – im kleinen Holzfass ausgebaut. Eine besondere Spezialität sind die gehaltvollen Spätburgunderauslesen, die in

4

5

guten Erntejahren zu den besten Roten in Deutschland gehören. Neben den Spätburgundern bringt die Portugieserrebe leichtere und hellere Rotweine hervor, die sich gut gekühlt im Sommer als sogenannte Terrassenweine anbieten. Aus der Dominarebe – eine Kreuzung aus Portugieser und Spätburgunder – keltern einige Ahrwinzer säurebetontere Rotweine, die jedoch durchaus ihren Reiz und Charme haben.

Auch der Weißwein hat seinen Platz im Anbaugebiet, allen voran der Riesling. Vorwiegend stehen die Rieslingreben in den nach Süden gerichteten steinigen Steillagen mit wenig Humus. Die Rieslingweine erhalten hier ihre bestechende, blumige Säure, ganz im Gegensatz zu den Weinen aus der Müller-Thurgau-Rebe, die deutlich auf dem Rückzug ist.

Spätburgunder von der Ahr sind heute begehrte Gewächse; doch die steigende Nachfrage, die das Anbaugebiet seit Jahren erfährt, und die relativ kleinen Erntemengen haben die meisten Keller leer geräumt. Von den knapp 900 Winzerbetrieben sind rund 80 Prozent Nebenerwerbswinzer mit weniger als einem Hektar Reb-

1

2

fläche, die sich zum größten Teil in Winzergenossenschaften zusammengeschlossen haben.

Rotweinstars ohne Allüren

Ein Winzer hat sich besonders um das gute Image der Spätburgunder an der Ahr verdient gemacht. Werner Näkel sorgte vor mehr als 25 Jahren mit seinen außergewöhnlichen Weinqualitäten für Furore im Gebiet; bis heute ist das Weingut in Dernau ein Hort eleganter und komplexer Spätburgunder von exzellenter Güte. Jahr für Jahr präsentiert Näkel, der mittlerweile von seiner Tochter Meike tatkräftig unterstützt wird, Rotweine von besonderem Schliff, die Eleganz seiner trocken ausgebauten Spät- und Frühburgunder ist an der Ahr unerreicht. Dazu beherrschen der Winzer und seine Tochter den Umgang mit dem kleinen Barriquefass: Die Weine aus Dernauer und Neuenahrer Lagen sind wahre Prachtexemplare perfekter Rotweinkunst.

Doch auch andere Weingüter an der Ahr haben längst nachgezogen und sich einen Spitzenplatz im Gebiet gesichert. Allen voran

3

1 Steile Angelegenheit – Spitzenlage Heimersheimer Landskrone.
2 Vollreife – kurz vor der Ernte in der Heimersheimer Landskrone.
3 Winzergenossenschaft Mayschoß-Altenahr – Traditionsfass. **4** Aufbruch – neuer Probenkeller in der Winzergenossenschaft. **5** Historisch – alter Fasskeller in Mayschoß-Altenahr.

4

5

das Weingut J. J. Adeneuer in Ahrweiler, das auf eine mehr als 500-jährige Geschichte zurückblicken kann. Die Brüder Frank und Marc Adeneuer überzeugen seit Jahren mit sehr nachhaltigen und komplexen Spätburgundern; ihre besten kommen aus der Walporzheimer Gärkammer, die sich im Alleinbesitz des Familienbetriebes befindet.

In Mayschoß stellt der Deutzerhof eine feste Bank für herausragende rote Gewächse dar. Rund zwei Drittel der Rebfläche sind mit Spätburgunder bestockt. Doch auch was Wolfgang Hehle aus Portugieser und Dornfelder keltert, kann sich schmecken lassen: Die teils im Barrique ausgebauten Rotweine gehören zu den Spitzenweinen der Region. In Mayschoß ist auch die älteste Winzergenossenschaft Deutschlands ansässig; Rudolf Mies leitet seit Jahren erfolgreich den Betrieb, der immerhin rund 120 Hektar Weinbaufläche bewirtschaftet. Das Angebot ist entsprechend breit gefächert, neben den klassischen Rotweinsorten bieten die Genossen auch bemerkenswerte Rieslinge von trocken bis edelsüß an. In dem kleinen Ort Rech liegt das Weingut von Gerhard Stodden, der zusammen mit seinem Sohn Alexander immer wieder für außergewöhnliche Rotweine sorgt. Die sehr burgundische Stilistik bringt enorme Eleganz in die dichten und stoffigen Spätburgunder, die klassischen Roten der Stoddens zählen zu den feinsten Gewächsen im Gebiet. Eine gute und verlässliche Adresse für fruchtige und dichte Rotweine ist das Weingut Nelles in Bad Neuenahr-Heimersheim. Die zum größten Teil im Barrique ausgebauten Spät- und Frühburgunder gehören seit vielen Jahren zu den Spitzen der Anbauregion.

Kulinarische Ahr

Auch kulinarisch hat das Ahrtal einiges zu bieten. Neben vielen einfachen, aber guten Gasthöfen und Weinstuben – etwa der Schänke im Hofgarten der Familie Meyer-Näkel, der Straußwirtschaft des Weingutes Kreuzberg in Dernau und dem Gutsausschank im Kloster Marienthal – gibt es auch für Feinschmecker lohnende Adressen an der Ahr. Das kleine Genussimperium von Gabriele und Hans Stefan Steinheuer im Ortsteil Heppingen von Bad Neuenahr-Ahr-

1

weiler gehört zu Deutschlands Spitzenrestaurants; Meisterkoch Hans Stefan Steinheuer ist bekannt für das perfekte Zusammenspiel von Aromen. Seine Gerichte und Kreationen sind eine Reise an die Ahr wert: Nach einem genüsslichen Menü kann sich der müde Gast im schicken Landhotel der Steinheuers zur Ruhe betten. Etwas regionaler ausgerichtet, aber nicht minder erstklassig in der Qualität, ist die Küche im Landgasthof Poststuben. Hier serviert Steinheuer vorwiegend regionale Produkte und verfeinert gern Rezepte von seiner Mutter. Ahrtaler Rehsauerbraten, Rheinische Bohnensuppe oder gebratene Blutwurst auf Senfkartoffelsalat gehören in der gemütlichen Gaststube zu den Klassikern.

Im kleinen Weinort Walporzheim bei Bad Neuenahr-Ahrweiler steht das Historische Gasthaus Sanct Peter, das zwischen 1246 und 1805 Hof und Weingut des Kölner Domstifts war. Heute beherbergen die traditionsreichen Mauern aus dem 13. Jahrhundert ein Gourmetrestaurant, das eine leichte und kreative Küche anbietet. Dazu erwartet den Gast eine durchdachte Auswahl von über 200 Weinen, von denen ein Großteil aus dem eigenen Weingut kommt. Doch nicht nur anspruchsvolle Gourmets kommen im »Sanct Peter« auf ihre Kosten. Im Restaurant Weinkirche wird eine gehobene Küche mit regionalen und klassischen Spezialitäten serviert, und in der gemütlichen Kaminstube kann man neben kalten und warmen Gerichten von der Stubenkarte auch Kaffee, Kuchen und selbst gebackene Waffeln genießen.

2

3

1 Rotwein von der Ahr – Weinprobe im Weingut Kriechel. **2** Weingut Kloster Marienthal – Wanderung durch die Weinberge. **3** Weingastlichkeit an der Ahr – Hofgarten in Dernau.

Anbaugebiet Ahr

Wein und Winzer mit Charakter:

Weingut Meyer-Näkel
Friedensstr. 15
53507 Dernau
Tel.: 02643-16 28
www.meyer-naekel.de
Inhaber: Werner Näkel
Öffnungszeiten: n. V.

Weingut Deutzerhof
Deutzerwiese 2
53508 Mayschoß
Tel.: 02643-72 64, Fax: 32 32
info@deutzerhof.de
www.deutzerhof.de
Inhaber: Hella und Wolfgang Hehle
Öffnungszeiten: n. V.

Winzergenossenschaft Mayschoß-Altenahr
Ahrrotweinstr. 42
53508 Mayschoß
Tel.: 02643-936 00
www.winzergenossenschaft-mayschoss.de
Inhaber: WG Mayschoß-Altenahr
Öffnungszeiten: tgl. 9-18 Uhr

Weingut Jean Stodden
Rotweinstr. 7-9
53506 Rech
Tel.: 02643-30 01, Fax: 30 03
info@stodden.de
www.stodden.de
Inhaber: Gerhard Stodden
Öffnungszeiten: n. V.

Weingut Thomas Nelles
Göppingerstr. 13a
53474 Bad Neuenahr-Ahrweiler
Tel.: 02641-243 49, Fax: 795 86
info@weingut-nelles.de
www.weingut-nelles.de
Inhaber: Thomas Nelles
Öffnungszeiten: Mo-Fr 9-12 und 14-18 Uhr, Sa 10-12 Uhr

Stilvoll schlafen und genießen:

Lochmühle
Ahr-Rotweinstr. 62-68
53508 Mayschoß
Tel.: 02643-80 80, Fax: 884 45
info@hotel-lochmuehle.de
www.hotel-lochmuehle.de

Steigenberger
Kurgartenstr. 1
53474 Bad Neuenahr-Ahrweiler
Tel. 02641-94 10, Fax: 94 14 10
bad-neuenahr@steigenberger.de
www.bad-neuenahr.steigenberger.de

Hotel Landhaus Steinheuers
Landskroner Str. 110
53474 Bad Neuenahr-Ahrweiler
Tel.: 02641-948 60, Fax: 94 86 10
info@steinheuers.de
www.steinheuers.de
Öffnungszeiten: Do-Mo 12-14 und ab 18.30 Uhr

Perfekt genießen:

Hofgarten
Bachstr. 26
53507 Dernau
Tel.: 02643-15 40, Fax: 29 95
gutsschenke-meyer-naekel@hofgarten-dernau.de
www.hofgarten-dernau.de
Chefkoch: Daniel Nietgen
Öffnungszeiten: tgl. 11-23 Uhr

Brogsitter's Sanct Peter
Walporzheimer Str. 134
53474 Bad Neuenahr-Ahrweiler
Tel.: 02641-97 50, Fax: 97 75 25
sanct-peter@brogsitter.net
www.sanct-peter.de
Chefkoch: Stefan Krupp und Christian Schmidt
Öffnungszeiten: Fr-Mi 12-14.30 Uhr und ab 18.30 Uhr

Hohenzollern an der Ahr
Am Silberberg 50
53474 Bad Neuenahr-Ahrweiler
Tel.: 02641-930, Fax: 59 97
info@hotelhohenzollern.com
www.hotelhohenzollern.com
Chefkoch: Martin A. Reuter
Öffnungszeiten: tgl. 12-14.30 und 18-24 Uhr

Idille
Am Johannisberg 101
53474 Bad Neuenahr-Ahrweiler
Tel.: 02641-284 29, Fax: 250 09
mail@idille.de
www.idille.de
Chefkoch: Klaus-Dieter Schultz
Öffnungszeiten: tgl. 18-22 Uhr

Gutsausschank Kloster Marienthal
Kloster Str. 3-5
53507 Dernau
Tel.: 02641-980 60, Fax: 98 06 20
mail@weingut-kloster-marienthal.de
www.weingut-kloster-marienthal.de
Öffnungszeiten: tgl. ab 10 Uhr

1 Rotweinkünstler – Wolfgang Hehle aus Mayschoß. **2** Beste Qualitäten – Weingut Stodden in Rech. **3** Kulinarisches – Hofgarten in Dernau. **4** Empfehlenswert – Gutsschänke im Kloster Marienthal.

Franken

»Ins Land der Franken fahren ...« Die Zeilen aus dem Refrain des bekannten Frankenliedes ist eine Aufforderung, die jeder Weinfreund früher oder später beherzigen sollte. Denn die Anbauregion entlang dem Main ist in all ihrer Unterschiedlichkeit und in ihrem Facettenreichtum eine der interessantesten Weinregionen Deutschlands sowie ein Hort gemütlicher Gastlichkeit. In vielen Landgasthöfen und Wirtschaften wird herzhaft aufgetischt – fränkische Kochkunst ist bodenständig und schmackhaft. Auch die fränkischen Winzer schätzen ihre heimische Küche, einige Betriebe bewirtschaften gemütliche Gutsschänken – eine gute Gelegenheit, Wein und Speisen in original fränkischer Gastlichkeit zu erleben.

Fürstlich Castell'sches Domänenamt – Blick auf Castell und die Spitzenlage Schlossberg.

1

2

3

4

Im Land des Bocksbeutels

Franken – Herzlichkeit und Gastlichkeit

Von Aschaffenburg bis Haßfurt erstreckt sich das fränkische Weinbaugebiet, das Herzstück befindet sich im Maindreieck in und um Würzburg. Hier stehen auf Muschelkalkböden einige der bekanntesten deutschen Weinberge wie der Würzburger Stein, dessen Weine schon Geheimrat Goethe zu schätzen wusste. Auch der Escherndorfer Lump und der Randersackerer Pfülben zählen zu den renommierten Lagen der Region und sind weit über die Grenzen des Weinlandes hinaus bekannt.

Ein Land, unterschiedliche Regionen

Doch Franken hat mehr zu bieten als die traditionsreichen Weinberge rund um die alte Bischofsstadt Würzburg. Nördlich der Stadt am Main liegt an der fränkischen Saale das kleine Anbaugebiet um Hammelburg, das noch zum Maindreieck gezählt wird. Im Steigerwald bei Kitzingen stehen die Reben in den sonnenverwöhnten West- und Südhängen. Der fruchtbare Keuperboden speichert und gewährleistet auch in trockenen Jahren ausreichend Feuchtigkeit. Hier werden in der Regel die höchsten Mostgewichte der Region erzielt, vor allem in den Weinbergen an den südwestlichen Ausläufern der Höhenzüge bei Iphofen und Rödelsee. Die Landschaft am Untermain, das sogenannte Mainviereck zwischen Aschaffenburg und Miltenberg, ist von Geologie und Klima unterschiedlich geprägt. Im westlichen Bereich, an den steilen Hängen entlang dem kleinen Fluss Kahl, wachsen einige der elegantesten fränkischen Rieslinge. Rund um Klingenberg, wo der rote Sandstein den Boden bestimmt, wachsen nicht nur Weißweine mit einer markanten Säure; auch der Spätburgunder findet hier ideale Bedingungen. Bei Neuanpflanzungen dominieren heute eindeutig die roten Sorten, auch wenn bislang nur rund fünf Prozent aller fränkischen Gewächse Rotweine sind. Doch Sorten wie Portugieser und Spätburgunder sind kontinuierlich auf dem Vormarsch, und längst haben viele Winzer auch Rotweine in ihrem Angebot.

Frankenland = Silvanerland

Das fränkische Weinland wird vom kontinentalen Klima bestimmt, was Vor- und Nachteile mit sich bringt: Während die trockenen, heißen Sommer der Traubenreife zugutekommen, können schon

1 Miltenberg – Tor zur Mainbrücke. **2** Fränkischer Spitzenbetrieb – Lese des Weingutes Rudolf Fürst im Centgrafenberg. **3** Zeichen gepflegter Gastlichkeit – der »Weinstall« im Fürstlich Castell'schen Domänenamt. **4** Fränkische Weinlandschaft – Blick auf Escherndorf und Nordheim an der Mainschleife.

1

2

3

1 Bekannter Weinort – Iphofen im Morgenlicht. **2** Befestigte Orte – Sulzfeld am Main in der Morgendämmerung. **3** Ausguck – Blick von der Clingenburg auf die Lage »Schlossberg« und Klingenberg am Main. **4** Weingeschichte – Schatzkammer im Fürstlich Castell'schen Domänenamt. **5** Sehenswert – Altstadt von Ochsenfurt. **6** Beliebte Wanderwege – Klingenberg am Main, oberhalb der Lage Schlossberg.

4

die kalten Frühjahrs- und Herbsttemperaturen in den Weinbergen Frostschäden hervorrufen. Traditionell war Franken immer Silvanerland, was sich in den letzten Jahrzehnten allerdings grundlegend geändert hat. Heute kommt fast die Hälfte aller Frankenweine aus der Müller-Thurgau-Rebe, die – bedingt durch Boden und Klima – rassiger und spritziger schmecken als in anderen Anbaugebieten. Der Silvaner, der besonders auf den Muschelkalkböden seine unnachahmliche Harmonie von Kraft und Eleganz entfaltet, nimmt zwar nur noch rund 20 Prozent der Gesamtrebfläche ein, doch erlebt er vor allem qualitativ eine Renaissance und gehört nach wie vor in die Spitze des fränkischen Weinangebots. Kerner und Riesling rangieren auf den Plätzen drei und vier des Rebsortenspiegels. Die Ansprüche an die Qualität der Weine aus Franken sind streng. Nicht nur die Mindestgrade für die Reife der Trauben liegen überdurchschnittlich hoch; auch stellen die fränkischen Winzer besondere Anforderungen an die Extraktwerte. Nur die hochwer-

5

6

tigen Weine werden in den klassischen Bocksbeutel gefüllt. Und der hat seine ganz eigene Geschichte.

Der Bocksbeutel

Woher diese eigenartig geformte Flasche ihren Namen hat, darum ranken sich seit Jahrhunderten mehrere Geschichten und Legenden. Sicher ist nur, dass ähnlich anmutende Behältnisse lange vor dem fränkischen Bocksbeutel bekannt und seit Jahrtausenden in den verschiedensten Kulturkreisen dieser Welt zu finden waren. Schon die Kelten nutzten diese Flaschenform. Im Mainfränkischen Museum in Würzburg ist ein kleines, kugeliges Tongefäß ausgestellt, dessen Alter auf ungefähr 1400 v. Chr. datiert wird. Ausgegraben hat man es nahe einer fränkischen Kleinstadt, ein Beweis für den Anspruch der Franken auf den Bocksbeutel. Aus der ursprünglichen Kugelform wurden nach und nach populäre Feldflaschen, die vor allem Pilger auf ihren Reisen mitführten. Die gängigste Erklärung des sonderbar erscheinenden Namens deutet die Flaschenform als Hodensack eines Ziegenbocks – eben Bocksbeutel. Eine andere Erklärung meint den Bocksbeutel im Althochdeutschen »Buggesbüdel«, einem Behältnis aus Buchsbaumholz, oder als »Bugsbeutel« in einer Tragflasche, die an einem Gurt am Bug befestigt wurde, wiederzufinden.

Wann genau die fränkischen Winzer anfingen, ihre Weine in Bocksbeutel zu füllen, liegt im Dunkel der Geschichte. Urkundlich belegt ist aber, dass die Räte der Stadt Würzburg im Jahre 1728 zum Schutz der Gewächse aus der Weinlage Würzburger Stein verfügten, die besten Weine des Bürgerspitals in gläserne Bocksbeutel zu füllen. Zum Zeichen ihrer Echtheit mussten die Flaschen mit dem Stadtwappen versiegelt werden. Das Siegel war ein erstes Markenzeichen für Weine aus der Würzburger Paradelage, das Qualität garantierte und natürlich schnell kopiert wurde. Doch nach und nach setzte sich der Bocksbeutel mit dem Schultersiegel in ganz Franken als signifikante Flasche der fränkischen Winzer durch. Nach langen Rechtsstreitigkeiten ist er seit 1989 ein in der Europäischen Union geschütztes Markenzeichen für Qualitäts- und Prädikatsweine aus Franken und darf nur für fränkische Weine verwendet werden. Eine Ausnahme bildet lediglich die Region Tauberfranken im Anbaugebiet Baden.

1 Feierlich – Festzug »100 Jahre Volkach«. **2** Marlies Dumbsky – Volkacher Weinprinzessin 2004–2006. **3** Feierlaune – gute Stimmung beim Weinfest in Volkach. **4** Schmankerl – im Gasthaus Zur Krone in Escherndorf kommen fränkische Spezialitäten auf den Tisch. **5** Tradition – Musiker der Trachtengruppe »Fränkische Familie Crailsheim«.

»Frank & Frei«

Die Idee eines Zusammenschlusses von Winzern fand seine historische Umsetzung im landwirtschaftlichen Genossenschaftswesen. Doch gerade in den vergangenen zehn Jahren erlebten Winzervereinigungen in deutschen Anbaugebieten einen Boom, die weniger die Produktion gemeinsamer Weine im Fokus hatten, als vielmehr den werbewirksamen Nutzen eines gemeinschaftlichen Auftritts und den daraus resultierenden Imagegewinn für sich und die Region. Kleine und größere Familienbetriebe, jeder für sich funktionsfähig und mehr oder weniger bekannt, haben sich im April 1996 unter dem Label »Frank & Frei« in Franken zusammengefunden. Ziel der damals 14 fränkischen Winzer war es, das verstaubte und vielfach belächelte Image der Rebsorte Müller-Thurgau im Basissegment aufzupolieren. Sie wollten geradlinig fränkische, trockene Weine machen und damit dem Verbraucher eine stabile Weinqualität im Einstiegssegment garantieren. Und sie wollten Erfahrungen austauschen, sich gegenseitig mit Rat und Tat zur Seite stehen, und gleichzeitig Individualisten bleiben. Keine leichte Aufgabe, doch die Truppe verfolgt bis heute mit unerschütterlichem Pioniergeist ihre Idee und Vision.

Von den 14 Winzern der ersten Stunde sind im Laufe der Jahre einige ausgestiegen, andere sind dazugekommen. Heute stehen hinter »Frank & Frei« 17 Weingüter, verstreut über das ganze fränkische Weinland; der Zusammenschluss ist längst zur festen Größe in Franken geworden. Denn was die Winzer mit dem »Frank & Frei Müller-Thurgau« kreiert haben, ist mittlerweile eine sensorische Marke, die das Image der Rebsorte nicht nur in Franken deutlich nach oben korrigiert hat. Wer zum »Frank & Frei«-Bocksbeutel greift, bekommt im Basissegment überdurchschnittliche Weinqualität. Den Machern geht es dabei vor allem um eine Weinstilistik,

4

5

nicht ums Terroir. Jeder »Frank & Frei«-Winzer macht seinen eigenen Wein, nur das Profil des Müller-Thurgau ist vorgegeben: immer trocken, blitzsaubere Frucht und ein frisches Geschmacksbild. Die Qualitätskontrolle erfolgt intern: Vier Mal im Jahr muss die gesamte Truppe zur verdeckten Verkostung antreten. Was geschmacklich nicht in die Linie passt, darf nicht unter dem Label »Frank & Frei« vermarktet werden. Die Flaschenausstattung ist einheitlich, der produzierende Winzer steht auf dem Rückenetikett. Aus der Idee »Frank & Frei« ist längst ein moderner fränkischer Klassiker geworden; die Winzer organisieren Weinverkostungen, Tage der offenen Keller und ein jährliches Sommerfest.

Das Würzburger Trio

Weinmetropole in Franken ist Würzburg. Die alte Bischofsstadt am Main besitzt mit dem Würzburger Stein nicht nur eine der berühmtesten deutschen Weinbergslagen. Es sind vor allem drei renommierte und traditionsreiche Weingüter, die Würzburg das Image einer Weinstadt verleihen. Das Bürgerspital Zum Heiligen Geist beeindruckt nicht nur durch seine sehenswerten Bauten, das Weingut ist darüber hinaus ein Paradebeispiel für soziales Engagement und Bürgergeist. Bereits zu Beginn des 14. Jahrhunderts gegründet, waren die Gewächse des Stiftsweingutes den Kranken und Schwachen vorbehalten. Der Wein wurde weniger als Genussgetränk, sondern vor allem als stärkende Medizin eingesetzt. Heute kann jedoch jeder die vorwiegend trocken ausgebauten fränkischen Weine aus dem Bürgerspital genießen. Mit rund 110 Hektar Rebfläche, die zum größten Teil mit Riesling und Silvaner bestockt ist, zählt das altehrwürdige Bürgerspital zu den größten fränkischen Weinbaubetrieben. Natürlich besitzt das Weingut auch Parzellen im legendären Würzburger Stein, dessen Weine schon Geheimrat Goethe zu schätzen wusste. Die Weinbergslage Stein-Harfe befindet sich im Alleinbesitz des Bürgerspitals, dazu kommen Rebhänge in der Abtsleite, der sogenannten Inneren Leiste und im Randersacker Pfülben. Probiert werden können die Weine in der schicken Vinothek oder in der gemütlichen Weinstube zusammen mit herzhaften Gerichten aus der fränkischen Küche. Sehenswert sind

1 Weingut Juliusspital – Gartenpavillon im Park. **2** Schatz aus der Vergangenheit – Apotheke im Fürstenbau des Juliusspitals. **3** Stattlich – das renommierte Weingut Juliusspital in Würzburg (hier der Krankenhaustrakt). **4** Traditionsbewusst – der Frankenwein verbindet Generationen. **5** Terroir – die fränkischen Böden sind reich an Fossilien. **6** Winzerpaar – Sandra und Ludwig Knoll setzen mit ihrem Weingut am Stein Akzente.

neben der Spitalkirche und dem barocken Innenhof des Weingutes insbesondere die Kellergewölbe, die zu den schönsten in Franken gehören.

Auch der Staatliche Hofkeller am Residenzplatz kann mit einem sehenswerten Keller aufwarten. Die Anlage, die der Barockmeister Balthasar Neumann unter der Würzburger Residenz bauen ließ, zählt zu den schönsten Weinverliesen Deutschlands. Noch immer werden hier die Weine des Hofkellers auf traditionelle Weise ausgebaut und reifen unter optimalen klimatischen Bedingungen in großen Holzfässern. Riesling und Silvaner stehen auch im Staatlichen Hofkeller an erster Stelle im Rebsortenportfolio; die besten kommen aus den Würzburger Lagen Stein und Innere Leiste. Doch längst gehören auch die Weine aus dem Iphöfer Julius-Echter-Berg zu den empfehlenswerten Gewächsen des Hofkellers, dessen historische Wurzeln bis ins 12. Jahrhundert zurückreichen. Einen Besuch des traditionsreichen Weingutes sollte man unbedingt mit einer Besichtigung der Residenz verbinden. Das barocke Schmuckstück mit seinen sehenswerten Innenräumen und den Deckenmalereien des Venezianers Giovanni Battista Tiepolo, einem der berühmtesten Maler des 18. Jahrhunderts, gehören zu den schönsten Kunstwerken des Alten Europa. Nach der Besichtigungstour lockt die Einkehr in die Residenzgaststätten, wo zu fränkischen Spezialitäten die Weine des Staatlichen Hofkellers in der Frankenweinmetropole Würzburg verkostet werden können.

Nur wenige Schritte weiter steht das Juliusspital. Seit seiner Gründung im Jahre 1576 durch Fürstbischof Julius Echter von Mespelbrunn gehört zur Stiftung des Krankenhauses auch ein Weingut. Rund 170 Hektar bewirtschaftet der renommierte Würzburger Betrieb, der Silvaner steht im Vordergrund des Weingutes. Und der kommt aus besten Würzburger und Escherndorfer Lagen und wird zu charaktervollen fränkischen Klassikern ausgebaut, die durchweg empfehlenswert sind. Natürlich bietet das Weingut auch Rieslinge an, dazu kommen herzhafte Traminer und Weißburgunder sowie

5

6

einige Partien saftiger Spätburgunder. Probiert werden kann das gesamte Portfolio des traditionsreichen Weingutes in der Weinstube Juliusspital, in der vor allem die fränkischen Fischspezialitäten eine Sünde wert sind.

Weingut am Stein

Mitten im Weinberg am Würzburger Stein haben Sandra und Ludwig Knoll ihr Weingut aufgebaut. Aus dem kleinen Familienbetrieb ist eine stattliche Anlage geworden, kontinuierlich gewachsen und doch harmonisch in den Berg integriert. Von Weitem sind das markante Gästehaus und die Vinothek WeinWerk zu sehen, moderne Weingutsarchitektur, die Zeichen setzt. Winzer Ludwig Knoll gehört seit Jahren zu den verlässlichen fränkischen Produzenten; er ist Mitglied in der Winzergruppe »Frank & Frei« und hat neben Silvanern und Rieslingen auch einen beträchtlichen Anteil Müller-Thurgau-Reben in seinen Weinbergen stehen. Bemerkenswert sind auch seine edelsüßen Spezialitäten aus der Rebsorte Rieslaner: Die kleinen süßen Kunstwerke gehören zu den besten im Anbaugebiet. Doch auf dem Weingut am Stein kann nicht nur Wein probiert

1 Lesezeit – das Weingut Rudolf Fürst bei der Weinlese im Centgrafenberg. **2** Weinexperte – Juniorchef Sebastian Fürst bei der Weinprobe. **3** Renommierte Spitzenlage – der »Centgrafenberg« bei Bürgstadt im Herbst. **4** Dörfliches Idyll – Weinort Castell. **5** Fürstlich schlemmen – der Weinstall des Fürstlich Castell'schen Domänenamtes.

werden, auch für das leibliche Wohl ist bestens gesorgt. Vom Restaurant Weinstein aus genießt man nicht nur einen herrlichen Blick auf Würzburg und die Festung Marienberg, auch die Küche von Bernhard Reiser und seinem Team bietet genüssliche Einsichten in eine verfeinerte bodenständige fränkische Küche mit leisen Akzenten aus der Gourmetküche. Reiser kocht am liebsten unkompliziert und spielt mit heimischen und internationalen Zutaten. Da kommen schon mal Leberkäse vom Reh mit Balsamico-Erdbeeren, Hummersalat mit bunter Bratkartoffelvinaigrette, Rosmarin-Maispoularde mit Ochsenschwanzsauce oder Crème brûlée mit Silvaner-Sauerrahm-Eis auf den Tisch. Wer nur ein Häppchen essen möchte, hat die Wahl zwischen verschiedenen Käsesorten, Schinken oder Reisers hausgemachten Gewürzkonfitüren und Chutneys zu selbst gebackenem Brot. Natürlich werden im Restaurant die feinfruchtigen Weine von Ludwig Knoll ausgeschenkt; die hauseigene Weinkollektion ergänzt eine kleine Auswahl internationaler Rotweine. Edelsüße Gewächse wie Trockenbeerenauslesen und Eisweine werden auch glasweise angeboten.

Der fränkische Fürst

Ohne Zweifel gehört Paul Fürst zu den großen Winzern Frankens, insbesondere seine Spätburgunder rechnet man zur internationalen Spitzenklasse. Schon Mitte der 1980er Jahre erregte Fürst mit seinen Weinen Aufsehen, das Weingut am Centgrafenberg stieg in die Spitze deutscher Güter auf. Aber nicht nur die Spätburgunder und Frühburgunder sorgten für Furore in der Weinwelt: Auch Riesling, Silvaner und Weißer Burgunder zählen längst zu den Spezialitäten des Winzers. Die steinigen Böden des Centgrafenbergs mit der Lehmauflage bieten seinen Weinen die besten Voraussetzungen; feine mineralische Töne ergänzen sich mit fruchtigen Aromen, die bemerkenswerten Spätburgunder verfügen über eine erstaunliche Harmonie und weiche Tannine, die der Kraft des Weines die Balance halten. Alles, was hier probiert werden kann, ist von be-

4

5

sonderer Klasse; der Fünfsternewinzer Paul Fürst, der mittlerweile von seinem Sohn Sebastian unterstützt wird, hat mit seinen roten und weißen Spitzengewächsen aus dem Bürgstadter Centgrafenberg in Franken Akzente gesetzt.
Unweit von Bürgstadt liegt Amorbach. Von hier aus führt die kleine Landstraße am Waldrand entlang in Richtung Schafhof. Inmitten des fränkischen Odenwaldes ist das ehemalige Klostergut aus dem 15. Jahrhundert ein Refugium der Ruhe, gleichzeitig ein lebendiger Ort der kulinarischen Einkehr. Mit viel Aufwand wurde aus dem alten Gemäuer ein gemütliches Landhotel mit komfortablen, teils luxuriösen Zimmern inklusive aller Annehmlichkeiten unserer Tage. Wer Ruhe und Entspannung sucht, ist hier bestens aufgehoben, natürlich auch kulinarisch. Dafür sorgen zwei Restaurants mit unterschiedlichen Ansprüchen. In der gemütlichen »Benediktiner-Stube« mit offenem Kamin kommen handfeste Gerichte auf den Tisch, im schick eingedeckten Gourmetrestaurant Abtstube triumphiert die feine Küche. Die umfangreiche Weinkarte bietet neben internationalen Spitzengewächsen auch eine ausgewogene Auswahl an deutschen Weinen zu fairen Preisen.

Flaschenadel und bürgerliche Spitzen

Fürstliche Weine bietet auch das Fürstlich Castell'sche Domänenamt in Castell. Das traditionsreiche Weingut der Grafen Castell-Castell kann auf eine lange Geschichte zurückblicken, die ihre Anfänge im 13. Jahrhundert hat. Mit dem Silvaner verbindet die Familie eine besondere Beziehung, die bevorzugte Traube ist in Castell 1659 zum ersten Mal auf deutschem Boden gepflanzt worden. Ganz im Sinne dieser Tradition gehört denn auch dem Silvaner rund ein Drittel der fürstlichen Rebfläche, die etwa 70 Hektar umfasst. Schlossberg, Hohnart, Kugelspiel, Trautberg und Bausch – die Reben stehen in besten Casteller Lagen und bringen Jahr für Jahr empfehlenswerte Weine ins Glas, vom herzhaften trockenen Gutswein über komplexe und elegante Spätlesen bis zur finessenreichen edelsüßen Spezialität. Im ehemaligen Pferdestall des Schlosses Castell wurde mit viel Aufwand und Geschick ein Weinstall im fränkisch-ländlichen Ambiente geschaffen, eine kleine Genussoase, in der fränkische Gastlichkeit mit Castell-Weinen und bodenständigen Gerichten serviert wird.

Das Weingut des Fürsten Löwenstein in Kreuzwertheim gehört seit Jahrhunderten zu den renommierten Betrieben Frankens. Dazu besitzt das fürstliche Haus auch Rieslingweinberge im Rheingau, doch der fränkische Betrieb wird vom klassischen Silvaner dominiert. Mit dem Homburger Kallmuth, einem beeindruckenden Weinberg, der ganz mit Trockenmauern terrassiert ist und an ein Amphitheater erinnert, kann das Weingut auf eine der besten Lagen Frankens zurückgreifen. Aus dem Ausnahmeberg kommen entsprechend auch die besten Gewächse der Löwensteins: Knackige Silvaner, gespickt mit mineralischen Noten und von einer betörenden Eleganz – ein vinologisches Aushängeschild Frankens.

Mit dem Geschmack seiner Weine hat der Name nichts gemein, im Gegenteil. Horst Sauer im kleinen Weinort Escherndorf ist ein Spezialist für edelsüße Kreszenzen, seine komplexen Auslesen, Beerenauslesen und Trockenbeerenauslesen besitzen durchweg internationales Format. Auch die trockenen Qualitäten von Winzer Sauer gehören längst zu den Favoriten in Franken, vor allem mit Silvaner und Riesling punktet Horst Sauer Jahr für Jahr. Seine Paradelage ist der Escherndorfer Lump, aus dem bekannten Weinberg holt Sauer seine Trauben, die er zu bemerkenswerten Weinen verarbeitet. Dabei sind die Preise für Sauers Gewächse sehr zivil gehalten, im sympathischen Familienweingut ist manches Schnäppchen zu machen.

1 Spitzenlage – der Schlossberg des Fürstlich Castell'schen Domänenamtes. **2** Erlebenswert – das Lusitano Festival in Castell. **3** Sympathischer Spitzenwinzer aus Franken – Horst Sauer, Volkach. **4** Franken pur – Familie Ruck aus Iphofen.

Anbaugebiet Franken

Wein und Winzer mit Charakter:

Frank & Frei GbR
Plan 4
97286 Sommerhausen
Tel.: 09333-90 46 20, Fax: 90 46 27
info@frank-und-frei.de
www.frank-und-frei.de

Weingut Bürgerspital Zum Heiligen Geist
Theaterstr. 19
97070 Würzburg
Tel.: 0931-350 34 41,
Fax: 350 34 44
weinverkauf@buergerspital.de
www.buergerspital.de
Inhaber: Stiftung des öffentlichen Rechts Bürgerspital
Öffnungszeiten: Mo-Fr 9-18 Uhr, Sa 9-15 Uhr

Weingut Staatlicher Hofkeller
Residenzplatz 3
97070 Würzburg
Tel.: 0931-305 09 23,
Fax: 305 09 33
hofkeller-wuerzburg@t-online.de
www.hofkeller.de
Inhaber: Freistaat Bayern
Öffnungszeiten: Mo-Fr 9-18 Uhr, Sa 9-14 Uhr

Weingut Juliusspital
Klinikstr. 1
97070 Würzburg
Tel.: 0931-393 14 00,
Fax: 393 14 14
weingut@juliusspital.de
www.juliusspital.de
Inhaber: Stiftung Juliusspital
Öffnungszeiten: Mo-Fr 9-18 Uhr, Sa 9-16 Uhr

Weingut Ludwig Knoll – Am Stein
Mittlerer Steinbergweg 5
97080 Würzburg
Tel.: 0931-258 08, Fax: 258 80
mail@weingut-am-stein.de
www.weingut-am-stein.de
Inhaber: Ludwig Knoll
Öffnungszeiten: Mo-Fr 14-20 Uhr, Sa 10-17 Uhr

Weingut Rudolf Fürst
Hohenlindenweg 46
63927 Bürgstadt
Tel.: 09371-86 42, Fax: 692 30
info@weingut-rudolf-fuerst.de
www.weingut-rudolf-fuerst.de
Inhaber: Paul und Monika Fürst
Öffnungszeiten: Mo-Fr 9-12 und 14-18 Uhr, Sa 10-15 Uhr

Fürstlich Castell'sches Domänenamt
Schlossplatz 5
97355 Castell
Tel.: 09325-601 70, Fax: 601 88,
weingut@castell.de
www.castell.de
Inhaber: Ferdinand Graf zu Castell-Castell
Öffnungszeiten: Mo-Fr 8-18 Uhr, Sa 10-16 Uhr

Weingut Fürst Löwenstein
Rathausgasse 5
97892 Kreuzwertheim
Tel.: 09342-923 50, Fax: 92 35 50,
kreuzwertheim@loewenstein.de
www.loewenstein.de
Inhaber: Carl-Friedrich Prinz zu Löwenstein
Öffnungszeiten: Mo-Fr 9-12 und 13-17 Uhr, Sa 10-17 Uhr n.V.

Weingut Horst Sauer
Bocksbeutelstr. 14
97332 Volkach
Tel.: 09381-43 64, Fax: 68 43
mail@weingut-horst-sauer.de
www.weingut-horst-sauer.de
Inhaber: Horst und Sandra Sauer
Öffnungszeiten: Mo-Fr 9-12 und 13-18 Uhr, Sa 11-17 Uhr

Weingut Johann Ruck
Marktplatz 19
97346 Iphofen
Tel.: 09323-80 08 80, Fax: 80 08 88
info@ruckwein.de
www.ruckwein.de
Inhaber: Johann und Johannes Ruck
Öffnungszeiten: Mo-Fr 9-12 und 13-18 Uhr, Sa 10-16.30, So 10-12 Uhr

Weingut Hans Wirsching
Ludwigstr. 16
97346 Iphofen
Tel.: 09323-87 30, Fax: 87 33 90
info@wirsching.de
www.wirsching.de
Inhaber: Dr. Heinrich Wirsching
Öffnungszeiten: Mo-Fr 8-18 Uhr, Sa 9-18 Uhr, So 10-12.30 Uhr

Stilvoll schlafen und genießen:

Maritim
Pleichertorstr. 5
97070 Würzburg
Tel.: 0931-305 30, Fax: 305 39 00
info.wur@maritim.de
www.maritim.de

Romantikhotel Zehntkeller
Bahnhofstr. 12
97346 Iphofen
Tel.: 09323-84 40, Fax: 84 41 23
zehntkeller@romantikhotels.com
www.zehntkeller.de

Perfekt genießen:

Das Backöfele
Ursulinergasse 2
97070 Würzburg
Tel.: 0931-502 71, Fax: 502 74
mail@backoefele.de
www.backoefele.de
Chefkoch: Herbert Gier
Öffnungszeiten: tgl. 12-24 Uhr

Der Schafhof
Schafhof 1
63916 Amorbach
Tel.: 09373-973 30, Fax: 41 20
rezeption@schafhof.de
www.schafhof.de
Chefkoch: Achim Krutsch
Öffnungszeiten: Mi-So 12-14 und 18-21 Uhr

Franck-Stube
Untertorstr. 6
97828 Marktheidenfeld
Tel.: 09391-818 13, Fax: 817 73
kerscher-franckstube@t-online.de
Chefkoch: Petra und Hermann Kerscher
Öffnungszeiten: Mi-So 12-14, 18-22 Uhr

Rebstock
Neubaustr. 7
97070 Würzburg
Tel.: 0931-309 30, Fax: 309 31 00
rebstock@rebstock.com
www.rebstock.com
Chefkoch: Franz Frankenberger
Öffnungszeiten: Mo-Sa 18.30-22 Uhr

Weinhaus Stern
Hauptstr. 23
63927 Bürgstadt
Tel.: 09371-403 50,
Fax: 40 35 40
info@hotel-weinhaus-stern.de
www.hotel-weinhaus-stern.de
Chefkoch: Klaus Markert
Öffnungszeiten: Mo, Sa, So 12-14 und 17-24 Uhr; Di, Fr 17-24 Uhr

Weinstein
Mittlerer Steinbergweg 5
97080 Würzburg
Tel.: 0931-28 69 01,
Fax: 200 86 99
weinstein@der-reiser.de
www.der-reiser.de
Chefkoch: Heiko Kolb
Öffnungszeiten: Mo-Sa ab 17 Uhr

Gasthaus Zum Schwan
Birklinger Str. 2
97355 Castell
Tel.: 09325-901 33,
Fax: 901 34
info@schwan-castell.de
www.schwan-castell.de
Chefkoch: Markus Lösch
Öffnungszeiten: Mi-Mo 11.30-14 Uhr und 17-21.30 Uhr

Zum Stachel
Gressengasse 1
97070 Würzburg
Tel.: 0931-527 70, Fax: 527 77
info@weinhaus-stachel.de
www.weinhaus-stachel.de
Chefkoch: Richard Huth
Öffnungszeiten: Mo-Sa 11-23 Uhr

Zur Iphöfer Kammer
Marktplatz 24
97346 Iphofen
Tel.: 09323-39 89 38
Chefkoch: Sebastian Preuß
Öffnungszeiten: Di-Sa 11.30-15, 17-23, So 11.30-15 Uhr

4

Saale-Unstrut

Der 51. Breitengrad gilt als nördlichste Grenze für den Qualitätsweinbau – und dort liegt das Anbaugebiet Saale-Unstrut. Der überwiegende Teil der Rebflächen befindet sich in Sachsen-Anhalt, einige Hektar liegen auch in Thüringen und Brandenburg. In den Tälern der Flüsse herrscht zwar meist ein milderes Klima, doch zerstörten eisige Winter mitunter einen Teil der Reben. Recht robust zeigt sich Müller-Thurgau, in den hiesigen Weinbergen die Nummer eins. Bei den roten Sorten überwiegt Portugieser. Vor allem trockene Weine werden hier produziert; charakteristisch ist ihre knackig-frische Säure.

Im Freyburger Naturschutzpark – Schau-Weinberg mit Rokoko-Weinbergshäuschen und Schloss Neuenburg.

1

2

3

4

Der Wein, der aus der Kälte kam

Saale-Unstrut – Steilhänge und robuste Sorten

Zentrum des Weinanbaus an der Unstrut ist die Stadt Freyburg, größter Produzent dort die Winzervereinigung, in der 500 Weinbauern zusammengeschlossen sind. Zu ihrem Programm gehören auch mehrere Eisweine verschiedener Rebsorten sowie Winzersekte. Der Holzfasskeller der Vereinigung zählt zu den größten in ganz Deutschland.

Florian Deckert leitet das seinerzeit erste private Gut in den neuen Bundesländern, das Weinbau als Haupterwerb betrieb. Vor 1990 waren etliche Bürger als Hobbywinzer aktiv, bis sie dann Flächen hinzukauften und heute einen wesentlichen Teil zum Qualitätsaufschwung an Saale und Unstrut beitragen. Den größten Anteil an Deckerts 16 Hektar, davon vier in Terrassenlagen, hat die rote Sorte Spätburgunder. Sein Weingut liegt direkt am historischen Stadtkern von Freyburg, der von einer nahezu intakten, 1200 Meter langen Stadtmauer umgeben ist.

Die Region ist reich an Burgen und Schlössern. Die mächtige Neuenburg thront hoch über dem Freyburger Unstruttal, sie entstand ab dem Jahr 1085 und war neben der Wartburg der bedeutendste Sitz der Landgrafen von Thüringen. Heute beherbergt sie u. a. die Gastwirtschaft Küchenmeisterey, die bei Speisen und Getränken ganz auf mittelalterliche Show und Ambiente setzt.

Die Hälfte der elf Hektar Rebfläche von Bernard Pawis liegt im Freyburger Edelacker, der besten Steillage der Region; die Weinbergterrassen auf Muschelkalkboden reichen bis auf eine Höhe von über 200 Meter hinauf. Pawis' Eltern hatten 1990 noch mit einem halben Hektar angefangen. Vor zwei Jahren zogen Bernard und seine Frau Kerstin in ein altes Rittergut in Zscheiplitz, der alte Schafstall wurde renoviert und eine neue große Kellerei gebaut, dank des Gründachs mit konstantem Klima. Umweltschonender Anbau ist hier eine Selbstverständlichkeit, ebenso wie eine Reduzierung des Ertrags zugunsten von mehr Extrakt in den einzelnen Beeren. Im Keller liegen 24 Barriquefässer aus heimischer Trias-Eiche, in denen einige Rote und Weiße reifen. Probieren sollte man unbedingt seine elegant-feinfruchtigen Rieslinge sowie die kraftvollen Weißburgunder. Die Chance dazu bietet auch die gutseigene Straußwirtschaft, die im Mai sowie von August bis Oktober an den Wochenenden geöffnet ist.

1 Fühlt sich in Freyburg wohl – Weingott Bacchus mit Weinprinzessin. **2** Deutsches Kulturgut – der Naumburger Dom. **3** Passen auch zum Wein – Thüringer Rostbratwürste. **4** Große Cuvée – Zusammenfluss von Saale und Unstrut.

1-3 Majestätisch – Weinprinzessin und -königin bei der Arbeit und der Proklamation auf dem Freyburger Marktplatz. **4** Gute Aussichten – Blick vom Schlifterweinberg auf Freyburg. **5** Thüringer Trauben – Reben des Weinguts Bad Sulza. **6** Ein guter Jahrgang wächst heran – Weinberg zwischen Laucha an der Unstrut und Weischütz.

Etwas weiter westlich, in Kirchscheidungen, arbeitet Klaus Böhme ebenfalls seit 1990 als hauptberuflicher Winzer. Seine Rieslingspätlesen weisen ein feines Zusammenspiel von Restsüße und Säure auf, empfehlenswert sind aber auch seine kraftvollen und eleganten Weißburgunder.

Von Naumburg bis Bad Sulza

Etwa 40 Güter liegen entlang der Weinstraße, bei allen ist man zu Proben gern willkommen. Zwischen den Rebflächen sieht man öfter kleine Weinbergshäuschen, die meist zur Aufbewahrung von Handwerkszeug dienen – beispielsweise für Bau und Reparatur der

traditionellen Trockenmauern, die – ohne jeglichen Zement errichtet – den Terrassen Stabilität verleihen.
Die Unstrut fließt bei Naumburg in die Saale, die Stadt ist vor allem durch ihren Dom aus dem 13. Jahrhundert mit den zwölf lebensgroßen Stifterfiguren bekannt. Andre Gussek hat auf seinen knapp sechs Hektar Rebfläche zu zwei Dritteln weiße Sorten gepflanzt, empfehlenswert sind Riesling, Silvaner und Weißburgunder aus der Lage Kaatschener Dachsberg. Das Traditionsrestaurant Zille-Stube, das bereits 1593 als Trinkstube erwähnt wurde, bietet schnörkellose deutsche Küche und Verkostungen von Weinen aus dem gesamten Anbaugebiet.
Bad Kösen ist ein beschaulicher Kurort mit der Rudelsburg und Burg Saaleck, die im 11. Jahrhundert zum Schutz des Saaletals errichtet wurden. Silvaner nimmt ein Drittel der gut zehn Hektar Rebfläche des Winzers Uwe Lützkendorf ein. Aus der Spitzenlage

Karsdorfer Hohe Gräte mit ihrem Gipskeuper- und Muschelkalkboden stammen auch aromatische Rieslinge und Weißburgunder mit schöner Mineralität sowie knackiger Säure. Angeschlossen ans Weingut ist der Gutsausschank, wo man zu den Tropfen des Hauses eine Winzervesper mit rustikalen Wurstspezialitäten genießen kann. Das einst von Zisterziensermönchen gegründete Kloster Pforta betreibt seit 900 Jahren Weinbau und ist mit mehr als 55 Hektar Rebfläche der größte Weinerzeuger der Region. Das ehemalige volkseigene Weingut ging 1993 in den Besitz des Landes Sachsen-Anhalt über und kann sich sehr guter Lagen rühmen: Bad Kösener Saalhäuser, Gosecker Dechantenberg und Pfortenser Köppelberg. Letztere ist der älteste, bereits 1154 erwähnte Weinberg im Saale-Unstrut-Gebiet. Angebaut wird eine breite Palette von Reben, darunter lange in Vergessenheit geratene, jetzt aber reaktivierte Sorten wie Blauer Silvaner und Elbling sowie die aus Osteuropa stammende Rotweinrebe Irsay Oliver. Probieren kann man alle Weine in der »Saalhäuser Weinstube«.

Das Thüringer Weingut Bad Sulza war 1992 die erste Neugründung in diesem Bundesland. Die Familie Burkhardt baut an den Hängen des Ilmtals vorwiegend weiße Sorten an, die elegante, feinfruchtige Weine ergeben.

2

3

1 Hier steht die Mauer noch – Weinbergsterrassen in der Lage Schweigenberg, Freyburg. **2** Seit 1994 Winzer in Thüringen – Andreas und Kathrin Clauß. **3** Weinprobe im Clubkeller – Thüringer Weingut Bad Sulza.

Anbaugebiet Saale-Unstrut

Wein und Winzer mit Charakter:

Winzervereinigung Freyburg-Unstrut
Querfurter Str. 10
06632 Freyburg (Unstrut)
Tel.: 034464-30 60, Fax: 306 10
info@winzervereinigung-freyburg.de
www.winzervereinigung-freyburg.de
Inhaber: Genossenschaft,
GF: Dr. Gerald Lange
Öffnungszeiten: Mo-Fr 7-18 Uhr, Sa 10-18 Uhr, So 10-16 Uhr

Weingut Deckert
Schützenstr. 5
06632 Freyburg (Unstrut)
Tel.: 034464-272 27, Fax: 272 82
info@weingut-deckert.de
www.weingut-deckert.de
Inhaber: Florian Deckert
Öffnungszeiten: Mo-So 8-18 Uhr und n. V.

Weingut Pawis
Auf dem Gut 2
06632 Freyburg (Unstrut)
Tel.: 034464-283 15, Fax: 667 27
info@weingut-pawis.de
www.weingut-pawis.de
Inhaber: Bernard Pawis
Öffnungszeiten: Mo-Sa 10-12 und 13-18 Uhr, So 10-12 Uhr

Weingut Böhme
Lindenstr. 42
06636 Kirchscheidungen
Tel.: 034462-203 95, Fax: 227 94
weingut.boehme@t-online.de
www.weingut-klaus-boehme.de
Inhaber: Klaus Böhme
Öffnungszeiten: n. V.

Winzerhof Gussek
Kösener Str. 66
06618 Naumburg (Saale)

Tel.: 03445-781 03 66,
Fax: 781 03 60
winzerhofgussek@t-online.de
www.winzerhof-gussek.de
Inhaber: Andre Gussek
Öffnungszeiten: Mo-Sa ab 15 Uhr, So ab 11 Uhr

Weingut Lützkendorf
Saalberge 31
06628 Bad Kösen
Tel.: 034463-610 00, Fax: 610 01
weingut.luetzkendorf@t-online.de
www.weingut-luetzkendorf.de
Inhaber: Uwe Lützkendorf
Öffnungszeiten: n. V.

Weingut Kloster Pforta
Saalhäuser
06628 Bad Kösen
Tel.: 034463-30 00, Fax: 300 25
service@kloster-pforta.de
www.kloster-pforta.de
Inhaber: Land Sachsen-Anhalt
Öffnungszeiten: tgl. 10-18 Uhr

Thüringer Weingut Bad Sulza
Sonnendorf Nr. 17
99518 Bad Sulza
Tel.: 036461-206 00, Fax: 208 61
info@thueringer-wein.de
www.thueringer-wein.de
Inhaber: Familie Burkhardt
Öffnungszeiten: Mo-Fr 10-18 Uhr, Sa 10-16 Uhr, So 10-13 Uhr

Stilvoll schlafen und genießen:

Berghotel Zum Edelacker
Am Schloß 25
06632 Freyburg (Unstrut)
Tel.: 034464-350, Fax: 353 33
info@edelacker.de
www.edelacker.de

Perfekt genießen:

Küchenmeisterey
Schloss 1
06632 Freyburg (Unstrut)
Tel.: 034383-446 64, Fax: 446 63
info@heureka-gastro.de
www.heureka-gastro.de
Di-Sa 10-22 Uhr, So + Mo 10-19 Uhr, Januar geschl.

Zille-Stube
Mariengasse 2
06618 Naumburg (Saale)
Tel.: 03445-20 28 00
Mi-So ab 17 Uhr, Sa und So auch 12-14 Uhr, Jan.-Febr. geschl.

Saalhäuser Weinstube
Kloster Pforta
06628 Bad Kösen
Tel.: 034463-300 13, Fax: 300 25
service@kloster-pforta.de
www.kloster-pforta.de
Chefkoch: Thomas Stahl
Öffnungszeiten: Mi-Mo 11-22 Uhr, jedoch saisonale Schwankungen

1 Spitze in der Region Saale-Unstrut – Weine von Bernard Pawis in Freyburg-Zscheiplitz. **2** Viel Platz – alter Holzfasskeller der Winzervereinigung Freyburg-Unstrut. **3** Entspannung pur – Berghotel Zum Edelacker in Freyburg.

Sachsen

Das Anbaugebiet entlang der Elbe von Diesbar-Seußlitz im Norden bis Pillnitz im Süden ist eines der kleinsten in Deutschland und das nordöstlichste in Europa. Auch einige Rebflächen in Brandenburg zählen offiziell zur Weinregion Sachsen. Trotz der nördlichen Lage mit kalten Wintern und späten Frühjahrsfrösten profitieren die Südhänge im Elbtal von relativ viel Sonne. Starke Unterschiede zwischen Tages- und Nachttemperaturen und der stete Wechsel von Sonne, Wind und Regen sorgen dafür, dass die Trauben langsam reifen und viel Extrakt bilden können.

Bekannt für guten Sekt – das Sächsische Staatsweingut Schloss Wackerbarth.

1

2

3

4

Lebendige Historie im Elbtal

Sachsen – Weinbauregion im Aufschwung

In Sachsen werden erstmals im Jahr 1161 weinbauliche Aktivitäten urkundlich erwähnt – später als in anderen deutschen Weinregionen. Höhepunkt des sächsischen Weinbaus war die Zeit um 1840, als 1636 Hektar mit Reben bewachsen waren. Reblausplage, Bodenspekulation und die Kriege sorgten dafür, dass die Rebfläche 1945 dann gerade noch 60 Hektar betrug. Doch ist es vor allem den Nebenerwerbswinzern zu verdanken, dass auch die wertvollen Steillagen wieder bewirtschaftet werden. Enormen Aufschwung erhielt der Weinbau nach 1989. Neue Weingüter entstanden, frühere Genossenschaftswinzer machten sich jetzt selbstständig. Vor allem Müller-Thurgau wird nun dort angebaut, gefolgt von Riesling. Und ausschließlich in Sachsen wurzelt die Rebsorte Goldriesling, eine vor knapp 100 Jahren entwickelte Kreuzung aus Riesling und Courtillier.

Die Elbe – Paradies für Radler und Weinkenner

An der Elbe entlang erstreckt sich der Radwanderweg, der bis nach Norddeutschland führt. Der mit dem berühmten Radprofi fast identische Name brachte dem Weingut Jan Ulrich in Diesbar-Seußlitz manchen Zusatzumsatz, da etliche Radler von dort eine Flasche mitnahmen. Die zehn Hektar Rebfläche liegen größtenteils in der Lage Seußlitzer Heinrichsburg, eine der besten Lagen Sachsens. Spezialität des Hauses ist der Goldriesling, aber auch Kerner gehört zu den erfolgreichen Tropfen des Weinguts. Bis 1990 lieferte das Seußlitzer Weingut Joachim Lehmann, das Weinbau bereits in der dritten Generation betreibt, die Trauben noch an die Meißner Winzergenossenschaft; mittlerweile keltert man dort den Öko-Wein von den vier Hektar Rebfläche selbst. Im rustikalen Gastraum von Lehmann's Seußlitzer Weinstuben sind die Weine des Hauses im Angebot, neben Riesling und Müller-Thurgau auch Spätburgunder und Blauer Zweigelt; bei schönem Wetter blickt man von der Terrasse weit über die Elbe.

Auf der gleichen Elbseite liegt Schloss Proschwitz, das Weingut von Georg Prinz zur Lippe. 1945 war die Familie enteignet worden, 1990 kaufte der Prinz zunächst das Weingut im Meißener Ortsteil Zadel, 1997 dann auch das prächtige Barockschloss, den Stammsitz

1 Die Meißener Albrechtsburg im Visier – die Lage Katzensprung von Weingut Proschwitz. **2** Weinlandeshauptstadt – Dresden am Morgen. **3** Großartiger Service – Villa Sorgenfrei in Radebeul. **4** Perfekt restauriert – Schloss Proschwitz.

1 Edles Ambiente – Schloss Proschwitz von Prinz zur Lippe. **2** Barocke Exotik – chinesischer Pavillon auf Schloss Proschwitz. **3** Leseecke – Hotel Goldener Löwe in Meißen. **4** In Meißen stets im Blick – die Albrechtsburg. **5** Aus sächsischen Gewässern – Zander im Restaurant zenSur, Hotel Goldener Löwe in Meißen. **6** Elbwein – bis Diesbar-Seußlitz stehen die Reben entlang des Flusses. **7** Katzensprung – eine der Paradelagen von Schloss Proschwitz.

der Familie, zurück. Seitdem finden im Schloss wieder klassische Konzerte statt, die Räume werden aber auch für private Feiern vermietet. Der Vierseithof in Zadel enthält den modernen Keller, eine schicke Vinothek, dazu drei Gästezimmer und zwei Ferienwohnungen. 70 Hektar umfasst das Weingut, mit Abstand der größte private Weinbaubetrieb Sachsens. Fantastisch ist der Ausblick von den Weinbergen auf die Meißener Albrechtsburg auf der anderen Elbseite. Die Löss- und Granitböden bringen mineralische Dornfelder hervor, die Weiß- und Grauburgunder sind recht komplex, Traminer und Scheurebe besitzen aromatische Frische. Hinzu kommt noch der hier traditionelle Elbling, eine Sorte, die bereits vor 900 Jahren von den Zisterziensern in Sachsen kultiviert und vom Prinzen wieder neu angepflanzt wurde. Martin Schwarz ist der Kellermeister des Hauses, bewirtschaftet aber gemeinsam mit Grit Geißler auch 1,3 Hektar eigene Rebflächen – nur Steillagen, aus deren Trauben er neben dem Müller-Thurgau auch eine weiße Cuvée aus Riesling und Traminer mit prickelnder Frische und aromatischer Würze sowie eine rote Cuvée aus Spätburgunder und Portugieser erzeugt. Alle diese Weine sind im Holzfass vergoren und ausgebaut.

6

7

Thomas Herrlich produziert auf seinem Meißner Weingut Vincenz Richter neun Sorten, darunter Riesling und Grauburgunder aus einer der besten Lagen, dem Meißner Kapitelberg. Die Weine genießen kann man auch in der Traditionsgaststätte Vincenz Richter direkt neben der Frauenkirche, die mit alten Waffen und anderen Antiquitäten ausgestattet ist. Hier serviert man einfache sächsische Küche, gern steuern Reisegruppen das Lokal zur Mittagszeit an.

Radebeul – Weine von Adel

Schloss Wackerbarth in Radebeul war schon zu DDR-Zeiten für seine Sekte bekannt. Auch heute gehören sie – traditionell wie in der Champagne handgerüttelt und mit der zweiten Gärung in der Flasche – zu den Aushängeschildern des Staatsweinguts. Die etwa 90 Hektar, teils Steillagen in Seußlitz und Radebeul, sind mit würzig-mineralischem Riesling sowie aromatischen Traminer und Weißburgunder bestockt. Im Jahr 1730 entstand das barocke Herrenhaus sowie das in den Rebbergen gelegene Lusthäuschen Belvedere. Graf von Wackerbarth hatte den Architekten Johann Christoph Knöffel mit dem Bau beauftragt, der auch den ersten Entwurf für die Dresdner Frauenkirche lieferte. Einen interessanten Kontrast dazu bietet die neue Vinothek mit dem Erlebnisweingut. Im Gasthaus des Weinguts genießt man gehobene sächsische Küche, etwa gefülltes Stubenküken auf Steckrüben mit Estragon-Kernerschaum. Radebeul ist auch die Heimat des Weinguts Drei Herren. Das Gut hat eine lange Tradition, heute noch zu bewundern ist der große alte Gewölbekeller mit Wandmalereien im Chinoiserie-Stil, die etwa zur gleichen Zeit entstanden sind wie die Fresken an der Fassade von Schloss Pillnitz bei Dresden. Nachdem die Reblaus alle Stöcke zerstört hatte, war 1907 Schluss mit dem Weinbau. Neu gegründet wurde das Weingut im Jahr 2004 von dem Kunsthistoriker Prof. Dr. Rainer Beck, dem Winzer Claus Höhne und – als Ersatz für den dritten Herren neu dabei – Antje Wiedemann. Probieren sollte man den mineralischen Riesling und die sächsische Spezialität Goldriesling.

Ein paar Häuser weiter und mit 3,5 Hektar von ähnlicher Größe liegt das Weingut von Karl Friedrich Aust. Seine Eltern waren noch Hobbywinzer, er selbst lernte zunächst Steinmetz, um 2002 das Weingut auszubauen. Heute hat der junge Winzer acht Sorten im

Anbau, gut gelungen sind Weißburgunder und Traminer. Ganz dezent setzt er kleine Holzfässer, Barriques, ein, die den Wein unterstützen, ohne ihn zu dominieren. Erfolgreich ist er auch in der Top-Gastronomie: So sind seine Flaschen auch im berühmten Dresdner Taschenbergpalais zu finden. Allerdings hält er genug Wein zurück, um ihn in seinem im August 2007 eröffneten Restaurant Weinhaus Aust auszuschenken.

Die Hoflössnitz in Radebeul wurde 1401 durch den Markgrafen Wilhelm den Einäugigen gegründet. 500 Jahre lang war das Weingut im Besitz des Adelsgeschlechts der Wettiner; es wurde nicht nur für den Weinbau, sondern auch für höfische Feste genutzt. Vor 100 Jahren entstand hier eine staatliche Weinbauversuchs- und Lehranstalt. Heute wird auf acht Hektar – streng nach Öko-Richtlinien – wieder Wein angebaut, beispielsweise Goldriesling und Weißer Burgunder. Darüber hinaus beherbergen die schmucken Gebäude eine ständige Ausstellung zum Thema »Weinbau im Elbtal«. Die Weinstube Hoflössnitz bietet regionale Küche aus stets frischen Produkten, die man im Sommer unter großen Kastanien auf der Terrasse und im Winter in der Gaststube des historischen Hauses gemütlich am alten Kachelofen genießen kann.

Dresden – blaue und andere Wunder

Das Gourmetrestaurant im Hotel Pattis ist Dresdens erste Adresse für große Küche. Kreativ, mit sächsischem Charme und an französisch inspirierten Gerichten zur Zeit August des Starken orientiert – so lautet Mario Pattis' Credo. Serviert wird hier stilecht auf Meissener Porzellan. Sein »Sächsisch-Höfisches Essvergnügen« umfasst Gerichte aus historischen Menüs, die den heutigen Essgewohnheiten dezent angepasst sind. Der Lausitzer Saibling mit einem Croustillant von heimischen Krebsen auf Kohlrabi etwa entstammt einem Dinner von 1889.

Direkt am »Blauen Wunder«, Dresdens berühmtester Brücke, hat Karsten Heidsiek die Villa Marie gepachtet – früher ein Künstlerdomizil, heute ein Restaurant im toskanischen Stil mit sächsischen und italienischen Weinen. Vom Restaurant aus haben die Gäste einen sagenhaften Blick auf Brücke und Fluss.

Vier Hektar bewirtschaftet Klaus Zimmerling konsequent ökologisch im Dresdner Stadtteil Pillnitz. Nur weiße Sorten baut er an, und das ohne Einsatz von Holzfässern. Der Ertrag ist mit höchstens 20 Hektolitern pro Hektar sehr gering, um konzentrierte Weine zu erhalten. Probieren sollte man vor allem seine großartigen Rieslinge und Gewürztraminer von der Lage Pillnitzer Königlicher Weinberg. Der Boden aus verwittertem Gneis und Granit bringt natürlich ausgereifte Tropfen mit feiner Mineralität hervor. Die Etiketten gestaltet seine Frau Malgorzata Chodakowska, deren überlebensgroße Plastiken im Weingut ausgestellt sind.

1 Segen für die Reben – Weinbergkirche »Zum Heiligen Geist« in Dresden-Pillnitz **2** Beliebt – Weinprobe auf Schloss Wackerbarth. **3** Ökologisch – Weinberge von Klaus Zimmerling in Dresden-Pillnitz.

Anbaugebiet Sachsen

Wein und Winzer mit Charakter:

Joachim Lehmann
An der Weinstr. 28
01612 Diesbar-Seußlitz
Tel.: 035267-555 68, Fax: 542 03
weingut-lehmann@t-online.de
www.weingut-joachim-lehmann.de
Inhaber: Joachim Lehmann
Öffnungszeiten: Fr-Mi 7-19 Uhr

Schloss Proschwitz
Dorfanger 19
01665 Meißen
Tel.: 03521-767 60, Fax: 76 76 76
weingut@schloss-proschwitz.de
www.schloss-proschwitz.de
Inhaber: Dr. Georg Prinz zur Lippe
Öffnungszeiten: tgl. 10-18 Uhr

Drei Herren
Weinbergstr. 34
01445 Radebeul
Tel.: 0351-7956099,
Fax: 7956315
info@weingutdreiherren.de
www.weingutdreiherren.de
Inhaber: Prof. Dr. Rainer Beck und Claus Höhne
Öffnungszeiten: Do-Sa 14-18 Uhr, So 11-18 Uhr

Karl Friedrich Aust
Weinbergstr. 10
01445 Radebeul
Tel.: 0351-89 39 01 00,
Fax: 89 39 00 98
friedrich.aust@gmx
www.weingut-aust.de
Inhaber: Karl Friedrich Aust
Öffnungszeiten: n. V.

Martin Schwarz
Alaunstr. 70
01099 Dresden
Tel.: 0351-895 60 72,
Fax: 895 60 79
barriquewein@aol.com
Inhaber: Martin Schwarz
Öffnungszeiten: n. V.

Vincenz Richter
Dresdener Str. 147
01662 Meißen
Tel.: 03521-73 16 06, Fax: 73 19 23
weingut@vincenz-richter.de
www.vincenz-richter.de
Inhaber: Thomas Herrlich
Öffnungszeiten: Mo-Fr 9-18 Uhr, Sa 9-12 Uhr

Schloss Wackerbarth
Wackerbarthstr. 1
01445 Radebeul
Tel.: 0351-895 50, Fax: 895 51 50
kontakt@schloss-wackerbarth.de
www.schloss-wackerbarth.de
Inhaber: Sächsische Aufbaubank
Öffnungszeiten: tgl. 9.30-20 Uhr

Klaus Zimmerling
Bergweg 27
01326 Dresden
Tel.: 0351-261 87 52,
Fax: 261 87 52
Inhaber: Klaus Zimmerling
Öffnungszeiten: n. V.

Stilvoll schlafen und genießen:

Villa Sorgenfrei
Augustusweg 48
D-01445 Radebeul
Tel.: 0351-795 66 60,
Fax: 795 666 77
info@hotel-villa-sorgenfrei.de
www.hotel-villa-sorgenfrei.de

Hotel Goldener Löwe
Heinrichsplatz 6
01662 Meißen
Tel.: 03521-411 10, Fax: 411 14 44
goldener-loewe@meissen-hotel.com
www.meissen-hotel.com/loewe

Perfekt genießen:

Joachim Lehmann's Weinstube
An der Weinstr. 28
01612 Diesbar-Seußlitz
Tel.: 035267-555 68, Fax: 542 03
weingut-lehmann@t-online.de
www.weingut-joachim-lehmann.de
Öffnungszeiten: Fr-Mi 7-19 Uhr

Vincenz Richter
An der Frauenkirche 12
01662 Meißen
Tel.: 03521-45 32 85, Fax: 45 37 63
restaurant@vincenz-richter.de
www.vincenz-richter.de
Chefkoch: Norbert Dahlum
Öffnungszeiten: Di-So 12-24 Uhr

Schloss Wackerbarth
Wackerbarthstr. 1
01445 Radebeul
Tel.: 0351-895 50, Fax: 895 51 50
kontakt@schloss-wackerbarth.de

www.schloss-wackerbarth.de
Öffnungszeiten: Mi-So 12-22 Uhr

Weinhaus Aust
Weinbergstr. 10
01445 Radebeul
Tel.: 0351-89 39 01 00,
Fax: 89 39 00 98
friedrich.aust@gmx.de
www.weingut-aust.de
Öffnungszeiten: n. V.

Weinstube Hof Lössnitz
Knohllweg 37
01445 Radebeul
Tel.: 0351-839 83 55,
Fax: 839 83 40
info@weinstube-hofloessnitz.de
www.weinmuseum.de
Chefkoch: Stephan Lampe
Öffnungszeiten: Di-So 10.30-23 Uhr

Gourmetrestaurant Pattis
Merbitzer Str. 53
01157 Dresden
Tel.: 0351-425 50, Fax: 425 52 55
info@pattis.de
www.pattis.de
Chefkoch: Mario Pattis
Öffnungszeiten: Di-Sa 18-24 Uhr

Villa Marie
Fährgässchen 1
01309 Dresden
Tel.: 0351-31 54 40, Fax: 315 44 14
restaurant-bar@villa-marie.com
www.villa-marie.com
Chefköchin: Sandra Kusch
Öffnungszeiten: tgl. 11.30-1 Uhr

1 Strebt nach oben – Winzer Martin Schwarz, zwischen Riesling- und Burgunderreben. **2** Harmonische Zusammenarbeit – Klaus Zimmerling macht den Wein, seine Frau Malgorzata Chodakowska gestaltet die Etiketten. **3** Sächsischfein – Gasthaus auf Schloss Wackerbarth.

Anhang

Kurz vor der Lese – Trauben im Weinberg bei Siefersheim, Rheinhessen.

Statistik

Ahr
Anbaufläche: 548 Hektar
Rebsorten: Spätburgunder 61 %, Portugieser 9 %, Riesling 7 %
Durchschnittlicher jährlicher Niederschlag: 662 mm
Jahresdurchschnittstemperatur: 9,8 °C
Sonnenstunden jährlich: 1370

Baden
Anbaufläche: 16 078 Hektar
Rebsorten: Spätburgunder 37 %, Müller-Thurgau 18 %, Grauburgunder 10 %
Durchschnittlicher jährlicher Niederschlag: 687 mm (Kaiserstuhl) – 1006 mm (Markgräflerland)
Jahresdurchschnittstemperatur: 8,9 °C (Bodensee) – 10,5 °C (Breisgau)
Sonnenstunden jährlich: 1739 (Kaiserstuhl) – 1501 (Markgräflerland)

Franken
Anbaufläche: 6372 Hektar
Rebsorten: Müller-Thurgau 32 %, Silvaner 21 %, Bacchus 12 %
Durchschnittlicher jährlicher Niederschlag: 602 mm (Maindreieck) – 709 mm (Mainviereck)
Jahresdurchschnittstemperatur: 9,1 °C
Sonnenstunden jährlich: 1565

Hessische Bergstraße
Anbaufläche: 435 Hektar
Rebsorten: Riesling 49 %, Spätburgunder 10 %, Grauburgunder 8 %
Durchschnittlicher jährlicher Niederschlag: 834 mm
Jahresdurchschnittstemperatur: 10,2 °C
Sonnenstunden jährlich: 1686

Mittelrhein
Anbaufläche: 440 Hektar
Rebsorten: Riesling 70 %, Spätburgunder 9 %, Müller-Thurgau 5 %
Durchschnittlicher jährlicher Niederschlag: 604 mm
Jahresdurchschnittstemperatur: 10 °C
Sonnenstunden jährlich: 1530

Mosel
Anbaufläche: 9003 Hektar
Rebsorten: Riesling 58 %, Müller-Thurgau 15 %, Elbling 7 %
Durchschnittlicher jährlicher Niederschlag: 706 mm (Mosel) – 795 mm (Saar)
Jahresdurchschnittstemperatur: 9,9 °C (Saar und Ruwer) – 10,1 °C (Mosel)
Sonnenstunden jährlich: 1265 (Saar und Ruwer) – 1358 (Mosel)

Nahe
Anbaufläche: 4124 Hektar
Rebsorten: Riesling 26 %, Müller-Thurgau 13 %,

Berühmte Lage – der Rote Hang bei Nierstein.

Dornfelder 11 %
Durchschnittlicher jährlicher Niederschlag: 517 mm
Jahresdurchschnittstemperatur: 9,5 °C
Sonnenstunden jährlich: 1512

Pfalz
Anbaufläche: 23 559 Hektar
Rebsorten: Riesling 22 %, Dornfelder 14 %, Müller-Thurgau 10 %
Durchschnittlicher jährlicher Niederschlag: 668 mm
Jahresdurchschnittstemperatur: 10,4 °C
Sonnenstunden jährlich: 1800

Rheingau
Anbaufläche: 3088 Hektar
Rebsorten: Riesling 78 %, Spätburgunder 13 %, Müller-Thurgau 2 %
Durchschnittlicher jährlicher Niederschlag: 582 mm
Jahresdurchschnittstemperatur: 10,6 °C
Sonnenstunden jährlich: 1603

Rheinhessen
Anbaufläche: 26 281 Hektar
Rebsorten: Müller-Thurgau 16 %, Dornfelder 13 %, Riesling 12 %
Durchschnittlicher jährlicher Niederschlag: 586 – 608 mm
Jahresdurchschnittstemperatur: 9,4 – 10,4 °C
Sonnenstunden jährlich: 1594

Saale-Unstrut
Anbaufläche: 651 Hektar (davon 606 ha in Sachsen-Anhalt, 40 ha in Thüringen, 5 ha in Brandenburg)
Rebsorten: Müller-Thurgau 20 %, Weißburgunder 12 %, Silvaner 9 %
Durchschnittlicher jährlicher Niederschlag: 543 mm
Jahresdurchschnittstemperatur: 9,1 °C
Sonnenstunden jährlich: 1600

Sachsen
Anbaufläche: 470 Hektar
Rebsorten: Müller-Thurgau 20 %, Riesling 15 %, Weißburgunder 13 %
Durchschnittlicher jährlicher Niederschlag: 584 mm
Jahresdurchschnittstemperatur: 8,9 °C
Sonnenstunden jährlich: 1570

Württemberg
Anbaufläche: 11 739 Hektar
Rebsorten: Trollinger 22 %, Riesling 18 %, Schwarzriesling 16 %
Durchschnittlicher jährlicher Niederschlag: 724 mm (Raum Stuttgart), 758 mm (Württembergisch Unterland)
Jahresdurchschnittstemperatur: 10,6 °C (Raum Stuttgart), 9,6 °C (Württembergisch Unterland)
Sonnenstunden jährlich: 1685 (Raum Stuttgart), 1638 (Württembergisch Unterland)

Weinberge an der Unstrut – hier wächst vor allem feinwürziger Müller-Thurgau.

Die Sprache des Weins

Wenn Fachleute über Weine reden, klingt dies oftmals fürchterlich kompliziert und verschlüsselt. Dabei benutzt die professionelle Weinansprache in der Regel Wörter und Begriffe aus dem Alltag und ist damit gar nicht so unverständlich, wie man auf den ersten Blick vermuten könnte. Um ein gewisses Maß an Verständnis untereinander zu ermöglichen, ist es wichtig, dass die Bedeutung der Begriffe im Kontext der Weinwelt bekannt ist.
Möchten Sie also einen Wein beschreiben oder einfach Ihre Geschmackseindrücke wiedergeben? Dann helfen Ihnen die folgenden Ausdrücke, Wein besser zu verstehen.

Das Vokabular der Weinverkoster

Abgang Der kurze oder lange geschmackliche Eindruck, den ein Wein nach dem Schlucken am Gaumen hinterlässt. Ein langer Abgang zeichnet einen hochwertigen Wein aus. Ein schwacher Abgang zeigt sich durch das rasche Nachlassen des Eigengeschmacks, oft auch Zeichen eines ungenügenden Säuregehalts.

Adstringierend Hohe und junge Säuren können im Mund zu einer austrocknenden Wirkung führen. Dieses pelzige, etwas taube Gefühl im Mund kann ebenso von unreifen Tanninen oder einer konzentrierten Gerbsäure aus Traubenschalen oder Holzfässern herrühren.

Alkoholreich Beschreibung für Weine, die einen hohen Alkoholgehalt haben. Alkoholreiche Weine wirken oft brandig und ungewöhnlich schwer.

Alt Positive wie negative Bezeichnung für Weine. Entscheidend ist, ob die Weine aufgrund ihres Jahrgangs oder ihres Geschmacks als »alt« bezeichnet werden.

Aroma Gesamtheit der Stoffe, die jedem Wein sein typisches Duft- und Geschmacksbild verleihen.

Aromatisch Weine von ausdrucksstarken Rebsorten verfügen in der Regel über ein aromatisches Bukett.

Art Charakter eines Weins, Gesamtbild.

Ausdruckslos Weine, deren Aroma und Geschmack sich nicht entfalten, nennt man ausdruckslos.

Ausgewogenheit Der Wein enthält alle wünschenswerten Elemente und befindet sich in einem idealen Gleichgewicht von Duft, Frucht, Säure, Extrakt und Alkohol.

Balance Ein Wein, der ausgewogen und harmonisch schmeckt, hat Balance.

Biss, beißend Ein kräftiger Eindruck, den der Wein auf der Zunge hinterlässt. Fehlt es an Biss, wirkt der Wein eher flach.

Bitter, Bitterkeit Eine Geschmacksnuance der Gerbstoffe, die in der Regel bei Weinen aus unreifem Lesegut vorkommt. Mit der Reifung eines Weins verschwindet oft auch die anfängliche Bitterkeit.

Blume, blumig Vorstufe zum Bukett. Positiver Geschmackseindruck des Weins; man spricht von einer edlen, feinen oder zarten Blume.

Böckser Gärfehler, der vor allem Jungweinen einen unangenehmen Geruch von faulen Eiern verleiht.

Brandig Weine, die über einen hohen Alkoholgehalt und wenig Frucht verfügen, können brandig schmecken.

Bukett Das Aroma des Weins, das in der Nase wahrgenommen wird.

Buttrig Reicher, meist fetter Geschmack, der vor allem bei Weinen vorkommt, die auf der Hefe gereift und im Barriquefass ausgebaut wurden.

Charakter Ein Wein, der alle positiven Eigenschaften seiner Rebsorte besitzt, hat Charakter.

Charmant Umschreibender Ausdruck für relativ belanglose Weine, die zwar nicht schlecht sind, aber eigentlich eindrucksvollere Eigenschaften haben sollten.

Cremig Fachausdruck für Schaumweine, die eine zarte Kohlensäure aufweisen.

Dicht Ein Wein mit kompaktem Körper.

Dick Weine, die reich an Alkohol, Extrakten und Geschmack sind.

Duft, duftig Umschreibung für einen feinen, zarten Geruch.

Dünn Dem Wein fehlen Extrakte, Körper, Alkohol und Geschmacksstoffe. Kein Synonym für »leicht«.

Durchgegoren Weine, in denen der gesamte Zucker bei der Gärung in Alkohol umgewandelt wurde und der dadurch keine nennenswerte Restsüße enthält. Bei gleichzeitig hohem Säuregehalt können durchgegorene Weine hart und bissig schmecken.

Eckig Unharmonischer Wein, bei dem einzelne Geschmacksstoffe wie Säure und Gerbstoffe zu sehr hervortreten.

Ehrlich Einfacher, guter Wein, der keine Fehler hat.

Eichengeschmack Kommt in der Regel von der Lagerung in neuen Barriquefässern. Mögliche Aromen sind: getoastetes Holz, Vanille, Zedern, frisch gesägtes Eichenholz, geräucherte und leicht angebrannte Noten sowie Asche.

Eisenhaltig Mineralischer Geschmackseindruck, der vom Boden/Terroir herrührt.

Elegant Die Proportionen des Weins (Aroma, Geschmack, Gehalt und Extrakt) sind fein abgestimmt und harmonisch ausbalanciert.

Entwickelt Hier unterscheidet man folgende Stadien: noch entwicklungsfähig, unreif oder schon reif.

Erdig Umschreibung für mineralisch geprägte Weine, deren Bodenstrukturen sich im Geschmack wiederfinden, etwa Muschelkalk, Feuerstein oder auch tiefe, lehmreiche Böden.

Essigstich Weine, die intensiv nach Essigextrakt riechen, sind fehlerhaft.

Eukalyptus Beschreibung für ein an Eukalyptus erinnerndes würziges Aroma.

Extrakt Die Summe der aromatischen Weinbestandteile ohne Alkohol, Säure, Zucker und Wasser. Dazu gehören beispielsweise Glyzerin, Gerb- und Farbstoffe sowie Mineralien. Je höher der Extrakt, desto besser ist oft der Wein. Ein durchschnittlicher, guter Rotwein hat rund 25 Gramm pro Liter Extrakt, bei den Spitzenweinen sind es mehr als 30 Gramm pro Liter.

Fad Ausdrucksloser, säurearmer Wein.

Farbe Wichtig für die Beurteilung von Wein. Die Farbe und die entsprechenden Farbreflexe können bei der Bestimmung der Rebsorte, der Herkunft und des Alters hilfreich sein.

Farbstoff Die Farbstoffe der Trauben sitzen in der Schale, nicht im Saft. Damit ein Rotwein Farbe bekommt, müssen die angepressten Trauben einige Zeit auf der sogenannten Maische liegen. Dabei zieht der Saft die Farbstoffe aus den aufgeplatzten Schalen. Roséweine benötigen nur einen kurzen Kontakt mit den Schalen, um ihre leicht rosa Farbe zu erlangen.

Faserig Wein kann faserig wirken, wenn seine einzelnen Komponenten nicht zusammenhängen oder unharmonisch zueinander stehen.

Fassgeruch Modriger, unangenehmer Geruch, der von alten, meist schlecht gepflegten Fässern stammt.

Fassgeschmack Muffig-dumpfer Holzgeschmack.

Fein Ausdruck für eine ausgewogene, harmonische Qualität.

Fest Geschmacksvielfalt, die Gaumen und Zunge durch eine kräftige Säure und Gerbstoffe beeinflusst und ein Gefühl von jugendlicher Kraft vermittelt.

Fett Geschmack und Konsistenz füllen den ganzen Mund aus. Fette Weine können auch zu breit und damit unharmonisch wirken.

Feurig Kräftige, alkoholreiche Rotweine mit harmonischem Körper werden oft als feurig bezeichnet.

Finesse Finessenreiche Weine stechen mit ihrer Nachhaltigkeit, ihrer Konsistenz und allen anderen Qualitäten besonders hervor. Geschmack und Aroma sind dabei optimal eingebunden.

Firne Geschmacksnote eines alten Weins, der ein etwas hart anmutendes Lagerbukett (Oxidationsbukett) angenommen hat. Bei Spitzenweinen kann die sogenannte Edelfirne aber auch eine Bereicherung darstellen.

Flach Ein wässriger, leichter, wenig duftender Wein ohne Nachgeschmack.

Fleischig Ein fleischiger Wein ist dicht, fett, saftig und ölig, jedoch nicht unbedingt kraftvoll.

Frisch Jugendliche Lebendigkeit und Spritzigkeit, durchaus verbunden mit Säure.

Fruchtig Dieser Begriff wird sowohl für den Bukettduft als auch für den Geschmack verwendet. Er beschreibt die Reichhaltigkeit eines aus gesunden und reifen Trauben gewonnenen Weins und den damit verbundenen typischen Fruchtcharakter. Die Fruchtigkeit wird in der Regel von einem Hauch Restsüße begleitet.

Frühreif Wein, der sich zu schnell entwickelt hat.

Gefällig Ein ordentlicher Wein ohne Höhen und Tiefen, der keinen großen Anspruch erhebt.

Gehaltvoll Meist verbirgt sich hinter diesem Wort das Gegenteil von Eleganz, eher eine überladene Aromenvielfalt und ein kräftiger Alkohol.

Gerbstoff Der Gerbstoff – auch als Tannin bezeichnet – steckt in den Beerenschalen, den Kernen und den Stielen der Trauben. Die verschiedenen Rebsorten haben auch einen unterschiedlichen Gerbstoffgehalt. Bei einem hohen Gerbstoffgehalt, den entweder junge oder Weine aus unreifem Traubengut aufzeigen, ziehen sich in der Regel die Mundschleimhäute zusammen (adstringierende Wirkung). Bei Rotweinen baut sich das Tannin im Laufe der Zeit in seiner aggressiven Wirkung ab und wandelt sich in eine reife, weiche Form, die den Wein geschmacklich stützt und ihm Haltbarkeit verleiht. Zusätzlicher Gerbstoff entsteht im Wein durch die Lagerung in Holzfässern, vor allem im Barrique.

Geschmeidig Ein qualitativ hochwertiger, glatter, runder und anschmiegsamer Wein mit ausgeglichener Säure.

Glyzerin Dreiwertiger Alkohol, der während der Gärung entsteht und zu einer süßen Empfindung im Mund führt. Verleiht dem Wein Vollmundigkeit und Körper. Je alkoholreicher der Wein, desto höher kann der Glyzeringehalt sein. An der Glaswand hinterlässt das Glyzerin die sogenannten Kirchenfenster.

Grasig Ein unreifer, grüner, fast adstringierender Geschmack, der von zu starker Pressung oder von zu früh geernteten Trauben herrührt.

Grün Ein Wein, der so wohl im Duft als auch im Geschmack grasig und unreif wirkt.

Halbtrocken Geschmacksbezeichnung für deutschen Wein mit einer Obergrenze von 18 Gramm pro Liter Restzucker. Der Zuckergehalt muss dabei in einem bestimmten Verhältnis zur Säure stehen, nach der Formel Säure plus 10. Eingeführt wurde dieser etwas abstrakt anmutende Begriff, weil besonders säurebetonte Weine aus nördlicheren deutschen Anbaugebieten auch mit einem relativ hohen Restzuckergehalt betont herb schmecken. Die Deklaration »halbtrocken« soll dies deutlich machen.

Harmonisch Alle Inhaltsstoffe müssen im Bukett und im Geschmack in einem ausgewogenen Verhältnis stehen.

Hart Weine wirken hart, wenn sie über junge Tannine und kräftige Säuren verfügen.

Hefeton, hefig Hefe riecht man bei jungen Weinen oder wenn sie auf der Hefe gereift sind.

Herb Geschmackseindruck von Weinen, die reich an Tannin sind.

Hohl Ein leerer Wein mit wenig Charakter und ohne Ausdruck.

Kantig Noch unharmonisches Zusammenwirken der einzelnen Komponenten. Meist wird die Säure als kantig bezeichnet, wenn sie etwas überbetont ist.

Kork, korkig Unangenehm muffiger Geruch und Geschmack, der durch einen unsichtbaren Schimmel im Korken verursacht wird.

Körper Ausdruck für Dichte, Kraft und hohen Extraktgehalt eines Weins. Aber auch mit einem schlanken Körper kann ein Wein Finesse haben.

Krautig Meist im Bukett vorhandene Duftnote, die auch als grasig bezeichnet wird.

Kurz Der Wein hat kein »Schwänzchen«, er hinterlässt keinen bleibenden Eindruck und ist nach dem Trinken geschmacklich sofort weg.

Länge, lang Weine mit langem Nachhall bleiben geschmacklich für einige Zeit im Mund präsent.

Lebendig Ein frischer, schwungvoller Wein mit knackiger Säure.

Leer Dünn, gehaltlos. Ein solcher Wein hat geschmacklich nichts zu bieten.

Leicht Relativ wenig Alkohol und Körper. Eine leichte Nase ist gleichzusetzen mit einem schwachen Bukett.

Lieblich Die Bezeichnung für Weine mit einem höheren Restzuckergehalt als halbtrockene Gewächse. Kann, muss aber nicht auf dem Etikett vermerkt sein. Milde Weine mit harmonischer Süße und ausgewogenem Gehalt an Bukett- und Geschmacksstoffen.

Mager Ein dünner, gezehrter, leerer Wein ohne Körper.

Medizinton Vor allem in der Nase erkennbarer Duft, der an Medizin und Apotheke erinnert. Kein negatives Kriterium.

Metallisch Fehlton mit unangenehmem Geschmack nach Eisen.

Mild Siehe lieblich.

Mineralisch Weine, die auf einem mineralreichen Boden gewachsen sind, bringen diese Terroir-Komponente in der Regel auch in Bukett und Geschmack.

Mollig Körperreich, vollmundig, weich und oftmals sehr harmonisch.

Müde Alt, glanzlos, breit und ohne jegliche Finesse.

Nachhaltigkeit Die anhaltende Empfindung der Geschmacks- und Aromastoffe nach dem Hinunterschlucken. Wein wird in seiner Länge gemessen. Im Prinzip ist ein Wein umso besser, je länger sein Wohlgeschmack im Mund bleibt.

Nervig Saftiger Wein mit gut integrierter, knackiger Säure.

Neutral Der Wein hat keine erkennbaren Charaktereigenschaften.

Ölig Ein dickflüssiger, cremiger Wein, der ein Gefühl von öliger Konsistenz im Mund vermittelt. Der Begriff wird vorwiegend für edelsüße Weine verwendet.

Oxidation, oxidiert Gegenteil von reduktiv. Mit Oxidation ist die Lufteinwirkung auf Wein gemeint. Bei jungen Rotweinen ist das erwünscht, weil sie sich in der Verbindung mit Sauerstoff eher öffnen. Bei älteren Rotweinen kann Oxidation auch schnell ins Gegenteil umschlagen und den Wein umkippen lassen. Weine, die schon im Fass oder in der Flasche oxidieren, sind fehlerhaft.

Pappig Bezeichnung für plumpe, meist übersüßte oder aufdringlich aromatisierte Weine.

Pflanzlich Wein mit grünen, pflanzlichen und/oder vegetativen Aromen.

Pikant Weine, die frisch und saftig schmecken und zudem über eine anregende Säure sowie über Biss verfügen.

Rasse, rassig Herzhafter, lebendiger Wein, bei dem die Säure kräftig, aber nicht unangenehm hervortritt.

Rau Weder Geschmack noch Konsistenz eines solchen Weins sind angenehm. Er hinterlässt oft einen kratzigen, adstringierenden oder sauren Eindruck.

Rauchig Diese Duftkomponente findet sich in der Regel in Weinen, die im Barrique ausgebaut wurden.

Reichhaltig Weine, die nicht unbedingt süß wirken, jedoch einen Eindruck von opulenter Fülle vermitteln.

Reif Ein reifer Wein ist auf seinem geschmacklichen Höhepunkt angelangt.

Reintönig Weine, die sowohl im Bukett als auch im Geschmack klar und sauber erscheinen.

Robust Ein kräftiger, herzhafter, recht gehaltvoller Wein.

Rund Harmonisch ausbalancierter Wein, vollmundig und ausgeglichen.

Saftig Ein vollmundiger Wein, der Lust auf mehr macht.

Samtig In der Regel für Rotweine verwendeter Begriff. Samtig sind Weine, die durch ihre angenehme Reife und die gut eingebundenen Gerbstoffe sowie die Fruchtsüße einen weichen Geschmackseindruck hinterlassen.

Sauber Ein fehlerfreier, reintöniger Wein ohne Beanstandung.

Säure Verschiedene Säuren sind für die Qualität und Haltbarkeit eines Weins unentbehrlich und geben ihm auch seine erfrischende Kraft.

Schal Wirken Weine abgestanden, werden sie als schal bezeichnet.

Schlank Wein, bei dem die Extraktstoffe gut ausgebildet sind, ohne jedoch übergewichtig gegenüber den anderen Komponenten zu wirken.

Schlicht Ein einfacher, belangloser Wein ohne Höhen und Tiefen.

Schmelz Hoher Extrakt- und Alkoholgehalt. Zeichen für Weine aus reifen Trauben.

Schwer Körper- und alkoholreich.

Spiel Alle erfassbaren Stoffe sind fein aufeinander abgestimmt und springen über die Zunge. Nuancenreiche Weine sollten diese Eigenschaft besitzen.

Spritig Weine, bei denen der Alkohol unangenehm in den Vordergrund tritt.

Spritzig Bezeichnung für einen lebendigen, meist jungen, oftmals leicht moussierenden Wein. Meist enthalten diese Weine gelöste Kohlensäure, die aber nicht sichtbar sein muss.

Sortentypisch Aromentypizität in Nase und Gaumen, die von der Rebsorte herrührt.

Stahlig Weißwein mit betonter Säure.

Süffig Ein einfacher, schmackhafter Wein von guter, aber nicht herausragender Qualität.

Tannin Wesentlicher Bestandteil in Traubenkernen und Traubenschalen. Tannine werden auch als Gerbstoffe bezeichnet und sind vor allem in Rotweinen zu finden. Im Mund können Tannine ein adstringierendes Gefühl hervorrufen, der Gaumen fühlt sich pelzig und trocken an. Im Laufe der Lagerung bauen sich Tannine ebenso wie alle anderen Inhaltsstoffe ab. Der Wein wird damit runder, hat aber gleichzeitig die Fähigkeit, länger zu lagern.

Temperatur Trinken Sie Ihren Wein so, wie Sie ihn am liebsten mögen.

Tiefe Der Geschmack eines solchen Weins entfaltet sich auf der Zunge zu ungeahnten Dimensionen; er ist dicht, gehaltvoll und zeigt sich in unterschiedlichen Schichten.

Toast Toastduft ist in verschiedenen Stärken in Weinen zu finden, die im Barrique gereift sind.

Trocken Geschmacksbezeichnung für deutschen Wein mit einem Restzuckergehalt von maximal 9 Gramm pro Liter in einem bestimmten Verhältnis zur Säure. Die Formel lautet: Säure plus 2. Ein Wein mit 7 Gramm Säure pro Liter kann genau 9 Gramm Zucker pro Liter enthalten, um noch als trocken durchzugehen.

Unharmonisch Die einzelnen Inhaltsstoffe eines Weins sind nicht aufeinander abgestimmt. Kann bei jungen Weinen vorkommen, die einfach noch Lagerung benötigen; es kann aber auch ein solches Unverhältnis bestehen, dass der Wein nie zusammenfindet.

Unreif Weine, die aus unreifem Lesegut erzeugt wurden. Aber auch: Weine, die noch nicht zu ihrer Reife gelangt sind, jedoch noch Entwicklungspotenzial haben.

Vanille Dieser Duft entsteht in der Regel bei Weinen, die im neuen Barriquefass ausgebaut wurden.

Verschlossen Junge oder noch unreife Weine können im Duft und Geschmack verschlossen sein; sie öffnen sich aber in der Regel nach einer gewissen Zeit der Lagerung.

Voll Ein körperreicher, den Gaumen ausfüllender, lang anhaltender Wein, in dem alle Geschmacksstoffe vollmundig zusammenwirken.

Wässrig Ein dünner Wein, der geschmacklich einen verwässerten Eindruck macht.

Wuchtig Ein gehaltvoller, schwerer, manchmal etwas robuster Wein.

Würzig Wein mit würzigen Aromen aus Rebsorten wie beispielsweise Gewürztraminer, Cabernet Sauvignon oder Syrah.

Zart Ein feiner, filigraner Wein mit zarten Fruchtnoten und dezentem Geschmack.

Zedernholz Ein warmer, weicher Duft, der an Zigarrenkisten erinnert.

Weinjargon transparent gemacht

Ganz ohne Fachbegriffe, die vor allem die Produktionsverfahren und die Ausbaumethoden beschreiben, geht es auch in der Weinwelt nicht. Ein Großteil der Begriffe ist aus der jeweiligen Landessprache übernommen und in der Weinszene allgemein bekannt und verständlich.

Abbeeren Trennung der Traubenbeeren von den Stielen, auch Rappen oder Kämme genannt. Das Abbeeren führt zu weniger Gerbstoffen in der Maische und im späteren Most.

Abstich Kellertechnisches Verfahren für das Umfüllen von Wein aus dem Gärbehälter (Fass/Tank) in ein anderes, sauberes Behältnis. Dabei erfolgt die Trennung des klaren Weines von abgesetzten Trübstoffen wie etwa der Hefe.

Alkohol Wichtiger, geschmacksbildender Weinbestandteil, der aber nicht zu hoch sein darf. Entsteht durch die Vergärung, bei der sich Traubenzucker in Alkohol und Kohlensäure umwandelt.

Allier-Eiche Zum Bau von Barriquefässern verwendete französische Eiche, deren Holz besonders feinporig ist.

Ampelografie Rebsortenkunde.

Amtliche Prüfnummer (AP) Nach deutschem Weingesetz der Nachweis, dass ein Wein als Qualitätswein in den Verkehr gebracht werden darf. Die AP muss auf dem Etikett vermerkt sein.

Anreicherung In Deutschland mit der Einführung des Weingesetzes von 1971 streng geregelt: Die Zugabe von Zucker ist grundsätzlich verboten. Einzige Ausnahme ist das Aufzuckern (Chaptalisieren) von QbA-Weinen vor der Gärung, um diese im Alkohol höherzustellen.

Ausbau Auch Vinifikation oder Vinifizieren. Fachbegriff für den Werdegang des Weins im Keller von der Vergärung bis zur Abfüllung.

Auslese Dritte deutsche Prädikatsstufe für Weine aus reifen edelsüßen Trauben.

Autochthone Rebsorte Rebsorte, die nur in einem regionalen Raum angebaut wird.

Azidifikation Anreicherung des Mosts durch Zitronen- oder Apfelsäure.

Barrique Französische Bezeichnung für ein kleines, etwa 225 Liter großes Eichenholzfass. Durch den Ausbau im Barrique werden Tannine aus dem Holz gelöst, die in den Wein übergehen und ihn mehr oder weniger geschmacklich beeinflussen.
Der Ausbau im Barrique wurde ursprünglich für Bordeaux-Weine entwickelt, wird inzwischen aber weltweit praktiziert.

Beerenauslese Weine aus überreifen, süßen Trauben.
Vierte Stufe in der Hierarchie der Prädikatsweine.

Biologischer Säureabbau (BSA) Der biologische Säureabbau findet in der Regel nach der alkoholischen Gärung statt.
Er bezeichnet alle chemischen Vorgänge, die durch Mikroorganismen zu einem Rückgang der Apfelsäure führen und diese unter der Abspaltung von Kohlensäure in die mildere Milchsäure umwandeln.

Bocksbeutel Traditionelle, bauchige Flaschenform, vorwiegend in Franken verwendet.

Botrytis cinerea Pilz, der die Traubenschalen zum Platzen bringt und den Trauben Wasser entzieht. Unerlässlich für die Produktion edelsüßer Gewächse.

Cuvée Der Verschnitt von zwei und mehr Reb- bzw. Weinsorten mit der Zielsetzung, ein möglichst optimales Ergebnis zu erreichen. Wird in der Regel im Keller zunächst versuchsweise vorgenommen (auch: Assemblage).

Dekantieren Umfüllen von Wein aus der Flasche in eine Glaskaraffe. Dient der vorsichtigen Entfernung von Trübstoffen/Depot, welches sich im Laufe der Lagerung gebildet hat. Dekantiert werden Weine aber auch, um sie mit Sauerstoff in Kontakt zu bringen. Durch den Vorgang der Oxidation werden junge oder eckige Tannine und Gerbstoffe abgerundet. Vorsicht: Alte Weine können bei diesem Vorgang zu schnell oxidieren!

Depot Bildet sich durch die Reifung oder lange Lagerung vor allem bei Rotweinen. Die Ablagerung von festen Teilchen kann dabei grobkörnig bis staubfein sein. Das Depot wird durch vorsichtiges Dekantieren entfernt.

Eiswein Eiswein gilt als Spezialität, die nur in kleinen Mengen und nicht jedes Jahr erzeugt werden kann. Denn Eiswein wird aus Trauben hergestellt, die länger als üblich am Rebstock hängen bleiben und der erbarmungslosen Witterung des herannahenden Winters ausgesetzt sind. Bis Januar, in seltenen Fällen auch bis Februar kann das Spiel Winzer gegen Natur dauern. Aber der Mut zum Risiko lohnt sich! Bis 1982 konnte dem Begriff »Eiswein« allein keine Qualität zugeordnet werden. Zusätzlich zu der Bezeichnung »Eiswein« wurden die entsprechenden Prädikatsbezeichnungen von Spätlese bis Trockenbeerenauslese angehängt. Erst mit einer Novellierung des Weingesetzes 1982 wurde die Kategorie »Eiswein« endgültig zu einer eigenständigen Prädikatsstufe erhoben und ein Mindestmostgewicht festgelegt, das dem einer Beerenauslese entsprechen muss.
Im Unterschied zu den anderen edelsüßen Weinen wie Auslesen, Beerenauslesen und Trockenbeerenlesen liegt das Geheimnis der Eisweine in der dichten Konzentration der Beereninhaltsstoffe und einem unter Umständen relativ hohen Säuregrad – ein Phänomen, das durch das Gefrieren der Beeren erreicht wird. Mindestens minus 7 Grad Celsius sind nötig, damit die Trauben als Eiswein gelesen werden dürfen, idealerweise sind es minus 10 bis minus 12 Grad Celsius. Die natürlich gefrorenen Trauben werden in diesem eisigen Zustand gelesen und anschließend sofort gekeltert. So wird das Wasser gebunden und nur der hochkonzentrierte Traubensaft läuft in die kleinen Bottiche, denn viel ist aus den Trauben nicht mehr herauszupressen. Hier lautet das Motto: Qualität vor Quantität. Passionierte Eisweinwinzer achten peinlich genau auf ein gesundes Lesegut; die Trauben sollten noch nicht von dem für die Edelfäule verantwortlichen Schimmelpilz *Botrytis cinerea* befallen sein, der bei Auslesequalitäten durchaus erwünscht ist. Ertragsreduzierender Rebschnitt und eine strenge Selektion der Trauben vor der eigentlichen Lese gehören dabei zum Mindeststandard.
Nur etwa zehn Prozent der ursprünglichen Ausgangsmenge ergeben im langjährigen Mittel auch den gewünschten Eiswein in der Flasche. Die restliche Traubenmenge wird selektiv herausgeschnitten oder fällt den unberechenbaren Witterungsumständen zum Opfer.

Ertrag Wichtiger Faktor für die Qualität eines Weins.
Es gilt der Grundsatz: Je geringer die Erntemenge, desto größer die Extraktwerte der Trauben. Der Ertrag kann durch entsprechenden Anschnitt der Rebstöcke sowie Ausdünnen von Blütenansätzen und unreifen Beeren/Trauben vom Winzer gesteuert werden.

Flaschengärung Bezeichnung für deutsche Schaumweine, die nach der traditionellen Méthode champenoise ausgebaut wurden.

Gärung Die alkoholische Gärung ist die Umwandlung von Zucker in Alkohol und Kohlendioxid. Die Gärung wird durch Hefen ausgelöst, die als natürliche Hefen in der Traube vorhanden sind oder als Reinzuchthefen dem Most zugesetzt werden.

Gerbsäure, Gerbstoff Tanningehalt in Rot- und Weißweinen.

Hefe Einzellige, pflanzliche Mikroorganismen, die in der Lage sind, Zucker in Alkohol umzuwandeln. Die Weinhefen bestehen meist aus *Saccharomyces cerevisiae*.

Hektar 100 x 100 Meter.

Jungwein Wein vor der Filtration, der noch auf der Hefe liegt oder noch Restmengen an Hefe enthält.

Kabinett Seit Einführung des Deutschen Weingesetzes 1971 die niedrigste Stufe für deutsche Qualitätsweine mit Prädikat. Das Mindestmostgewicht beträgt je nach Anbaugebiet 67 bis 82 Grad Oechsle.

Kapsel Schutzhülle über dem Korken.

Kelter Alte Weinpresse aus Holz, die durch moderne, meist pneumatisch betriebene Pressen abgelöst wurde. Auf der Kelter werden die Trauben oder die Maische zur Gewinnung des Mosts ausgepresst.

Klassifizierung Herausstellung von Lagen oder Weinerzeugern. Ist in Frankreich vor allem im Burgund und im Bordelais seit vielen Jahren üblich. In Deutschland haben Klassifizierungen – mit Ausnahme der Ersten Gewächse im Rheingau – bislang keinen offiziellen, gesetzlich anerkannten Charakter.

Klon Unterart einer bestimmten Rebsorte.

Kork Flaschenverschluss aus Korkeiche, der zur Reifung des Weins beiträgt. Gerade in den vergangenen Jahren tauchen vermehrt Probleme mit schlechten Korken auf, die den damit verschlossenen Wein ungenießbar machen. Für einfache Weine, die innerhalb kurzer Zeit getrunken werden, kommen immer öfter Schraubverschlüsse oder Kunststoffkorken zum Einsatz.

Lage Die weitgehend fest umrissene Flur, auf der die Reben angebaut werden.

Lese Als Lese oder Weinlese wird der Zeitraum der Ernte bezeichnet. Dabei bestimmt der Reifegrad der Trauben den Lesezeitpunkt. Als Lesegut bezeichnet man die geernteten Trauben.

Maische Zerkleinerte und zerquetschte Trauben, die noch den gesamten Saft enthalten, nennt man Maische.

Malolaktische Gärung Sogenannte zweite Gärung, bei der die Apfelsäure durch bestimmte Bakterienstämme in die weichere Milchsäure umgewandelt wird.

Most Gepresster Saft aus den Trauben, der zur Weiterverarbeitung zu Wein bestimmt ist.

Mostgewicht Messangabe, um wie viel Gramm 1 Liter Most bei konstant 20 °C schwerer ist als 1 Liter Wasser. Das Mostgewicht wird in Deutschland in Oechsle-Grad gemessen: 1 Liter Most, der 1070 Kilogramm wiegt, hat 70 °Oe.

Mostklärung Säuberung des Mosts vor der Vergärung.

Oechsle, Oechslegrad Eine auf der Dichte des Traubensafts beruhende Messskala für den Zuckergehalt. Daran kann dann der Reifegrad der Traube abgelesen werden.

Önologie Die Wissenschaft vom Wein.

Organoleptisch Sinneseindrücke und Wahrnehmungen während einer Weinprobe, beispielsweise Farbe, Geruch und Geschmack des Weins.

Oxidativ Fehler im Wein, der durch zu langen Sauerstoffkontakt viele Aldehyde enthält und dadurch müde und matt schmeckt.

Qualitätswein (QbA) Qualitätswein bestimmter Anbaugebiete. Nach deutschem Weingesetz handelt es sich dabei um die Vorstufe von Qualitätsweinen mit Prädikat.

Reblaus Aus Amerika eingeführter Schädling.

Reduktiv Duftiger und spritziger Wein, der weitgehend unter Sauerstoffabschluss ausgebaut wurde.

Restsüße Unvergorener Zucker, der als »Rest« nach der Gärung im Wein verbleibt.
Restzucker Der vorhandene Zuckergehalt im fertigen Wein. Kann entweder ein natürlicher Restbestand der Vergärung sein oder auch zugesetzter Traubenmost (Süßreserve).

Säure Verschiedene Säuren wie Wein- oder Apfelsäure sind für die Qualität und Haltbarkeit eines Weins unentbehrlich und geben ihm auch seine erfrischende Kraft.

Schaumwein Oberbegriff für Weine mit einem Kohlensäuredruck von mindestens 3 bar.

Schönen Maßnahme beim Weinausbau. Durch Zusatz bestimmter, gesetzlich zugelassener Stoffe werden unerwünschte Bestandteile des Weins gebunden und ausgeschieden.
Die Schönungsmittel verbleiben nicht im Wein.

Sekt In Deutschland hergestellter Schaumwein, bei dem die Grundweine meist aus verschiedenen europäischen Ländern stammen.

Sommelier Französisch für Weinkellner.

Sortenrein Aus einer einzigen Rebsorte produzierter Wein.

Spätlese Zweite Stufe der deutschen Qualitätspyramide. Kommt nach Kabinett und vor Auslese.

Stillwein Wein ohne Kohlensäure.

Süßreserve Unvergorener Traubensaft, dient zur Süßung.

Tafelwein Unterste Güteklasse deutscher Weine, die keinen Hinweis auf ihre Herkunft nennen dürfen.

Tannin Bestandteil in Traubenkernen und Traubenschalen. Im Mund können Tannine ein adstringierendes Gefühl hervorrufen, der Gaumen fühlt sich pelzig und trocken an. Im Laufe der Lagerung bauen sich Tannine ebenso wie alle anderen Inhaltsstoffe ab. Das ist erwünscht, der Wein wird runder und hat durch diese Tannine die Fähigkeit, länger zu lagern.

Temperaturkontrolle Messung der Mosttemperatur während der Gärung zur Steuerung der Gärdauer und des Gärverlaufs.

Terroir Französisch für Boden und das Zusammenspiel mit der Natur.

Trockenbeerenauslese In Österreich und Deutschland verwendete Bezeichnung für Wein, der aus eingetrockneten, edelfaulen Trauben gekeltert wurde.

Ungefiltert Wein, der nicht gefiltert wurde, damit die feinen, subtilen Aromen erhalten bleiben.

Vinifikation Französisch für Weinbereitung.

Vorlaufmost Hochwertiger Anteil des Mosts, der nach dem Mahlen der Trauben ohne weiteres Pressen aus der Kelter läuft.

Weinstein Harmloses Kaliumsalz in Form winziger Kristalle, das in Folge der Alkoholbildung und Abkühlung nach der Gärung entsteht. Weinstein ist kein Grund, einen Wein zu reklamieren.

Zweite Gärung Siehe Malolaktische Gärung.

In aller Kürze – durch den Dschungel der Abkürzungen

Abkürzungen in Großbuchstaben, die manchmal zusammen wieder ein Wort ergeben, erfreuen sich auch in der Weinwelt wachsender Beliebtheit. Aber was verbirgt sich hinter den mysteriösen Buchstaben? Hier die wichtigsten Abkürzungen der internationalen Weinszene:

AP Amtliche Prüfnummer. Nachweis darüber, dass ein deutscher Wein als Qualitätswein in den Verkehr gebracht werden darf. Pflichtangabe auf deutschem Etikett.

BSA Biologischer Säureabbau. Findet in der Regel nach der alkoholischen Gärung statt. Er bezeichnet alle chemischen Vorgänge, die durch Mikroorganismen zu einem Rückgang der Apfelsäure führen und diese unter der Abspaltung von Kohlensäure in die mildere Milchsäure umwandeln.

DLG Deutsche Landwirtschafts-Gesellschaft. Führt die Bundesweinprämierung durch und vergibt das Weinsiegel.

DWI Deutsches Weininstitut.

Malo Malolaktische Gärung. Sogenannte zweite Gärung, bei der die Äpfelsäure durch bestimmte Bakterienstämme in die weichere Milchsäure umgewandelt wird.

QbA Qualitätswein bestimmter Anbaugebiete.

TBA Trockenbeerenauslese.

VDP Vereinigung der deutschen Prädikatsweingüter. Ein freiwilliger Zusammenschluss qualitätsorientierter Weingüter mit festen Bestimmungen zum Weinausbau.

Register

Orte

Alken 96
Alzey 59
Amorbach 159
Angelbachtal 26
Aschaffenburg 151
Aspach 46
Assmannshausen 7 f., 101 f., 106, 110
Bacharach 8, 115 ff.
Bad Dürkheim 72 f.
Bad Kösen 167
Bad Kreuznach 131 ff.
Bad Krozingen 31 f.
Bad Mergentheim 28
Bad Münster 131

Riesling aus der Steillage – Weingut Franzen, Bremm an der Mosel.

Bad Neuenahr 141 f., 145
Bad Sulza 166, 168
Baden 13
Baden-Baden 26
Bechtheim 58 f.
Beilstein an der Mosel 94 f.
Bensheim 123 ff.
Bernkastel 86, 90
Bietigheim 45 f.
Bingen 58, 102, 131
Binzen 31 f.
Birkweiler 78 ff.
Bockenheim 65, 131
Bodenheim 51, 53
Bönnigheim 46
Boppard 115, 118
Breisach 22
Breisgau 27, 30
Bruchstal 25
Bühl 26
Bürstadt 159
Cleversulzbach 45
Cochem 85, 94 f.
Deidesheim 65 f., 73, 76 f.
Dernau 144
Diesbar-Seußlitz 173 f.
Dresden 13, 176
Durbach 26
Eberbach, Kloster 6
Eberstein, Schloss 27
Einzelthum 68
Ellerstadt 73 f.
Eltville am Rhein 103, 110
Endingen 22
Escherndorf 160
Esslingen 42
Fellbach 41 f.
Flomborn 60
Flörsheim 60, 101
Forst 66, 73
Frankweiler 80
Freiburg 27
Freyburg 165 f.
Gau-Bischofsheim 52
Geisenheim/Rheingau 10
Gernsbach 27
Gimmeldingen 68, 76 f.
Gonsenheim 57
Grünstadt 70
Gundheim 60
Hagnau 36
Hambach 65
Hammelburg 151
Harxheim 69
Haßfurt 151
Heidelberg 25, 28
Heilbronn 45
Heitersheim 31 f.
Heppenheim 123
Herrnsheim 53
Hersberg, Schloss 34
Herxheim 68, 80
Hochheim 101
Immenstaadt 36
Iphofen 152
Johannisberg, Benediktinerabtei 6
Johannisberg, Schloss 10, 101, 104, 108, 110
Kaiserstuhl 17, 20, 22
Kernen 41
Kiedrich 10, 101, 104
Kitzingen 151
Klingenberg am Main 151 f.
Klosterberg 141
Koblenz 85
Köngernheim 58
Korb 42
Künzelsau 45
Langenlonsheim 135
Laucha an der Unstrut 166
Laumersheim 70
Leimen 25, 27
Leutesdorf 115
Liesertal 85
Lingenfeld 65
Lorsch 124
Ludwigsburg 45 f.
Ludwigshafen 85
Ludwigshöhe 54
Mainz 57, 85, 110
Malterdingen 27
Markgräflerland 31 f.
Markgröningen 46
Martinsthal 103
Meißen 173 f.
Merdingen 17
Mettenheim 54
Miltenberg 151
Monsheim 60
Mühlheim 33
Münstertal 33
Nackenheim 52 f.
Naumburg 167
Naurath 91
Neupotz 65
Nierstein 51 ff.
Oberhofen 67
Oestrich 105 ff.
Offenburg 26
Oppenheim 51 ff.
Ortenau 26
Piesport 85
Radebeul 175 f.
Remstal 8
Rudelsburg 167
Rüdesheim 7, 101 f., 108 f.
Ruppertsberg 65 f.
Schorndorf 42
Schweigen 67, 79
Schwetzingen 25
Seeheim 123
Siebeldingen 79
Siefersheim 57 ff.
Singen 35
Speyer 28, 65
Steeg 115
Steinheim 46
Stetten 41
Stuttgart 41 ff.
Sulzburg 32
Sulzfeld am Main 152
Thurant 86
Traben-Trarbach 86 f.
Trier 85 f., 95
Überlingen 35
Uelversheim 54
Ürzig 88
Vaihingen 46
Vogtsburg 13, 17 f., 20, 22
Wachenheim 66, 68, 73
Waiblingen 42
Walluf 101
Wehlen 89
Weil am Rhein 34
Weingarten 26 f.
Weinheim-Lützelsachsen 25
Weinolsheim 59
Weinsberg 45 ff.
Weinstadt 42
Wertheim-Reicholzheim 28
Westhofen 58
Wiltingen 95
Winnigen/Mosel 13, 85, 94 ff.
Worms 58 ff.
Würzburg 151, 153, 157 f.
Zadel 174
Zell 95
Zellertal 68 f.
Zscheiplitz 165
Zweiflingen 45
Zwingenberg 123 f., 126

Personen

Adams, Matthias 137
Adelmann, Graf Michael 45 f., 47
Adeneuer, Frank 145
Adeneuer, Marc 145
Albrecht, Georg 34
Aldinger, Gert 42 f.
Allendorf, Ulrich 111
Arenz, Christoph 52
Aust, Karl Friedrich 177
Bastian, Friedrich 116, 119
Beck, Prof. Dr. Rainer 175, 177
Becker, Hans-Josef 101
Bein, Albrecht 55
Bercher, Arne 23
Bercher, Eckhardt 19, 22
Bercher, Martin 23
Bercher, Rainer 19
Bernhard, Christine 68 ff., 81
Bernhart, Ulrich 37
Beurer, Jochen 42 f.
Bocuse, Paul 60
Böhme, Klaus 166
Breuer, Georg 7, 109, 111
Breuer, Heinrich 108 f.
Breuer, Theresa 108
Bürkle, Wilfried 127
Bürklin-Guardze, Bettina 75, 81
Busch, Clemens 93, 97
Busch, Rita 93, 97

Frühlingsboten – Mandelblüte im März, Bad Bergzabern in der Südpfalz.

Cassier, Olaf 37
Castell-Castell, Ferdinand Graf zu 161
Chodakowska, Malgorzata 176
Christmann, Steffen 76 f., 81
Claus, Andreas 168
Claus, Kathrin 168
Clüsserath, Ansgar 97
Clüsserath, Eva 90, 97
Dahlinger, Matthias 31
Dautel, Ernst 46 f.
Deckert, Florian 165
Didinger, Jens 117
Diel, Armin 133 f., 137
Diel, Caroline 137
Diers, Bernhard 41, 43
Doll, Karl-Theodor 61
Dönnhoff, Helmut 133, 137
Dostert, Matthias 10
Driesenberg, Anja 106
Driesenberg, Tom 106
Dubs, Wolfgang 60
Duijn, Jacob 26, 29
Durst, Laurent 46
Dutter, Arthur 22 f.
Eck, Jürgen 23
Edling, Lisa 126
Eiermann, Lothar 47
Elbert, Eric 105
Ellwanger, Jürgen 42 f.
Ellwanger, Sven 42
Erbeldinger, Christoph 58
Erbeldinger, Stefan 58, 61
Eser, Johannes 108, 110 f.
Fallert, Gutbert 27, 29
Fauth, Ernst 61
Fauth, Florian 60 f.
Fauth, Ruth 61
Fleischer, Hans W. 61
Fleischer, Michael 61
Flick, Reiner 101
Fricke, Eva 110
Fröhlich, Tim 134 f.
Fuchs, Karl-Josef 37
Fuchs, Werner 47
Fürst, Monika 161
Fürst, Paul 158, 161
Gebhard, Oliver 47
Gehring, Diana 53, 55
Gehring, Theo 53, 55
Geisel, Otto 28
Geißler, Grit 174
Gillot, Carolin 51
Glauben, Jörg 80
Gleichenstein, Johannes von 19, 23
Groebe, Friedrich 60 f.
Groß, Michael 27, 29
Gunderloch, Carl 52
Gussek, Andre 167
Gutzler, Gerhard 60 f.
Gutzler, Michael 61
Haag, Oliver 92, 97
Haag, Thomas 92, 97
Haag, Ute 92, 97
Habenicht, Sabine 135
Hagenbucher, Thomas 25
Haidle, Hans 41 f.
Haidle, Karl 7, 8
Hallerbach, Frank 36
Hallerbach, Jürgen 36 f.
Hasselbach, Agnes 52, 55
Hasselbach, Fritz 52, 55
Hauck, Dagmar 37
Hauck, Gunther 76
Heger, Joachim 21, 23
Hehle, Hella 147
Hehle, Wolfgang 145, 147
Heidrich, Markus 117
Heidsiek, Karsten 176
Heinemann, Lothar 31
Heinicke, Thomas 58
Heinrich, Martin 47
Helfesrieder, Fritz 37
Hepp, Dr. Rowald 107
Herrlich, Thomas 175, 177
Herrmann, Frank 52
Hess, Alexander 68, 77
Hodapp, Karl Josef 29
Hoensbroech, Graf Adrian zu 26
Hoensbroech, Graf Rüdiger zu 29
Höhne, Claus 175, 177
Huber, Bernhard 27, 29
Hübner, Günther 43
Hummel, Bernd 25
Hüttl, Barbara 118
Hüttl, Wolfgang 118
Johner, Karl Heinz 18, 23
Johner, Patrick 23
Joos, Gisela 29
Jordan, Andreas 66
Jost, Peter 115, 119
Jost, Toni 8, 115, 119
Karrer, Armin 43
Keller, Franz 17, 105
Keller, Fritz 18, 20, 23
Keller, Klaus Peter 61
Kesseler, August 110 f.
Kesseler, Rainer 81
Kimpel, Patrik 105, 111
Klink, Alfred 31, 37
Klink, Vincent 31
Knebel, Beate 97
Knebel, Reinhard 94
Knefler, Christian 80
Knefler, Eva-Maria 80
Knipser, Sabine 71
Knipser, Stephan 71, 81
Knipser, Volker 70 f., 81
Knipser, Werner 71, 81
Knoll, Ludwig 156, 158, 161
Knoll, Sandra 156
Koch, Jürgen 29
Koch, Lothar 19, 23
Kopowski, Peter 96
Korrell, Martin 134, 137
Kottke, Jens 111
Kress, Kristin 37
Kress, Thomas 37
Kriechel, Peter 141
Krolik, Andreas 29
Kübler, Achim 47
Kühn, Peter Jakob 106, 110 f.
Kuhn, Philipp 70, 71, 81
Künstler, Gunter 111

Feine Rieslinglage – Odernheimer Disibodenberg in Rheinhessen.

Kuntz, Karl Emil 68, 80
Kusterer, Hans 42 f.
Lacher, Michael 29
Lafer, Johann 60, 136
Laible, Andreas 26, 29
Laible, Ingrid 29
Lambrich, Albert 118
Lambrich, Ute 118
Lang, Manfred 37
Langwerth von Simmern, Andrea 110
Langwerth von Simmern, Georg Freiherr 110 f.
Lehmann, Joachim 177
Leitz, Johannes 110 f.
Leitz, Josef 111
Liebich, Andreas 35, 37
Lippe, Dr. Georg Prinz zu 177
Loosen, Ernst 90, 97
Löwenstein, Cornelia 94, 97
Löwenstein, Prinz Carl-Friedrich zu 161
Löwenstein, Reinhard 94 f., 97
Luiz, Mathias 32
Lützkendorf, Uwe 167
Manz, Eric 59, 61
Manz, Erich 59, 61
Manzi, Renato 136
Mathern, Gloria 135, 137
Mell, Ulrich 76
Menges, Jürgen 29
Merkle, Thomas 22
Messmer, Hervé 53
Meyer, Detlef 53
Mies, Rudolf 145
Milch, Karl-Hermann 60
Molitor, Markus 88, 97
Mosbacher, Sabine 74
Mosbacher-Düringer, Sabine 81
Müller, Egon 94, 97
Müller, Hans 54
Müller, Matthias 116, 119
Nägele, Matthias 43
Näkel, Meike 144
Näkel, Werner 144, 147
Neipperg, Karl Eugen Erbgraf zu 47
Nelles, Thomas 147
Niederberger, Achim 81
Niewodniczanski, Roman 92, 94 f., 97
Noiosi, Armando 37
Oettinger, Michael 43
Pattis, Mario 176
Pawis, Bernard 165
Pawis, Kerstin 165
Pfeffer-Müller, Lotte 54 f.
Philippi, Bernd 72 f., 81
Philippi, Markus 37
Pils, Bernd 47
Prüm, Dr. Katharina 97
Prüm, Dr. Manfred 88 ff., 97
Raumland, Heide-Rose 60
Raumland, Volker 60 f.
Rebholz, Hansjörg 78 f.
Reh-Gartner, Annegret 94 f., 97
Reiser, Bernhard 158
Retzbach, Hubert 29
Riffel, Carolin 61
Riffel, Erik 61
Rinker, Regina 22 f.
Rinker, Thomas 22 f.
Rinklin, Thomas 20
Ruck, Johann 161
Ruck, Johannes 161
Ruggaber, Steffen 47
Rumpf, Cornelia 136
Rumpf, Stefan 131, 136 f.
Rüssel, Harald 91, 93
Rüssel, Ruth 92
Salwey, Konrad 22 f.
Salwey, Wolf-Dietrich 22 f.
San Martin, Jean-Marie 60
Sander, Gerhard 55
Sander, Stefan 55
Sauer, Horst 160, 161
Sauer, Sandra 161
Schäfer, Ariane 103
Schales, Christian 60
Schales, Kurt 60
Schembs, Arno 60
Schempf, Karl 47
Schindler, Gerd 37
Schlör, Konrad 28
Schlumberger, Hartmut 32, 37
Schlumberger-Bernhart, Claudia 37
Schmidt, Franz Wilhelm 17

Vorbereitung auf den neuen Jahrgang – Fassreinigung im Fürstlich Catell'schen Domänenamt, Franken.

Schmölz, Eva 41
Schmölz, Rudolf 41
Schmoranz, Hermann 109
Schnaitmann, Rainer 41 ff.
Schneider, Cornelia 22 f.
Schneider, Georg Albrecht 53
Schneider, Klaus 81
Schneider, Markus 72 ff., 81
Schneider, Reinhold 22 f.
Schönleber, Christel 111
Schönleber, Werner 133, 137
Schork, Burkhard 47
Schwarz, Martin 174, 177
Schwegler, Albrecht 42 f.
Seebrich, Heinrich 55
Seebrich, Jochen 51
Seeger, Thomas 25, 27, 28
Seiberth, Axel 125 f.
Sellner, Harald 43
Seyffardt, Peter 103, 111
Simon, Dagmar 127
Simon, Kurt 126
Spanier, Hans Oliver 51, 60
Spanier-Gillot, Carolin 55
Sperber, Otto 47
Spreitzer, Andreas 106
Spreitzer, Bernd 106
Spreitzer, Josef 111
Steiner, Douce 32, 37
Steinheuer, Gabriele 145
Steinheuer, Hans Stefan 145 f.
Stodden, Alexander 145
Stodden, Gerhard 145, 147
Striffler, Matthias 46 f.
Strub, Walter 55
Strubinger, Anibal 23
Stüber, Andreas 118
Trauer, Lars 47
Trepesch, Frank 29
Treutle, Jan 136
Tyrell, Christoph 85, 96 f.
Ueberschaer, Anette 78
Vögele, Peter 35, 37
Von Racknitz-Adams, Luise Freifrau von 137
Wachtstetter, Rainer 46 f.
Wagner, Cathrin 57
Wagner, Daniel 57, 59
Waßmer, Fritz 31
Waßmer, Martin 31, 37
Wehrheim, Karlheinz 79
Wehrheim, Karl-Heinz 81
Weil, Robert 10, 101, 104, 111
Weil, Wilhelm 104, 111
Weiler, Udo 32
Weingart, Florian 116, 119
Weis, Nik 92, 97
Weiser, Henrik 37
Weiß, Sascha 32
Weitzel, Eckhard 57, 61
Weitzel, Elke 61
Werner, Bernd 29
Wernet, Thomas Stefan 23
Wiedemann, Antje 175
Wirsching, Dr. Heinrich 161
Wittmann, Günter 61
Wittmann, Philipp 60 f.
Wöhrle, Hansjörg 34
Wöhrle, Hansjörg 37
Wöhrwag, Hans-Peter 41, 43
Zadra, Astrid 80
Zadra, Roland 80
Ziereisen, Hans-Peter 33, 37
Zimmer, Tobias 60
Zimmerling, Klaus 176 f.
Zimmermann, Christian 55

Weingüter

Albrecht Schwegler 43
Aldinger 42 f.
Allendorf 111
Andreas Laible 29
Apel 88
August Kesseler 110 f.
Badischer Winzerkeller Breisach 23
Battenfeld-Spanier 51, 60 f.
Becker 101
Bercher 18 f., 23
Bernhard Ellwanger 42
Bernhard Huber 29
Blankenhorn 33
Brüder Dr. Becker 54 f.
Brüder Robert und Manfred Aufricht 35, 37
Burg Ravensburg 25
Bürgerspital Zum Heiligen Geist 161
Christmann 68, 72, 76 ff., 81
Clemens Busch 97
Clüsserath 90, 97
Deutzerhof 145, 147
Didinger 117, 119
Diefenhardt'sches Weingut 103, 111
Domaine Bergstraße 127
Domäne der Hessischen Staatsweingüter 124
Domäne Schloss Johannisberg 111
Dörflinger 33
Dr. Bürklin-Wolf 75, 81
Dr. Heger 21, 23
Dr. Loosen 90, 97
Dr. Martin Tesch 135, 137
Drautz-Able 45
Drei Herren 175, 177
Eckhard Weitzel 55
Egon Müller – Scharzhof 94, 97
Emrich-Schönleber 133, 137
Ernst Dautel 46 f.
Fischer 21
Florian Deckert 165
Florian Weingart 119
Frank & Frei 154 f., 157, 161
Franz Künstler 102, 111
Freiherr Heyl 53
Freiherr Langwerth von Simmern 102, 110 f.
Freiherr von Gleichenstein 19 f., 23
Fritz Bastian 117, 119
Fürst Löwenstein 161
Fürst, Sebastian 158
Fürstlich Castell'sches Domänenamt 151 f., 158 f., 161
G. A. Heinrich 45, 47
Geheimer Rat Dr. von Bassermann-Jordan 65 f., 76, 81
Georg Breuer 108 ff., 111
Goswin Lambrich 119
Graf Adelmann 47
Graf Neipperg 46 f.
Groebe 61
Gunderloch 52, 55
Gutzler 61
Haag 97
Hans Kusterer 42 f.
Hans Wirsching 161
Hans-Peter Wöhrwag 43
Hans-Peter Ziereisen 37
Hartmut Schlumberger 32, 37
Hermann Dönnhoff 133, 137
Heymann-Löwenstein 94 f., 97, 160
Horst Sauer 161
J. J. Adeneuer 145
Jacob Duijn 29
Jan Ulrich 173
Janson Bernhard 68, 81
Jean Stodden 145, 147
Joachim Lehmann 173, 177
Jochen Beurer 43
Joh. Jos. Prüm 88 f., 97
Johann Ruck 161
Jungwinzervereinigung »Nahe-Talente« 134
Jürgen Ellwanger 43
Karl Friedrich Aust 175, 177
Karl H. Johner 23
Karthäuserhof 96 f.
Keller 61
Klaus Schneider 72 ff.
Klaus Zimmerling 177
Kloster Pforta 168
Knab 22 f.
Knipser 70 f., 81
Koehler-Rupprecht 72 f., 81
Kreuzberg 145
Kriechel 146
Krone 106
Kruger-Rumpf 131, 137
Kühling-Gillot 51, 55, 60
Kühn 111
Kurt Erbeldinger und Sohn 60 f.
Lämmlin-Schindler 33, 37
Ludwig Knoll – Am Stein 157, 161
Manz 61
Markus Molitor 88 f., 97
Martin Schwarz 177
Martin Waßmer 31, 37
Mathern 135, 137
Matthias Müller 119
Meyer-Näkel 144, 147
Michel-Pfannebecker 60
Milch 61

Blickfang – das Belvedere im Staatsweingut Schloss Wackerbarth, Radebeul.

Mosbacher 71 f., 81
Nack 52
Philipp Kuhn 70 f., 81
Posthof Doll & Göth 58, 61
Prinz zu Salm-Dalberg'sches Weingut 58
Rainer Schnaitmann 43
Rainer Wachtstetter 47
Ratzenberger 8, 118
Rebholz 65, 72, 78 f., 81
Reichsgraf und Marquis zu Hoensbroech 25, 29
Reichsgraf von Kesselstatt 94 f., 97
Reinhard und Beate Knebel 13, 85, 97
Reinhold und Cornelia Schneider 22 f.
Riffel 58, 61
Robert Weil 104, 111
Rudolf Fürst 151, 158, 161
Salwey 23
Sander 54 f.
Sankt Antony 52 f., 55
Sankt Urbans-Hof 92, 97
Schäfer-Fröhlich 134, 137
Schloss Lieser 92, 97
Schloss Neuweier 29
Schloss Proschwitz 173, 177
Schloss Vaux 111
Schloss Vollrads 107 f., 111
Schloss Wackerbarth 175 ff.
Schlossgut Diel 131, 133, 137
Schlossgut Istein 37
Schneider 81
Schwarzer Adler – Franz Keller 18, 20, 23
Seebrich 51, 53, 55
Seegut Kress 37
Seehof – Ernst Fauth 61
Sekthaus Raumland 61
Simon-Bürkle 126 f.
Spreitzer 111
Staatliche Weinbaudomäne Oppenheim 55
Staatlicher Hofkeller 161
Staatsweingut Meersburg 31, 34 f., 37
Staatsweingut Weinsberg 47
Strub 55
Theo Gehring 55
Thomas Nelles 145, 147
Thomas Seeger 29
Toni Jost 119
Van Volxem 92, 94, 97
Vincenz Richter 175, 177
von Racknitz 137
Wagner-Stempel 57 ff., 61
Wegeler – Gutshaus Oestrich 106, 111
Weingut am Centergrafenberg 158
Weingut Bad Sulza 168
Weingut der Stadt Bensheim 127
Weingut Fleischer & Weingut der Stadt Mainz 55, 57
Weingut in der Straßenmühle 101
Weingut Johannishof 111
Weingut Juliusspital 161
Weingut Korrell – Johanneshof 137
Weinmanufaktur Untertürkheim 41, 43
Wehrheim 81
Winzergenossenschaft Königschaffhausen 22 f.
Winzergenossenschaft Mayschoß-Altenahr 144, 147
Winzerverein Hagnau 36
Wittmann 61

Hotels

Adler, Hotel, Weil am Rhein 34, 37
Alte Pfarrey, Hotel, Neuleiningen 81
Alte Schule, Gästehaus, Niederhausen/Nahe 136 f.
Am Hey'lschen Garten, Weinhotel, Nierstein 55
Am Schlossgarten, Hotel, Stuttgart 41, 43
Anne-Sophie, Hotel, Künzelau 45, 47
Arosa, Gutshof, Ochtendung 97
Auf Schönburg, Burghotel, Oberwesel 118 f.
Ayler Kupp, Weinhaus, Ayl 97
Bacharach, Rhein-Hotel, Bacharach 118 f.
Battenheimer Hof, Landhotel, Bodenheim 51, 55
Bellevue, Hotel, Boppard 119
Bellevue, Romantikhotel, Traben-Trarbach 97
Belvedere, Hotel, Schloss Wackerbarth 13, 176
Best Western, Wein- und Parkhotel, Nierstein 55
BollAnt's im Park, Romantik Hotel, Bad Sobernheim 131, 136 f.
Brand, Pension, Frankweiler 80 f.
Brauneberger Hof, Hotel, Brauneberg 97
Brenner's, Park-Hotel, Baden-Baden 26, 29
Breuer's Rüdesheimer Schloss, Hotel 110 f.
Bühlerhöhe, Schlosshotel 27, 29
Casala, Hotel, Meersburg 37
Chez RW, Ferienappartements, Nierstein 53, 55
Colombi, Hotel, Freiburg 31
Delle, Landhaus, Bacharach 119
Dutters Stube, Gasthaus, Endingen am Kaiserstuhl, 22 f.
Engel, Landgasthof, Schwabenheim an der Selz 58, 61
Europa, Alleehotel, Bensheim 127
Friedrich von Schiller, Hotel, Bietigheim 45, 47
Friedrichsruhe, Wald- und Schlosshotel, Zweiflingen 45, 47
Gasthaus zum Kaiserstuhl, Vogtsburg-Niederrotweil 19, 23
Goldener Löwe, Hotel, Meißen, 174, 177
Hirsch, Hotel, Fellbach 42 f.
Hirschen, Hotel, Sulzburg 32, 37
Johanniter-Kreuz, Romantik Hotel, Überlingen 35, 37
Jordan's Untermühle, Hotel, Köngernheim 58, 61
Ketschauer Hof, Hotel, Deidesheim 68, 77, 81
Klosterschmiede, Hotel, Maulbronn 46 f.
Kollektur, Hotel, Zellertal/Zell 70, 81
Köpfer's Gasthaus zur Sonne, Vogtsburg-Schelingen 20, 23
Krone, Gasthaus, Schliengen 33, 37
Krone, Hotel, Herxheim-Hayna 80
Krone, Restaurant und Hotel, Rüdesheim 111
Kronenschlösschen, Hotel, Eltville/Hattenheim 105, 111
La Maison Eric, Sulzburg 32, 37
Lamm Hebsack, Hotel, Remshalden 42 f.
Lamm, Gasthof, Vaihingen an der Enz 46 f.
Landschloss Fasanerie, Romantik Hotel, Zweibrücken 80 f.
Laurentius, Hotel, Weikersheim 26 f., 29
Lochmühle, Mayschoß 147
Maritim, Hotel, Würzburg 161
Martin's gute Stube, Landhotel, Rauenberg 26, 29
Michelfeld, Schlosshotel, Angelbachtal-Michelfeld 25, 29
Mühle, Hotel, Binzen 31 f., 37
Oberkirch, Hotel, Freiburg 31, 37
Pattis, Hotel, Dresden 176
Poststuben, Hotel, Bensheim 127
Residenz am See, Romantik Hotel, Meersburg 35
Richtershof, Weinromantik Hotel, Mülheim 93, 97
Römischer Kaiser, Hotel, Bernkastel-Kues 97
Rössle, Landhaus, Bretzfeld 45, 47
S.A. Prüm, Gästehaus, Bernkastel-Kues 97
Sankt Gereon, Landhotel, Nackenheim 52
Schloss Berg, Perl-Nennig/Mosel 13
Schloss Eberstein, Hotel, Gernsbach 27
Schloss Sörgenloch, Hotel, Sörgenloch 58, 61
Schwarzer Adler, Hotel-Restaurant, Vogtsburg-Oberbergen 18, 23
Schwarzer Hahn, Deidesheim 81
Seehof, Hotel, Immenstadt 34, 36 f.
Sonnora, Waldhotel, Dreis 97
Sperber, Hotel, Abstatt 46 f.
Spielweg, Romantik Hotel, Münstertal 33, 37
St. Gereon, Landhotel, Nackenheim 55
St. Urban, Landhaus, Naurath 91, 97
Steigenberger, Hotel, Bad Neuenahr-Ahrweiler 147
Steinbuck, Hotel-Restaurant, Vogtsburg-Bischoffingen 13, 18, 23
Steinheuers, Hotel Landhaus, Bad Neuenahr-Ahrweiler 146 f.
Storchen, Hotel-Restaurant, Bad Krozingen 32, 37
Striffler's Herrenküferei, Hotel, Markgröningen 46 f.
Stromberg, Land und Golfhotel, Stromberg 136 f.
Talmühle, Hotel, Sasbachwalden 27, 29
Traube, Hotel, Efringen-Kirchen 34, 37

Einkehr empfehlenswert – Landhotel Zum Schwanen in Osthofen, Rheinhessen.

Victoria, Hotel, Bad Mergentheim 28, 29
Villa Sorgenfrei, Hotel, Radebeul 173, 177
Walk'sches Haus, Romantikhotel, Weingarten 25 ff.
Zehntkeller, Romantikhotel, Iphofen 161
Zum Adler, Landgasthof, Überlingen 35, 37
Zum Edelacker, Berghotel, Freyburg 169
Zum Hirschen, Hotel, Fellbach 42 f.
Zum Krug, Hotel, Eltville/Hattenheim 105, 111
Zum Lamm, Hotel, Vaihingen an der Enz 46 f.
Zum Ochsen, Gasthof, Kernen 42 f.
Zum Ochsen, Landgasthof, Oberstenfeld 46 f.
Zum Rebstock, Gasthof, Kappelrodeck 27, 29
Zum Schwanen, Landhotel, Osthofen 54 f.
Zum Weißen Ross, Hotel, Kallstadt 72, 73, 81

Impressum

Der Fotograf:
Mirko Milovanovic studierte Fotodesign in Dortmund und arbeitet seit 1993 als freier Fotograf vor allem für Werbung, Reise, Theater- und Tanzprojekte. Er veröffentlichte in Zeitschriften und Verlagen. Im Bruckmann Verlag erschien von ihm der Band »Zeit für Klöster«.

Die Autoren:
Geboren und aufgewachsen in Eltville am Rhein, absolvierte **Ingo Swoboda** nach dem Studium in Mainz und Dijon ein zweijähriges Volontariat beim Umschau Zeitschriftenverlag in Frankfurt am Main. Nach mehrjähriger Tätigkeit als Redakteur und stellvertretender Chefredakteur veröffentlichte Ingo Swoboda seine ersten Bücher, einige davon wurden auf der Frankfurter Buchmesse, in der Schweiz und in London mit Preisen ausgezeichnet. Seit Januar 2000 ist er als freier Journalist unter anderem für die Zeitschriften *Der Feinschmecker* und *Wein Gourmet* in Hamburg tätig. Swoboda ist Mitglied in nationalen und internationalen Verkostungsjurys. Für sein Engagement um den Riesling wurde ihm 2006 von der Vereinigung »Pro Riesling« der Förderpreis für Publizistik verliehen.

Jürgen Zichnowitz, geboren 1951, lernte in Neumünster in der Damenoberbekleidungs-Industrie, studierte Volkswirtschaftslehre in Hamburg, arbeitete als Hafenarbeiter, im Marketing und als Sales Promotion Manager. Im Jahr 1994 begann er als Redakteur beim Magazin *Der Feinschmecker*, wechselte 2000 zu dessen Schwesterzeitschrift *Wein Gourmet* und ist seit 2009 wieder als Wein-Redakteur beim *Feinschmecker* tätig. Er veröffentlichte einen Reiseführer über Südfrankreich. Neben deutschen Weinen bevorzugt er Rote von der Rhône und aus dem Languedoc.

Einbandfotos:
Vorderseite:
Schloss Johannisberg im Rheingau (großes Bild); Restaurant Steinbuck in Vogtsburg-Bischoffingen, Weinprinzessin 2007 Antje Ihle in Freyburg, Saale-Unstrut, die Lage Frankenthal im Rheingau (oben, von l. nach r.).
Vordere Klappe:
l.: Jürgen Zichnowitz, Foto: privat;
r.: Ingo Swoboda, Foto: G. Wrage
Rückseite:
Ernte in Heitersheim

Bildnachweis:
Bilder der Weingüter: S. 6/7 u.: Bassermann-Jordan, S. 8 o.: Karthäuserhof, S. 11 o.: Edling; S. 11 u.: Dostert, S. 12/13: Schloss Wackerbarth, S. 22 o.: Schneider, S. 22 M. und 23 u.l. : Bercher, S. 23 o.: Dr. Heger, S. 29 o.l.: Thomas Seeger, S. 29 u. l.: Andreas Laible, S. 30 o. l.: Martin Waßmer, S. 36 (5): Hotel Seehof, S. 42 M. r., S. 43 u.: Hans Kusterer, S. 43 o.: Hans-Peter Wöhrwag, S. 43 M.: Jürgen Ellwanger, S. 47 o.: Graf Neipperg, S. 47 M.: Graf Adelmann, S. 47 u.: Hotel Friedrich von Schiller, S. 55 o.: Kühling-Gillot, S. 55 u.: Gunderloch, S. 59 o.: Keller, S. 59 u. (2): Kurt Erbeldinger, S. 68 u. r.: Janson Bernhard, S. 70/71, 71 o.: Philipp Kuhn, S. 71 u., S. 81 l.: Knipser, S. 74 (2): Mosbacher, S. 77 r.: Christmann, S. 78 (3): Rebholz, S. 81: Wehrheim, S. 84 o. l.: Karthäuserhof, S. 88 u. l.: Markus Molitor, S. 89 r.: Joh. Jos. Prüm, S. 90 l.: Dr. Loosen, S. 92 o. l.: Schloss Lieser, S. 92 u. l.: Van Volxem, S. 92 u. r.: Sankt Urbans-Hof, S. 94 o.: Hey-mann-Löwenstein, S. 94 u. l.: Reichsgraf von Kesselstadt, S. 94 u.r.: Scharzhof, S. 95 r.: Knebel, S. 102 u.: Franz Künstler, S. 104 u. r.: Robert Weil, S. 107 u. l.: Schloss Vollrads, S. 110 o.: Kühn (Tim Wegner), S. 110 M., u. r.: Freiherr Langwerth von Simmern, S. 110 u. l.: Johannishof, S. 116 u.: Fritz Bastian, S. 119 o. l.: Toni Jost, S. 119 u. l.: Matthias Müller, S. 130 o. l., 136 (5): Bollants Park, S. 137 o.: Emrich-Schönleber, S. 137 u. r.: Tesch, S. 146 o.: Kriechel, S. 147 l.: Deutzerhof, S. 147 u.: Stodden, S. 147 o. M.: Hofgarten, S. 157 u.: Juliusspital, S. 157 u. r.: Weingut am Stein, S. 158 u.: Rudolf Fürst, S. 160 u.: Horst Sauer, S. 161: Johann Ruck, S. 169 u.: Berghotel Zum Edelacker

Gourmet Picture Guide
S. 20 o., S. 20 u. r., S. 21 o. r., S. 21 u. r., S. 22 u., S. 33 u. (2), S. 50 o. (3), S. 52 u., S. 53 r., S. 54 o., S. 72 o. l., S. 72 u. r., S. 73 u. l., S. 73 r., S. 75 u., S. 110 u. r.

LAIF, Köln
S. 4/5, S. 68 u. l. (2), S. 68/69, S. 69, S. 70 l., S. 72 u. l., S. 72/73
Alle anderen Fotografien stammen von Mirko Milovanovic.

Alle Angaben dieses Bandes wurden von den Autoren sorgfältig recherchiert und vom Verlag auf Stimmigkeit und Aktualität geprüft. Allerdings kann keine Haftung für die Richtigkeit der Informationen übernommen werden. Für Hinweise und Anregungen sind wir dankbar. Zuschriften an den:
Bruckmann Verlag, Produktmanagement, Postfach 400209, D-80702 München,
E-Mail: lektorat@bruckmann.de

Produktmanagement: Joachim Hellmuth, Anett Schwarz
Textlektorat: Dr. Ulrike Kretschmer
Graphische Gestaltung:
Werner Poll, München
Karte: Astrid Fischer-Leitl, München
Herstellung: Bettina Schippel
Repro: Repro Ludwig, Zell am See
Printed and bound in Slovenia by MKT Print, Ljubljana

Die Deutsche Nationalbibliothek – CIP Einheitsaufnahme

ISBN 978-3-7654-4865-2